Literatura An Anthology
moderna hispánica

Edited by J. R. González

Literatura moderna hispánica

An Anthology

Edited by J. R. González

NATIONAL TEXTBOOK COMPANY • . Lincolnwood, Illinois U.S.A.

1987 Printing

Acknowledgments

Short Stories

Nosotros, no   Used by permission of the author, José B. Adolph
Jaque mate en dos jugadas   Used by permission of the author, Isaac Aisemberg (W. I. Eisen)
Al cabo de los años   Used by permission of the author, José María Castillo-Navarro
La yaqui hermosa   Used by permission of Sra. Margarita de Nervo
Enrique Labarta's "El matrimonio de doña Brígida" from LECTURAS MODERNAS by Lloyd A. Kasten and Eduardo Neale-Silva. Copyright 1937, by Harper & Row, Publishers, Inc. Reprinted by permission of the publishers.
El venado   Used by permission of the author, Arturo Uslar Pietri
El niño de Junto al Cielo   Used by permission of the author, Enrique Congrains Martín
El brujo postergado   Reprinted by permission of Emecé Editores, S.A.
El rebelde   Used by permission of the author, Edwin Figueroa
La viuda de Montiel   Used by permission of the author, Gabriel García Márquez
El guardagujas   Used by permission of the author, Juan José Arreola
El Stadium   Reprinted from Revista Nuevo Mundo
La rebelión   Used by permission of the author, Augusto Roa Bastos

Drama

La venda   Used by permission of Fernando de Unamuno, son of Miguel de Unamuno

Poetry

En paz, Hoy he nacido   Used by permission of Sra. Margarita de Nervo
Canción de la vida profunda, Lamentación de octubre, Futuro   Used by permission of J. B. Jaramillo Meza
Anaké, Oración al Señor, Entrégate por entero, Los hombres-lobos   Used by permission of the author, Rafael Arévalo Martínez
La higuera, Rebelde, Vida-garfio   Used by permission of Dora Isella Russell
Muerte en el aire, Hoy, Preguntas, Nocturno   Used by permission of the author, Jacinto Fombona Pachano
Soneto, La noche, Pensamientos en un día de sol   Used by permission of the author, Eugenio Florit
Las raíces   Used by permission of the author, Hugo Salazar Tamariz
Puedo escribir los versos, No hay olvido   Used by permission of the author, Pablo Neruda
Arbolé, arbolé, Canción del jinete   Federico García Lorca, OBRAS COMPLETAS and SELECTED POEMS. Copyright Aguilar S. A. de Ediciones. All Rights Reserved. Copyright 1955 by New Directions Publishing Corporation. Reprinted by permission of New Directions Publishing Corporation.
El viaje definitivo, Los pájaros de no sé donde   Used by permission of Francisco H. Pinzón Jiménez
Sabor a vida, Muerte a los lejos   Used by permission of the author, Jorge Guillén

Novel

El túnel   Used by permission of the author, Ernesto Sábato

Essays

Máscaras mexicanas   Used by permission of the author, Octavio Paz
La raza cósmica   Used by permission of the author, José Vasconcelos

Contents

Preface

Preface

Esta collección de literatura moderna hispánica es específicamente para el alumno de nivel avanzado como una introducción a la literatura contemporánea. También se espera que los bilingües gocen y aprovechen de las obras literarias.

La antología ofrece una gran variedad de obras contemporáneas del mundo hispánico. Agrupadas por género, estas obras incluyen trece cuentos, un drama de un acto, unos extractos de una novela popular, dos ensayos y unos treinta poemas. Al principio de la antología aparecen los cuentos (no abreviados) en orden de dificultad, mientras que la poesía es agrupada por períodos literarios: modernismo, posmodernismo, vanguardismo y España contemporánea.

Un gran número de países está representado en esta antología: España, México, Cuba, Puerto Rico, Guatemala, Colombia, la Argentina, el Ecuador, Chile, el Perú, Venezuela, el Paraguay y el Uruguay. Y los autores incluidos son lumbreras tanto en la literatura hispánica como en la literatura mundial: Pablo Neruda, Jorge Luis Borges, Octavio Paz, Gabriel García Márquez, Juan Ramón Jiménez, Amado Nervo, José Martí, Federico García Lorca, Miguel de Unamuno y Juan José Arreola.

El campo de temas es bastante amplio: la fantasía, la política, la revolución, la corrupción, la hipocresía, las supersticiones, los niños, la vida, la muerte, etcétera.

Se precede cada obra con una biografía del autor que detalla su vida, su estilo literario y una vista de sus otras obras. Para ayudar al lector, se indican los argumentos y los temas de las obras, y el vocabulario y modismos difíciles son explicados en los márgenes de las páginas. Los ejercicios al final de cada selección guiarán al lector y estimularán mucha discusión y composición en español. Los ejercicios creativos requieren la contribución original del alumno. El enfoque de estos ejercicios es la trama y los problemas que presenta cada selección.

Finalmente espero que el lector de esta antología conozca la vida, los ideales y las costumbres del pueblo hispánico a través de su gran literatura. Deseo dar las gracias a los autores o a sus representantes que cooperaron generosamente con sus autorizaciones para reproducir sus obras. También quiero dar mis más sinceras gracias a la Sra. Lizolotte Salisbury por su ánimo y ayuda.

J. R. González

A mi hermana
Matilde

los cuentos

José Bernardo Adolph

José Bernardo Adolph   Nació en Alemania pero desde muy chico se trasladó al Perú. Ahora se encuentra desempeñando tareas oficiales del gobierno. Actualmente está haciendo un estudio sociológico de una tribu en el Brasil.

Los rasgos más notables de la obra de J. B. Adoph son: la lenta descripción, la ternura y la brevedad. "Nosotros, no" es un cuento deleitable de ciencia-ficción. Los jóvenes son víctimas de su gran deseo por la inmortalidad.

NOSOTROS, NO

Aquella tarde, cuando tintinearon° las campanillas de los   **tintinearon** jingled
teletipos y fue repartida la noticia como un milagro, los
hombres de todas las latitudes se confundieron en un solo
grito de triunfo. Tal como había sido predicho doscientos
años antes, finalmente el hombre había conquistado la inmortalidad en 2168.

Todos los altavoces° del mundo, todos los transmisores° de imágenes, todos los boletines destacaron esta gran revolución biológica. También yo me alegré, naturalmente, en un primer instante.

¡Cuánto habíamos esperado este día!

Una sola inyección, de cien centímetros cúbicos, era todo lo que hacía falta para no morir jamás. Una sola inyección, aplicada cada cien años, garantizaba° que ningún cuerpo humano se descompondría nunca. Desde ese día, sólo un accidente podría acabar con una vida humana. Adiós a la enfermedad, a la senectud,° a la muerte por desfallecimiento° orgánico.

Una sola inyección, cada cien años.

Hasta que vino la segunda noticia, complementaria de la primera. La inyección sólo surtiría° efecto entre los menores de veinte años. Ningún ser humano que hubiera traspasado la edad del crecimiento podría detener su descomposición interna a tiempo. Sólo los jóvenes serían inmortales. El gobierno federal mundial se aprestaba° ya a organizar el envío, reparto° y aplicación de las dosis a todos los niños y adolescentes de la tierra. Los compartimentos de medicina de los cohetes llevarían las ampolletas° a las más lejanas colonias terrestres del espacio.

Todos serían inmortales.

Menos nosotros, los mayores, los adultos, los formados, en cuyo organismo la semilla° de la muerte estaba ya definitivamente implantada.

Todos los muchachos sobrevivirían para siempre. Serían inmortales y de hecho° animales de otra especie. Ya no seres humanos; su sicología, su visión, su perspectiva, eran radicalmente diferentes a las nuestras. Todos serían inmortales. Dueños del universo para siempre. Libres. Fecundos. Dioses.

Nosotros, no. Nosotros, los hombres y mujeres de más de veinte años, éramos la última generación moral. Eramos la despedida, el adiós, el pañuelo de huesos y sangre que ondeaba,° por última vez, sobre la faz de la tierra.

altavoces	loud speakers
trasmisores	transmitters
garantizaba	guaranteed
senectud	old age
desfallecimiento	weakening
surtiría	would produce
se aprestaban	was preparing
reparto	distribution
ampolletas	small vials
semilla	seed
de hecho	at the same time
ondeaba	waved

Nosotros, no. Marginados° de pronto, como los últimos **marginados** made obsolete
abuelos de pronto nos habíamos convertido en habitantes
de un asilo° para ancianos, confusos conejos asustados **asilo** asylum
entre una raza de titanes. Estos jóvenes, súbitamente,° **súbitamente** suddenly
comenzaban a ser nuestros verdugos° sin proponérselo. **verdugos** executioners
Ya no éramos sus padres. Desde ese día éramos otra cosa;
una cosa repulsiva y enferma, ilógica y monstruosa. Eramos Los Que Morirían. Aquellos Que Esperaban la Muerte.
Ellos derramarían lágrimas, ocultando su desprecio, mez- **derramarían** would shed
clándolo con su alegría. Con esa alegría ingenua con la
cual expresaban su certeza° de que ahora, ahora sí, todo **certeza** certainty
tendría que ir bien.

Nosotros sólo esperábamos. Los veríamos crecer, hacerse hermosos, continuar jóvenes y prepararse para la segunda inyección, una ceremonia —que nosotros ya no veríamos— cuyo carácter religioso se haría evidente. Ellos no
se encontrarían jamás con Dios. El último cargamento de
almas rumbo al más allá,° era el nuestro. **el más allá** the hereafter

¡Ahora cuánto nos costaría dejar la tierra! ¡Cómo nos
iría carcomiendo° una dolorosa envidia! ¡Cuántas ganas de **carcomiendo** gnawed
asesinar nos llenaría el alma, desde hoy y hasta el día de
nuestra muerte!

Hasta ayer. Cuando el primer chico de quince años, con
su inyección en el organismo, decidió suicidarse. Cuando
llegó esa noticia, nosotros, los mortales, comenzamos recientemente a amar y a comprender a los inmortales.

Porque ellos son unos pobres renacuajos° condenados a **renacuajos** tadpoles
prisión perpetua en el verdoso estanque° de la vida. Per- **estanque** stagnant pond
petua. Eterna. Y empezamos a sospechar que dentro de
99 años, el día de la segunda inyección, la policía saldrá
a buscar a miles de inmortales para imponérsela.

Y la tercera inyección, y la cuarta, y el quinto siglo, y
el sexto; cada vez menos voluntarios, cada vez más niños
eternos que imploran la evasión, el final, el rescate.° Será **rescate** rescue
horrenda la cacería.° Serán perpetuos miserables. **cacería** hunting

Nosotros, no.

José B. Adolph

I.   Ejercicios

A.   Para discusión

1. ¿Cuál fue la gran noticia que habían esperado por doscientos años?
2. Después de dicho descubrimiento, ¿cuál sería la única causa de muerte?
3. ¿Cuál era el requisito de suma importancia de dicho descubrimiento?
4. ¿Qué cambios sufrirían los seres humanos con su descubrimiento?
5. Explique Ud. las emociones que causó tal descubrimiento en los mayores de veinte años.
6. ¿Por qué razón se suicidó el joven de 15 años?
7. A resumidas cuentas, ¿cuál fue el efecto del descubrimiento en la raza humana?
8. Explique Ud. el título del cuento.

B.   Escoja Ud.

1. Para no morir jamás se aplicaría una inyección __ _____.
   a. cada 99 años
   b. cada 20 años
   c. cada 100 años

2. Las ampolletas se llevarían a todas partes del mundo por _____.
   a. aviones
   b. cohetes
   c. barcos

3. Cada 99 años que era el tiempo de la inyección ___ _____.
   a. los inmortales venían voluntariamente
   b. el ejército iba a traerlos a la fuerza
   c. la policía salía a traerlos

4. Con cada siglo que pasaba de administrar la inyección _____.
   a. había más voluntarios
   b. había más o menos la misma cantidad de voluntarios
   c. había menos voluntarios

5. El verdoso estanque de la vida resultó _____ ___.
   a. positivo
   b. perpetuo
   c. un fracaso

II.   Ejercicios creativos

A.   Oral

1.   ¿Cree Ud. que sea posible una invención como la de este cuento en el futuro? ¿Por qué?
2.   ¿Cree Ud. que la invención humana (la ciencia) pueda superar a la naturaleza? ¿Por qué?
3.   ¿Qué tratamientos o procedimientos se usan hoy día para conservar la juventud?

B.   Escrito

1.   Si este relato fuera verdad, ¿cuál de las dos clases de vida preferiría Ud., la de los mortales o la de los jóvenes inmortales? ¿Por qué?
2.   ¿Qué resultados, buenos y malos, traería tal invención?

W. I. Eisen

W. I. Eisen **(1919)** Se había distinguido Eisen en el cuento detective. El cultivo de dicho género había sido esporádico hasta la apariencia de Jorge Luis Borges y Alfonso Ferrari Amores. Ha sido en la Argentina donde ha gozado este tipo de ficción de gran popularidad. El interés primordial es el desarrollo del asunto, no la técnica ni la estructura.

Eisen es el seudónimo de Isaac Aisemberg. Estudió leyes por su aspiración a la política. Ha sido periodista y también ha escrito para la televisión y el cine. Dos de sus novelas detectives son *Tres negativos para un retrato* (1949) y *Manchas en el Río Bermejo* (1950). Todo esto lo había hecho en la capital argentina.

"Jaque mate en dos jugadas" es un cuento de venganza. Desde el principio el lector entra en la mente y experiencias de Claudio Alvarez, cuyas esperanzas son salir impune ante la ley del crimen que ha cometido.

Jaque mate en dos jugadas

Yo lo envenené. En dos horas quedaría liberado. Dejé a mi tío Néstor a las veintidós.° Lo hice con alegría. Me ardían las mejillas. Me quemaban los labios. Luego me serené y eché a caminar tranquilamente por la avenida en dirección al puerto.

    Me sentía contento. Liberado. Hasta Guillermo saldría socio° beneficiario en el asunto. ¡Pobre Guillermo! ¡Tan tímido, tan inocente! Era evidente que yo debía pensar y obrar por ambos. Siempre sucedió así. Desde el día en que nuestro tío nos llevó a su casa. Nos encontramos perdidos en el palacio. Era un lugar seco, sin amor. Únicamente el sonido metálico de las monedas.

    —Tenéis que acostumbraros al ahorro,° a no malgastar. ¡Al fin y al cabo,° algún día será vuestro!— decía. Y nos acostumbramos a esperarlo.

    Pero ese famoso y deseado día no llegaba, a pesar de que tío sufría del corazón. Y si de pequeños nos tiranizó, cuando crecimos se hizo cada vez más intolerable.

    Guillermo se enamoró un buen día. A nuestro tío no le gustó la muchacha. No era lo que ambicionaba para su sobrino.

veintidós 10 p.m.

socio member

ahorro savings
al fin y al cabo after all

—Le falta cuna...,° le falta roce...,° ¡puaf! Es una ordinaria..., sentenció.

le falta cuna she lacks lineage
roce class

Inútil fue que Guillermo se dedicara a encontrarle méritos. El viejo era testarudo° y arbitrario. Conmigo tenía otra clase de problemas. Era un carácter contra otro. Se empeñó en doctorarme en bioquímica. ¿Resultado? Un perito° en póquer y en carreras de caballos. Mi tío para esos vicios no me daba ni un centavo. Tenía que emplear todo mi ingenio para quitarle un peso.

testarudo hard-headed

perito expert

Uno de los recursos era aguantarle sus interminables partidas de ajedrez;° entonces yo cedía con aire de hombre magnánimo, pero él, en cambio, cuando estaba en posición favorable alargaba el final, anotando las jugadas con displicencia,° sabiendo de mi prisa por salir para el club. Gozaba con mi infortunio saboreando su coñac.

ajedrez chess

displicencia displeasure

Un día me dijo con tono condescendiente:

—Observo que te aplicas en el ajedrez. Eso me demuestra dos cosas: que eres inteligente y un perfecto holgazán.° Sin embargo, tu dedicación tendrá su premio. Soy justo. Pero eso sí, a falta de diplomas, de hoy en adelante tendré de ti bonitas anotaciones de las partidas. Sí, muchacho, vamos a guardar cada uno los apuntes de los juegos en libretas para compararlas. ¿Qué te parece?

holgazán lazy

Aquello podría resultar un par de cientos de pesos, y acepté. Desde entonces, todas las noches, la estadística. Estaba tan arraigada° la manía en él, que en mi ausencia comentaba las partidas° con Julio, el mayordomo.

arraigada deep-rooted

partidas games

Ahora todo había concluido. Cuando uno se encuentra en un callejón sin salida, el cerebro trabaja, busca, rebusca. Y encuentra. Siempre hay salida para todo. No siempre es buena. Pero es salida.

Llegaba a la Costanera. Era un noche húmeda. En el cielo nublado, alguna chispa eléctrica. El calorcillo mojaba las manos, resecaba la boca.

En la esquina, un policía me hizo saltar el corazón. El veneno, ¿cómo se llamaba? Aconitina. Varias gotitas en el coñac mientras conversábamos. Mi tío esa noche estaba encantador. Me perdonó la partida.

—Haré un solitario°— dijo. —Despacharé° a los sirvientes... ¡Hum! Quiero estar tranquilo. Después leeré un buen libro. Algo que los jóvenes no entienden... Puedes irte.

haré un solitario I'll play a game by myself
despaché dismissed

—Gracias, tío. Hoy realmente es... sábado.

—Comprendo.

¡Demonios! El hombre comprendía. La clarividencia° **clarividencia** clear perception del condenado.

El veneno producía un efecto lento, a la hora, o más, según el sujeto. Hasta seis u ocho horas. Justamente durante el sueño. El resultado: la apariencia de un pacífico ataque cardíaco, sin huellas comprometedoras. Lo que yo necesitaba. ¿Y quién sospecharía? El doctor Vega no tendría inconveniente en suscribir el certificado de defunción. ¿Y si me descubrían? ¡Imposible!

Pero, ¿y Guillermo? Sí. Guillermo era un problema. Lo hallé en el *hall* después de preparar la "encomienda" para el infierno. Descendía la escalera, preocupado.

—¿Qué te pasa?— le pregunté jovial, y le hubiera agregado de buena gana: "¡Si supieras, hombre!"

—¡Estoy harto!— me replicó.

—¡Vamos!— Le palmoteé° la espalda. —Siempre estás **palmoteé** clapped dispuesto a la tragedia...

—Es que el viejo me enloquece. Ultimamente, desde que volviste a la Facultad y le llevas la corriente° en el aje-drez, se la toma conmigo.° Y Matilde... **le llevas la corriente** you let him have his way **se la toma conmigo** he has been picking on me

—¿Qué sucede con Matilde?

—Matilde me lanzó un ultimátum: o ella, o tío.

—Opta por ella. Es fácil elegir. Es lo que yo haría...

—¿Y lo otro?

Me miró desesperado. Con brillo demoníaco en las pupilas; pero el pobre tonto jamás buscaría el medio de resolver su problema.

—Yo lo haría— siguió entre dientes; —pero, ¿con qué viviríamos? Ya sabes cómo es el viejo... Duro, implacable. ¡Me cortaría los víveres!

—*Tal vez las cosas se arreglen de otra manera...*— insinué bromeando. —¡Quién te dice...!

—¡Bah!...— sus labios se curvaron con una mueca amarga. —No hay escapatoria. Pero yo hablaré con el viejo tirano. ¿Dónde está ahora?

Me asusté. Si el veneno resultaba rápido... Al notar los primeros síntomas podría ser auxiliado y...

—Está en la biblioteca— exclamé, —pero déjalo en paz. Acaba de jugar la partida de ajedrez, y despachó a la ser-

vidumbre. ¡El lobo quiere estar solo en la madriguera! °madriguera den
Consuélate en un cine o en un bar.

Se encogió° de hombros.   se encogió shrugged

—El lobo en la madriguera...— repitió. Pensó unos se-
gundos y agregó, aliviado: —Lo veré en otro momento.
Después de todo...

—Después de todo, no te animarías,° ¿verdad?— gruñí°   te animarías would dare
salvajemente.   gruñí grumbled

Me clavó la mirada.° Sus ojos brillaron con una chis-   me clavó la mirada he
pa siniestra, pero fue un relámpago.   gazed at me

Miré el reloj: las once y diez de la noche.

Ya comenzaría a producir efecto. Primero un leve°   leve light
malestar, nada más. Después un dolorcillo agudo, pero
nunca demasiado alarmante. Mi tío refunfuñaba° una mal-   refunfuñaba grumbled
dición para la cocinera. El pescado indigesto. ¡Qué poca
cosa es todo!° Debía de estar leyendo los diarios de la   ¡Qué poca cosa es todo!
noche, los últimos. Y después, el libro, como gran epílogo.   How easy it all is!
Sentía frío.

Las baldosas° se estiraban en rombos. El río era una   las baldosas sidewalk
mancha sucia cerca del paredón. A lo lejos luces verdes,   rocks
rojas, blancas. Los automóviles se deslizaban chapoteando°   chopoteando splashing
en el asfalto.

Decidí regresar, por temor a llamar la atención. Nuevamente por la avenida hacia Leandro N. Alem. Por allí a
Plaza de Mayo. El reloj me volvió a la realidad. Las once
y treinta y seis. Si el veneno era eficaz, ya estaría todo
listo. Ya sería dueño de millones. Ya sería libre... Ya sería....,
ya sería asesino.

Por primera vez pensé en la palabra misma. Yo, ¡asesino! Las rodillas me flaquearon.° Un rubor° me azotó° el cuello, me subió a las mejillas, me quemó las orejas, martilló° mis sienes.° Las manos traspiraban. El frasquito de aconitina en el bolsillo llegó a pesarme una tonelada. Busqué en los bolsillos rabiosamente hasta dar con él. Era un insignificante cuentagotas y contenía la muerte; lo arrojé lejos.

    Avenida de Mayo. Choqué con varios transeúntes.° Pensarían en un borracho. Pero en lugar de alcohol, sangre.

    Yo, asesino. Esto sería un secreto entre mi tío Néstor y mi conciencia. Recordé la descripción del efecto del veneno: "en la lengua, sensación de hormigueo° y embotamiento,° que se inicia en el punto de contacto para extenderse a toda la lengua, a la cara y a todo el cuerpo."

    Entré en un bar. Un tocadiscos atronaba con un viejo *rag-time*. "En el esófago y en el estómago, sensación de ardor intenso." Millones. Billetes de mil, de quinientos, de cien. Póquer. Carreras. Viajes... "sensación de angustia, de muerte próxima, enfriamiento profundo generalizado, trastornos° sensoriales, debilidad muscular, contracciones, impotencia de los músculos."

    Habría quedado solo. En el palacio. Con sus escaleras de mármol. Frente al tablero de ajedrez. Allí el rey, y la dama, y la torre negra. Jaque mate.°

    El mozo se aproximó. Debió sorprender mi mueca de extravío,° mis músculos en tensión, listos para saltar.

flaquearon became weak
rubor blush
azotó beat
martilló hammered
sienes temples

transeúntes pedestrians

hormigueo itching
embotamiento dullness

trastornos disturbances

Jaque mate Checkmate

extravío deviation

—¿Señor?

—Un coñac...

—Un coñac...— repitió el mozo. —Bien, señor— y se alejó.

Por la vidriera la caravana que pasa, la misma de siempre. El tic-tac del reloj cubría todos los rumores. Hasta los de mi corazón. La una. Bebí el coñac de un trago.

"Como fenómeno circulatorio, hay alteración del pulso e hipotensión que se dirivan de la acción sobre el órgano central, llegando, en su estado más avanzado, al síncope cardíaco..." Eso es. El síncope cardíaco. La válvula de escape.

A las dos y treinta de la mañana regresé a casa. Al principio no lo advertí. Hasta que me cerró el paso. Era un agente de policía. Me asusté.

—¿El señor Claudio Alvarez?

—Sí, señor...— respondí humildemente.

—Pase usted...— indicó, franqueándome° la entrada. **franqueándome** opening for me

—¿Qué hace usted aquí?— me animé a murmurar.

—Dentro tendrá la explicación— fue la respuesta.

En el *hall,* cerca de la escalera, varios individuos de uniforme se habían adueñado del palacio. ¿Guillermo? Guillermo no estaba presente.

Julio, el mayordomo, amarillo, espectral trató de hablarme. Uno de los uniformados, canoso,° adusto,° el jefe del grupo por lo visto, le selló los labios con un gesto. **canoso** gray-haired **adusto** stern

Avanzó hacia mí, y me inspeccionó como a un cobayo.° **cobayo** guinea pig

—Usted es el mayor de los sobrinos, ¿verdad?

—Sí, señor...— murmuré.

—Lamento decírselo, señor. Su tío ha muerto... asesinado— anunció mi interlocutor. La voz era calma, grave.

—Yo soy el inspector Villega, y estoy a cargo de la investigación. ¿Quiere acompañarme a la otra sala?

—Dios mío— articulé anonadado.° —¡Es inaudito!° **anonadado** overwhelmed **inaudito** inconceivable

Las palabras sonaron a huecas, a hipócritas. (*¡Ese dichoso veneno dejaba huellas! ¿Pero cómo..., cómo?*)

—¿Puedo... puedo verlo?— pregunté.

—Por el momento, no. Además, quiero que me conteste algunas preguntas.

—Como usted disponga...°— accedí azorado.° **Como Ud. disponga** Just as you say **azorado** terrified

Lo seguí a la biblioteca vecina. Tras él se deslizaron suavemente dos acólitos.° El inspector Villegas me indicó un sillón y se sentó en otro. Encendió frugalmente un cigarrillo y con evidente grosería no me ofreció ninguno.

—Usted es el sobrino... Claudio.— Pareció que repetía una lección aprendida de memoria.

—Sí, señor.

—Pues bien: explíquenos qué hizo esta noche.

Yo también repetí una letanía.

—Cenamos los tres, juntos como siempre. Guillermo se retiró a su habitación. Quedamos mi tío y yo charlando un rato; pasamos a la biblioteca. Después jugamos nuestra habitual partida de ajedrez; me despedí de mi tío y salí. En el vestíbulo me encontré con Guillermo que descendía por las escaleras rumbo a la calle. Cambiamos unas palabras y me fui.

—Y ahora regresa...

—Sí...

—¿Y los criados?

—Mi tío deseaba quedarse solo. Los despachó después de cenar. A veces le acometían estas y otras manías.°

—Lo que usted dice concuerda en gran parte con la declaración del mayordomo. Cuando éste regresó, hizo un recorrido por el edificio. Notó la puerta de la biblioteca entornada° y luz adentro. Entró. Allí halló a su tío frente a un tablero de ajedrez, muerto. La partida interrumpida... De manera que jugaron la partidita, ¿eh?

Algo dentro de mí comenzó a saltar violentamente. Una sensación de zozobra,° de angustia, me recorría con la velocidad de un pebete.° En cualquier momento estallaría° la pólvora. *¡Los consabidos solitarios de mi tío!*°

—Sí, señor...— admití.

No podía desdecirme. Eso también se lo había dicho a Guillermo. Y probablemente Guillermo al inspector Villegas. Porque mi hermano debía de estar en alguna parte. El sistema de la policía: aislarnos, dejarnos solos, inertes, indefensos, para pillarnos.°

—Tengo entendido que ustedes llevaban un registro de las jugadas. Para establecer los detalles en su orden, ¿quiere mostrarme su libretita de apuntes, señor Alvarez?

---

acólitos altar boys

manías whims

entornada half open

zozobra anxiety
pebete fuse
estallaría would explode
¡Los... tío!
The aforesaid games my uncle played alone!

pillarnos to catch us

Me hundía en el cieno.°

cieno   mud

—¿Apuntes?

—Sí, hombre— el policía era implacable, —deseo verla, como es de imaginar. Debo verificarlo todo, amigo; lo dicho y lo hecho por usted. *Si jugaron como siempre...*
Comencé a tartamudear.°

tartamudear   to stammer

—Es que...— Y después, de un tirón:° —¡Claro que jugamos como siempre!

de un tirón   all at once

Las lágrimas comenzaron a quemarme los ojos. Miedo. Un miedo espantoso. Como debió sentirlo tío Néstor cuando aquella "sensación de angustia... de muerte próxima..., enfriamiento profundo, generalizado..." Algo me taladraba° el cráneo. Me empujaban. El silencio era absoluto, pétreo.° Los otros también estaban callados. Dos ojos, seis ojos, ocho ojos, mil ojos. ¡Oh, qué angustia!

taladraba   carved

pétreo   rocky

Me tenían... me tenían... Jugaban con mi desesperación... Se divertían con mi culpa...

De pronto, el inspector gruñó:

—¿Y?

Una sola letra ¡pero tanto!

—¿Y?— repitió. —Usted fue el último que lo vio con vida. Y, además, muerto. El señor Alvarez no hizo anotación alguna esta vez, señor mío.

No sé por qué me puse de pie. Tenso. Elevé mis brazos, los estiré. Me estrujé° las manos, clavándome las uñas, y al final chillé° con voz que no era la mía:

estrujé   squeezed

chillé   screamed

—¡Basta! Si lo saben, ¿para qué lo preguntan? ¡Yo lo maté! ¡Yo lo maté! ¿Y qué hay?°¡Lo odiaba con toda mi alma! ¡Estaba cansado de su despotismo! ¡Lo maté! ¡Lo maté!

¿Y qué hay?   And what of it?

El inspector no lo tomó tan a la tremenda.°

a la tremenda   surprised

—¡Cielos!— dijo. —Se produjo más pronto de lo que yo esperaba. Ya que se le soltó la lengua, ¿dónde está el revólver?

El inspector Villegas no se inmutó.° Insistió imperturbable.

no se inmutó   he did not lose his composure

—¡Vamos, no se haga el tonto ahora! ¡El revólver! ¿O ha olvidado que lo liquidó de un tiro? ¡Un tiro en la mitad de la frente, compañero! ¡Qué puntería!

W. I. Eisen

I. Ejercicios

A. Para discusión

1. Describa Ud. el hogar del tío Néstor.
2. ¿Por qué creía el sobrino que el tío moriría pronto?
3. ¿Cómo gobernaba el tío a los sobrinos?
4. ¿Qué hacía el sobrino para sacarle dinero al tío?
5. ¿Qué descubrió el tío del sobrino cuando jugaron ajedrez?
6. ¿En qué tono está hablando el sobrino cuando dice: "¡Si supieras, hombre!"?
7. ¿A qué se refería Guillermo cuando dijo: "¿Y lo otro?"?
8. ¿Por qué le dice el hermano de Guillermo que no vaya a hablar con el tío?
9. Describa usted la reacción del veneno.
10. Además de heredar millones, ¿qué más ganaría el sobrino con la muerte del tío?
11. ¿Qué hizo Claudio para tratar de olvidar lo del veneno?
12. ¿Lo convence a usted el testamento que le dio Claudio al inspector Villegas? ¿Por qué?
13. ¿A qué se refería Claudio al decir él que no podía desdecirse?
14. ¿Qué importancia tienen Guillermo y Julio en el desarrollo de este cuento?
15. ¿Quién mató al tío Néstor a resumidas cuentas?
16. Explique usted el título del cuento.

B. Complete usted según el cuento.

1. El tío Néstor quería que su sobrino estudiara _____ ___, pero éste resultó experto en _____.
2. El sobrino le puso _____ de aconitina en el coñac.
3. "El lobo en la madriguera" es _____.
4. El sobrino decidió regresar a casa del tío por _____ ____.
5. El frasquito del veneno acabó _____.
6. Este veneno era algo especial; según Claudio, no _____ _____.
7. _____ estaba a cargo de la investigación.
8. Claudio echó mentiras porque el inspector encontró ____ _____.
9. El sistema de policía era _____.
10. El sobrino mató al tío porque _____.

II.   Ejercicios creativos

A.   Oral

1. El repartimiento de la herencia muchas veces resulta difícil causando discordias por el resto de la vida. ¿Cree usted que esto probablemente pase entre los dos sobrinos? ¿Por qué?
2. Dé su opinión sobre la manera que el sobrino ve las cosas: "Siempre hay salida para todo. No siempre es buena. Pero es salida."

B.   Composición libre

¿Tenía fallas el plan de asesinato del sobrino? Defienda su respuesta.

José María Castillo-Navarro

José María Castillo-Navarro **(1927)** Este novelista español nació en 1927 en Murcia. Siendo demasiado pobre, Castillo-Navarro ha desempeñado incontables oficios para poder subsistir. Su primera novela, *La sal viste luto,* se publicó en 1957. Se le otorgó el premio Ciudad de Barcelona en 1958 por *Las uñas del miedo.* "Al cabo de los años" pertenece a su tomo de cuentos *El niño de la flor en la boca.* Otras de sus obras son: *Con la lengua fuera* (1957), *Las cruzadas sobre el halda* (1959), *Caridad negra* y *Los perros mueren en la calle* (1961).

El propósito de Castillo-Navarro es representar la individualidad del hombre. Cultiva un realismo desgarrado que suaviza con una poca de ternura lírica. Lleva este realismo ágilmente hasta el extremo de la pesadilla. Su lenguaje es impresionante y sencillo.

Al cabo de los años

Más que deseo, es fuerza; más que fuerza, necesidad; más que necesidad, hartura.° Demasiadas palabras, demasiados gestos, demasiados ademanes: al ir a pasar, al detenerse, al tomar asiento, al hablar, al asentir, al negar, al permanecer en silencio, al quitarse de en medio, o al hacer acto de presencia.

    —¡Sal!

    —¡Muévete pronto!

    —¡A cualquier parte!

    —¡Dondequiera que puedas!

    —¡Parece mentira!

    —¡Santo Dios!

    —¡Qué paciencia, Dios mío!

    —¡Qué paciencia!

Todo por la maldita carne. Por la asquerosa° y repugnante obesidad que de un tiempo a esta parte ha ido desarrollándose alrededor del hueso. Diez años. Diez sin pisar la calle por no ser capaz de subir después los ciento y pico escalones sin diñarla.° Diez años sin caminar. Diez sin tener que limpiar el polvo o el barro de sus zapatos. Diez sin descalzarse° y acariciar° sus pies como hacía antes al acostarse. Diez sin bajar los bordillos° de las aceras, sin resbalar, sin tropezar con nadie; sin discutir o pedir disculpas. Diez sin ver un corro,° un atropello, una disputa o un racimo° de gente desgajándose° del estribo de

hartura satiation

asquerosa filthy

sin diñarla without killing himself

descalzarse to take off one's shoes

acariciar to touch lightly

bordillos curves

corro group of people

racimo bunch

desgajándose tearing, breaking off

cualquier tranvía. Diez sin hacer cola° ante el autobús, **hacer cola** wait in line
sin llegar a casa calado° o jadeante.° Diez sin conocer **calado** drenched
el descanso o la cansera. Diez sin vigilar la hora, sin llegar **jadeante** panting
tarde a ningún sitio. Diez sin concertar una cita, sin acudir
a un encuentro o convenirlo. Diez años supeditado° a los **supeditado** subdued
demás, amarrado a ellos, esclavizado; pendiente de cuanto
quieran contarle espaciada y condescendientemente como si
él no fuera alma de este mundo y no tuviese que impor-
tarle nada de cuanto de paredes afuera ocurre sin su con- **sin su concurso** had
curso.° Diez años sin poder valerse.° Diez. nothing to do with him
sin poder valerse of
—¡Va...! helplessness
—¡Ya va...!
—¡Jesús!
—¡Cuánta impertinencia!
—¡Qué vida!
—¡Qué vida la de una, Señor!
—¡Cualquiera diría!
—¡Quién como tú!
—¡Quién!
Quejas y más quejas, lamentaciones: por tener que
calzarle los zapatos, por abrocharle los botones, por arras-
carle el cogote,° la espalda o la cabeza; por limpiar los **cogote** back of neck
pies, por enjugárselos,° por agacharse° cada vez que se **enjugárselos** to dry
them for him
le cae algo de entre las manos. Mil tropiezos: en el pasillo, **agacharse** stooping
en las puertas, en el lavabo, en la cocina, en el recibidor,
a la hora de comer, así se levantan o cuando vuelven del
trabajo. En cualquier parte.
—¡Hala!
—¡Di que sí!
—¡Tú no te preocupes por nada!
—¡Lo haces a propósito y no aciertas!
—¡Naturalmente que estorbas!
—¡También ahí!
—¡Y allí!
—¡En todas partes!
Siempre lo mismo: de una pared a la otra, de una habitación
a la contigua, de un rincón al de enfrente. Voces y más voces,
gritos, imprecaciones° al cielo y al infierno. Quien no chilla,° **imprecaciones** curses
amenaza. Quien no amenaza, empuja. El que no empuja, **chilla** screams
mueve repetida, insistente y con cierta monotonía la cabeza,
aprieta las mandíbulas y calla. El girando° y girando. Dando **girando** spinning

vueltas como una peonza ° loca, o titubeando. ° Sin poder asomarse a los balcones, por no haberlos, y acechando ° el momento de quedar a solas para sentarse frente a la ventana y contemplar el cielo. Lo ve en franja, ° por ser estrecha, y la línea es como un resquicio° a lo imposible. Cada pájaro tiene un nombre diferente. Cada nube representa un barrio ° que él imagina cubre con su manto. Cada gota de lluvia, un sitio, una esquina, o un trozo de piedra. Más que imaginar, crea, arregla. Se ve en las bocas del metro, ° en las plazas, en los tumultos, voceando el periódico o billetes de lotería delante de gentes afanadas ° en problemas distintos que nada tiene en común con la suerte o las noticias que les ofrece, con el cartelón del anuncio de una casa de comidas baratas sobre los hombros, a la puerta de cualquier club de lujo atareado° en abrir las puertas de los automóviles, detrás de un mostrador, barriendo calles interminables y anchas, en lo alto de un andamio,° de un tejado, o de una tapia, empleado en la tala de los árboles o en la distribución de carteles de propaganda, recorriendo pueblos en unión de los peones camineros para entrar en las ventas y emborracharse, dormir al raso ° como ellos hacen cuando se cansan y gozar así de la vista de las estrellas.

—¡Vuelta a lo de siempre!

—¡Otra vez!

—¡Naturalmente que entorpeces! °

—¡Ocupas demasiado sitio!

—¡A tu cuarto!

La pared de encima, la del lado derecho y la del izquierdo, la de enfrente y la de la espalda: blanco, blanco, blanco, blanco... Un día y otro. Una noche y la siguiente. Uno y tres meses. Años. Siempre igual, sin variación posible. Idénticas voces, idéntico desprecio, idéntico paisaje, idénticos sueños. De la cama a la silla, y de la silla a aquélla: el tacto de la colcha,° el crujido del somier,° el calentor o la humedad de las sábanas, el olor de la almohada, la luz eléctrica, la visión propia en el espejo, la soledad, el tedio, y la tristeza...

---

peonza top
titubeando reeling
acechando waiting

franja stripe
resquicio horizon

barrio world

bocas de metro entrances to subway stations

afanadas pressed

atareado exceedingly busy

andamio scaffold

al raso in the open air

entorpeces get in the way

colcha quilt
somier bed spring

—¡Adiós!

—¡Hasta luego!

—¡No, no sé a qué hora volveremos!

—¡No puedo saberlo!

—¡Al cine!

—¡No sé qué contestarte a eso!

—¡Piensa!

—¡Lee!

—¡Duerme!

—¡Qué quieres que te diga, entonces!

—¡Si no hay remedio, muérete!

—¡Muérete y descansa de una vez y para siempre!

Cada día un poco, cada momento, cada instante de momento: cuando se sabe observado de soslayo,° cuando no **de soslayo**   obliquely
cuenta para nada en aquella familia a pesar de haber ido
formándola a costa de tanta privación y sacrificio, lleno
de amor, y lleno de esperanza; cuando prescinden de él,
lo esconden ante la curiosidad de los extraños o se avergüenzan. Por cualquier causa o circunstancia. Al ponerle
en mesa diferente, al asignarle porción, al admirarse de lo
mucho que gasta en ropa, en medicinas, en asientos, en revistas, en novelas, en cuentos. Cuando se lo echan en
cara y se lo resacan.° **echan en cara y se lo**
resacan   blame him

—¡Menuda carga nos ha caído contigo!

—¡No hay ser humano que la resista!

—¡Imposible!

—¡Hay que encontrar remedio!

—¡El que sea!

—¡El que primero se nos ocurra!

Y cavila° y decide que lo mejor es acabar, arrimar° **cavila**   broods over
la silla a la ventana, empinarse como le dé Dios a enten- **arrimar**   to place near
der,°y echarse abajo. Y según piensa, hace. Y según hace, **empinarse... entender**
se alegra. Y según se alegra, apalanca el respaldo° contra to bend over as best he can
la pared, se encarama,° intenta una vez y otra y, como **apalanca el respaldo**
no pasa a través de la abertura, desiste, baja de nuevo y pulls the headboard
se sienta donde siempre. **encarama**   climbs

José María Castillo–Navarro

I. Ejercicios

A. Para discusión

1. ¿Por qué no salía este hombre a ninguna parte?
2. ¿Cuántos años llevaba encerrado?
3. Explique Ud. el estado emocional de este pobre hombre.
4. ¿Cuál era la actitud de los demás hacia el hombre?
5. Nombre usted algunas de las cosas que este hombre se imagina ver afuera.
6. ¿Cómo piensa el hombre solucionar su problema de aburrimiento y estorbo?
7. ¿Cómo formó él su familia?
8. ¿Por qué no se suicida el hombre?

B. Complete Ud. según el cuento.

1. El mundo de este desafortunado señor se ha limitado a ___ _____ .
2. De todas las soluciones que le dan al señor la peor es _____ _____ .
3. El señor solamente caminaba de _____ .
4. Este pobre hombre vivía una vida de _____ porque estaba aislado del mundo.
5. Al venir extraños a la casa, al señor lo escondían porque _____ .
6. Lo único que oía el señor todo el tiempo de todos en esa casa eran _____ .
7. Le echaban en cara _____ y se lo resacaban.

II. Ejercicios creativos (oral o escrito)

1. Aquí vemos que un ser humano puede estorbarle a todos los de su familia. ¿Qué hubiera hecho usted para ayudar a este hombre si él hubiera sido su padre?
2. Este cuento nos muestra a las claras que los hijos no agradecen su crianza a los padres. Dé Ud. su opinión.
3. El estilo de José María Castillo-Navarro se muestra a las claras en este cuento. Usa mucha repetición. A esta repetición le añade intensificación. Cite usted dos ejemplos del estilo del autor.
4. Hoy día está toda la gente muy ocupada. Tiempo es una comodidad que no tiene la mayoría. Este señor tenía tiempo de sobra. Dé usted varias sugerencias de cómo podría haber empleado mejor su tiempo este señor. ¿Qué cosas haría usted si tuviera el tiempo?

Amado Nervo

Amado Nervo **(1870-1919)** La figura que se destaca más en México en el movimiento modernista es Amado Nervo. Nervo gozó de gran fama en toda Hispanoamérica. Muchas de sus poesías y cuentos deben figurar entre lo mejor de la literatura hispanoamericana de todos los tiempos.

Nació en Tepic, capital del estado de Nayarit. Se interesó por la carrera sacerdotal, cuya influencia se manifiesta en su obra por un profundo sentido humano. Por problemas económicos en la familia dejó sus estudios del seminario y se lanzó al periodismo en Mazatlán y más tarde en la Ciudad de México. Habiendo estudiado Leyes, en 1905 ingresó a la carrera diplomática representando al país mexicano en Madrid. Más tarde fue Ministro a la Argentina, al Uruguay y al Paraguay. Murió en Montevideo en 1919.

Su primera novela, *El bachiller,* llamó mucho la atención por la finura de su prosa, la cual se distinguió por su sencillez y elegancia. De los veintiocho volúmenes de sus *Obras completas,* dieciséis corresponden a la prosa y doce a la poesía.

El ciclo poético de Nervo se abre con *Místicas* en 1898 y se cierra con *El estanque de los lotos* en 1919. En ese transcurso dejó un total de unos setecientos poemas. Dos de sus mejores libros poéticos, *La amada inmóvil* y *El arquero divino* se publicaron después de su muerte.

En Amado Nervo encontramos gracia de expresión, elegancia espiritual, delicadeza de concepto y finura. Muchos de sus versos están escritos en un tono de soliloquio.

Los temas principales que inspiraron a Amado Nervo eran el amor y la nostalgia del más allá, la preocupación ante el misterio de la vida. Amado Nervo estuvo enamorado de Ana Cecilia Daillez, su compañera por diez años. Tiene un sentido ideal, puro e idealista del amor. Sus versos son suaves y acariciadores. Su poesía es siempre muy personal. Busca a Dios y la verdad. En sus versos resalta su satisfacción por la vida tal como ella es.

Aparte de la novela y el verso, su producción comprende ensayos, cuentos, crónicas y artículos. De sus colecciones de cuentos sobresalen *Almas que pasan* y *El diablo desinteresado.*

En "La yaqui hermosa" vemos la reacción de una india hacia la explotación española de los yaquis cuando fueron éstos trasladados del norte de México al sur. El espíritu indomable de la raza es palpable en este cuento.

La yaqui hermosa

Los indios yaquis... casta de los más viriles entre los aborígenes de México... habitan una comarca° fértil y rica del estado de Sonora; hablan un raro idioma que se llama el "cahita"; son altos, muchas veces bellos, como estatuas de bronce, duros para el trabajo, buenos agricultores, cazadores máximos... y, sobre todo, combatientes indomables siempre. °**comarca**   region

Su historia desde los tiempos más remotos puede condensarse en esta palabra: guerra.

Jamás han estado en paz con nadie. Acaso en el idioma cahita ni existe siquiera la palabra "paz."

No se recuerda época alguna en que los yaquis no hayan peleado.

De ellos puede decirse lo que de Benvenuto Cellini se dijo: "que nacieron con la espuma° en la boca," la espuma de la ira y del coraje. °**espuma**   foam

La historia nos cuenta que Nuño de Guzmán fue el conquistador que penetró antes que nadie en Sinaloa y Sonora, y llevó sus armas hasta las riberas° del Yaqui y del Mayo. °**riberas**   ravines
El primer combate que los yaquis tuvieron con los españoles fue el 5 de octubre de 1535. Comandaba a los españoles Diego Guzmán, y fueron atacados por los indios, que esta vez resultaron vencidos, pero tras un combate muy duro. Los españoles afirmaron después que nunca habían encontrado indios más bravos.

Recientemente el Gobierno federal inició nueva acción contra las indomables tribus, y para dominar su tenacidad bravía, casi épica, hubo de recurrir a medidas radicales: descepar° familias enteras de la tierra en que nacieron, y enviarlas al otro extremo de la república, a Yucatán y Campeche especialmente. Lo que el Yaqui ama más es su terruño.° La entereza° de raza se vio, pues, sometida a durísima prueba. °**descepar**   to uproot / °**terruño**   native land / °**entereza**   integrity

En Campeche los desterrados° fueron repartidos entre colonos criollos, que se los disputaban ávidamente, dada la falta de brazos de que se adolece° en aquellas regiones para las faenas°agrícolas. °**desterrados**   exiled / °**dada ... se adolece**   owing to the shortage of help they suffered from / °**faenas**   chores

Un rico terrateniente° amigo mío recibió más de cien **terrateniente** landowner
indios de ambos sexos.

Separó de entre ellos cuatro niñas huérfanas y se las
envió a su esposa, quien hubo de domesticar a fuerza de
suavidad sus fierezas. Al principio las yaquitas se pasaban
las horas acurrucadas° en los rincones. Una quería tirarse   **acurrucadas** huddled up
a la calle desde el balcón. Negábanse a aprender el caste-
llano, y sostenían interminables y misteriosos diálogos en
su intraducible idioma, o callaban horas enteras, inmóviles
como las hoscas° piedras de su tierra.   **hoscas** dark-colored

Ahora se dejarían matar las cuatro por su ama, a la que
adoran con ese fiel y conmovedor culto del indígena por
quien lo trata bien.

Entre los ciento y tantos yaquis, sólo una vieja hablaba
bien el castellano. Era la intérprete.

Cuando mi amigo les recibió, hízolos formar en su hacienda, y dirigióse a la intérprete en estos términos:

—Diles que aquí el que trabaje ganará lo que quiera.
Diles también que no les tengo miedo. Que en otras hacien-
das les prohiben las armas; pero yo les daré carabinas y
fusiles a todos... porque no les tengo miedo. Que la caza
que maten es para ellos. Que si no trabajan, nunca verán
un solo peso. Que el Yaqui está muy lejos, muy lejos, y
no hay que pensar por ahora en volver... Que por último,
daré a cada uno la tierra que quiera: la que pueda recorrer
durante un día.

—¿De veras me darás a mí toda la tierra que pise en un
día?— preguntó adelantándose un indio alto, cenceño,°   **cenceño** lean
nervioso, por medio de la intérprete.

—¡Toda la que pises!— le respondió mi amigo.

Y al día siguiente, en efecto, el indio madrugó, y cuando
se apagaba el lucero,° ya había recorrido tres kilómetros   **lucero** morning star
en línea recta, y en la noche ya había señalado con piedras
varios kilómetros cuadrados.

—¡Todo esto es tuyo!— le dijo sencillamente el propie-
tario, que posee tierras del tamaño de un pequeño reino
europeo.

El indio se quedó estupefacto° de delicia.   **estupefacto** surprised

Diariamente iba mi amigo a ver a la indiada, y la intérprete le formulaba las quejas o las aspiraciones de los
yaquis.

Un día, mi amigo se fijó en una india, grande, esbelta, que tenía la cara llena de barro.°

barro clay

—¿Por qué va esa mujer tan sucia?— preguntó a la intérprete.

Respondió la intérprete:

—Porque es bonita; dejó al novio en su tierra y no quiere que la vean los extranjeros.

La india, entretanto, inmóvil, bajaba obstinadamente los ojos.

—¡A ver!— dijo mi amigo, —que le laven la cara a ésta. ¡Traigan agua!

Y la trajeron y la intérprete le lavó la cara.

Y, en efecto, era linda como una salambó.°

salambó exceptional beauty

Su boca breve, colorada como la tuna;° sus mejillas mate,° de una carnación deliciosa; su nariz sensual, semiabierta; y sobre todo aquello, sus ojos relumbrosos y tristes, que no acababan nunca, negros como dos noches lóbregas.°

tuna prickly pear
mate dull

lóbregas dark

El colono la vio, y enternecido° le dijo:

enternecido moved with compassion

—Aquí todo el mundo te tratará bien, y si te portas como debes, volverás pronto a tu tierra y verás a tu novio.

La india, inmóvil, seguía tenazmente° mirando al suelo, y enclavijaba° sus manos sobre el seno.

tenazmente stubbornly
enclavijaba clasped

Mi amigo dio instrucciones para que la trataran mejor que a nadie. Después partió para México.

* * *

Volvió a su hacienda de Campeche al cabo de mes y medio.

—¿Y la yaqui hermosa?— preguntó al administrador.

—¡Murió!— respondió éste.

Y luego, rectificando:

—Es decir, se dejó morir de hambre. No hubo manera de hacerla comer. Se pasaba los días encogida° en un rincón, como un ídolo. No hablaba jamás. El médico vino. Dijo que tenía fiebre. Le recetó° quinina. No hubo forma de dársela. Murió en la quincena pasada. La enterramos allí.

encogida curled up

recetó prescribed

Y señalaba un sitio entre unas peñas,° con una cruz en rededor de la cual crecían ya las amapolas.°

peñas rocks

amapolas poppies

Amado Nervo

I. Ejercicios

A. Para discusión

1. ¿Cómo eran los yaquis?
2. ¿Qué hizo el gobierno federal para dominar a los yaquis?
3. ¿Qué garantías les dio el terrateniente a los yaquis?
4. ¿Por qué madrugó el indio?
5. ¿Por qué llevaba la cara cubierta de barro la yaqui?
6. ¿Qué fin tuvo la india hermosa?
7. ¿Qué significa la amapola en este cuento? ¿Cuál es el propósito del autor?

B. Escoja usted.

1. El conquistador que penetró antes que nadie en Sinaloa y Sonora fue _____ _____.
   - a. Benito Guzmán
   - b. Nuño de Guzmán
   - c. Benvenuto Cellini

2. El primer combate que los yaquis tuvieron con los españoles fue el _____ _____.
   - a. 5 de mayo de 1538
   - b. 5 de julio de 1536
   - c. 5 de octubre de 1535

3. El idioma de los indios yaquis es el _____.
   - a. español
   - b. náhuatl
   - c. cahita

4. Al principio las yaquitas se pasaban las horas _____ _____.
   - a. en frente del espejo
   - b. trabajando afuera
   - c. acurrucadas en los rincones

5. El número de yaquis que hablaba bien el castellano era _____.
   - a. cien
   - b. mil
   - c. uno

C. Complete usted según el cuento.

1. La palabra _____ no existe en la lengua de los yaquis.

2. Lo que el yaqui ama más es su _____,

3. Sólo una mujer hablaba bien el _____.

4. A los indios los trasladaron a _____ y _____ _____ especialmente.

5. _____ es la palabra clave en la historia de esta tribu.

6. Los yaquis vivían en el estado de _____.

7. La yaqui hermosa murió de _____.

8. Un rico terrateniente recibió _____ indios de ambos sexos.

9. La yaqui murió encogida en un rincón como un _____ _____.

10. La _____ de raza se vio sometida a durísima prueba.

II. Ejercicios creativos

A. Oral

Relate usted la situación del indio hoy día. (¿Ha mejorado o no? ¿En qué aspectos?)

B. Composición libre

Escriba un párrafo dando su opinión. ¿Cree usted que sea justo que el gobierno trasladara a los yaquis de su terruño a una tierra extraña?

Enrique Labarta

Enrique Labarta **(1863-1920)**   Nació en 1863 en Bayo (La Coruña), España. Estudió la abogacía en la Universidad de Santiago, en la que era muy popular por su creación de poesías festivas, llenas de humor y de intención satírica. Allí mismo fundó y dirigió las revistas literarias *Galicia Humorística* (1888), *La Pequeña Patria* (1891), *Galicia Moderna* (1898). En todas dejó sus huellas de una sátira sutil, juvenil y burlona, pero sin prejuicios.

Escribió en gallego también. Concurrió a más de cincuenta concursos poéticos. De éstos, ganó veinticinco primeros premios.

Algunas de sus obras son: *99 céntimos de versos* (1889), *Sátira de costumbres gallegas* (1893), *Pasatiempos* (1904) y *Cuentos humorísticos*.

"El matrimonio de doña Brígida" está repleto de humor. En vez de burlarse el diablo de doña Brígida, sale burlado.

El matrimonio de doña Brígida

I

Como la araña que espera en vano una mosca° que nunca **mosca** fly
llega, estuvo doña Brígida Valiña, desde los quince a los
sesenta, esperando un marido.

   Primero esperó un príncipe de sangre real, después un
noble, más tarde un senador; y así sucesivamente fue ba-
jando la calidad, hasta que por último se hubiera conten-
tado con un licenciado° de presidio.   **licenciado** lawyer

   Desde que doña Brígida perdió la esperanza de encontrar
marido, comenzó a frecuentar las iglesias para pedir ¡y
hasta exigir!° a los santos que le enviasen el deseado espo- **exigir** demand
so. Resultados, nada.

   Aquella mujer tenía una lengua como navaja° de afeitar.   **navaja** blade
A los hombres los llamaba pillos,° herejes,° canallas o   **pillos** knaves
                                                            herejes heretics

granujas.° Decía a todo el mundo que no quería casarse porque los hombres le causaban horror. Siempre que podía, se aprovechaba de la ocasión para introducir la discordia en los hogares, y su mayor placer consistía en destruir la paz de los matrimonios. En resumen, doña Brígida reunía todas las cualidades necesarias para echar abajo° la reputación de la casta Susana° y exasperar al mismo Job.°

Una mañana, viendo que nadie le atendía su petición, decidió pedirle protección al diablo. Recordó en seguida multitud de historias de antiguos pecadores° que vendieron su alma a cambio de riquezas, y se decidió a vender también la suya por un buen marido.

En efecto, aquella misma tarde envió por correo una esquela° que decía así:

> Satanás:
>
> Te invito a que vengas ante mí para venderte mi alma.
>
> Brígida Valiña

Al día siguiente recibió la respuesta, encerrada en un diminuto sobre.

> Infierno, 27 de agosto de 1936.
> Sra. Doña Brígida Valiña.
> Muy distinguida señora mía:
>
> He recibido su atenta esquela de ayer, y me apresuro a contestarle. Hace tiempo que me retiré del negocio de la compra de almas porque en estos tiempos las puedo hallar, como quien dice,° a la vuelta de la esquina; sin embargo, como me precio de galante° con las damas, y sobre todo, por ser Ud. una parroquiana°antigua a quien debo tantos favores, tendré mucho gusto en complacer a Ud., haciéndole una visita mañana a las tres de la tarde.
>
> Soy su muy humilde servidor q. b. s. p.,°
>
> El Diablo

Doña Brígida quedó encantada con tan amable respuesta.

—¡Qué fino es Satanás!— exclamó. —¡Quién lo había de suponer! ¡Y yo que lo he tratado de tú, creyendo que era un mal educado!

---

granujas rogues

echar abajo to ruin
casta Susana Jewish matron falsely accused of immorality
Job symbol of patience

pecadores sinners

esquela note

como quien dice so to speak
me precio de galante I take pride in being gallant
parroquiana parishoner

q.b.s.p. (que besa sus pies)

II

A las tres de la tarde, doña Brígida, que tenía más hígados° que un guardia civil, se sentó en su cuarto, dispuesta a recibir a Satanás. Pensaba que, de un momento a otro, se filtraría por las paredes, disfrazado° de serpiente o en forma de dragón, arrojando° llamas por la boca.

De pronto llamaron a la puerta.

Levantóse a abrir, refunfuñando,° y apareció ante ella un caballero de mediana edad, alto, moreno, simpático, y muy elegante.

—¡Vaya un importuno!— se dijo para sí doña Brígida. —¡En qué críticos momentos viene este tío a molestarme!

Después de los saludos de cortesía, sentáronse uno frente al otro, el desconocido y la señora Valiña; ésta, deseosa de terminar pronto la visita, preguntó con sequedad:

—¿Qué deseaba usted, caballero?

—Señora, vengo a la cita que Ud. me ha dado.

—Pero, ¿quién es usted?

—El diablo en persona, para servir a usted.

—¡Cómo!— exclamó asombrada doña Brígida. —¿Es posible que sea Ud. el diablo? ¡Un hombre tan fino y tan distinguido!

—Veo, con dolor, que usted tenía de mí una opinión que no merezco. Confieso que en otros tiempos he usado ciertos disfraces que impresionaban a la gente ignorante, pero hoy día esos efectos teatrales resultan ridículos.

—¡Y yo que creí que tenía usted cuernos° y rabo!°

—Las modas cambian, señora. Y ahora, si a usted le parece, entremos en materia. Yo deseo saber, señora, en qué puedo servirla a usted. ¡Créame que tendré muchísimo gusto en complacerla!

—¡Gracias! Pues yo deseaba...

—¡Hábleme con toda franqueza, como si yo fuese su hermano!

—Yo deseaba... casarme.

—Me parece una idea excelente. Es otra alma que entrará por mis puertas sin trabajo alguno; porque, seguramente, bastará usted sola para condenar a su marido... ¿Ha escogido usted ya esposo?

---

tenía más hígados she had more gall

disfrazado de disguised as

arrojando throwing

refunfuñando grumbling

cuernos horns
rabo tail

—Le he llamado a usted precisamente para que lo busque.

—¡Señora, yo no tengo agencia de matrimonios!

—A cambio de sus servicios puede usted contar con mi alma.

—Ya cuento con ella sin que usted me la ofrezca. De todos modos, por ser usted una de mis mejores parroquianas, le buscaré a usted marido. ¿Cómo lo quiere usted?

—Joven, guapo y rico.

—¡Canastos!° ¡Eso es imposible! Perdóneme que le hable con esta franqueza. Creo que entre nosotros no debemos andar con paños calientes.°

—Yo quiero riquezas...

—Perfectamente. Eso es muy humano. Yo le daré a usted todo el dinero que necesite, y acudirán los pretendientes como moscas a un panal.°

—Le repito que quiero un hombre rico que se case conmigo sabiendo que soy pobre.

—Pero, ¿por qué?

—Porque necesito uno que me quiera, no por mi dinero, sino por mi cara bonita.

Al oír esto, el diablo se quedó mirando la cara de doña Brígida, con un palmo de boca abierta.

—¡Enamorarse de usted! ¡Señora, no llega a tanto mi poder!

—¡Bah! Ya veo que es Ud. un pobre diablo, sin ingenio para nada.

—Déjeme usted reflexionar un instante— contestó Satanás, apoyando° la mejilla en la mano.

Hubo un momento de silencio. Doña Brígida esperaba impaciente.

De pronto el diablo se levantó gritando:

—¡Tengo una idea soberbia!

¡Canastos! The deuce!

andar con paños calientes to beat around the bush

panal beehive

apoyando resting

—¿Qué? ¿Me ha encontrado usted marido?

—¡Señora!— continuó Satanás con aire resuelto; —yo soy soltero, y necesito mujer que me cuide y mire por la casa. Ud. reúne todas las condiciones necesarias... para que se la lleve el diablo. ¿Quiere Ud. ser mi esposa?

—¡Qué dice usted!— exclamó doña Brígida, que no esperaba esa declaración... así, "tan de repente."

—Lo que usted oye, señora. Con mi mano, le ofrezco a usted el segundo reino del universo. Es verdad que es un poquillo caliente...

Miró doña Brígida al diablo, frente a frente, y luego, entornando° los ojos y con un tono de violín destemplado,° le dijo:

entornando closing partially

destemplado out of tune

—¡Acepto!

—¡Gracias, gracias, señora! ¡Me hace usted relativamente feliz!

—Bueno; pues... las cosas hay que hacerlas pronto— dijo doña Brígida, temerosa de que el diablo retirase su petición oficial de mano. —Arregle Ud. los papeles para la boda, y si puede ser hoy, no esperemos a mañana.

—Mis papeles ya están arreglados. Dentro de ocho días nos casaremos, si a usted le parece bien.

—¡A mí me parece de perillas!°

me parece de perillas it suits me to a "t"

—Pasaremos la luna de miel en España para que el cambio no le resulte a Ud. demasiado brusco. Después de seis meses bajaremos a nuestro hogar... ¡Oh, qué felices vamos a ser! Ud. me ayudará a inventar nuevos tormentos para los condenados; nos bañaremos en una caldera° de aceite hirviendo...

caldera boiler

—¡Eso será como yo disponga!— dijo doña Brígida, dando una patada en el suelo.

—¡No se incomode usted, señora! ¡Los baños de aceite son muy saludables! ¡Todos los médicos me los recomiendan!

—¡Pues, báñese usted solo, jinojo!°

Al fin se pusieron de acuerdo en la cuestión del baño, y partió el diablo para arreglar los preliminares de la boda.

jinojo doggonit

III

A los ocho días, con asombro y estupefacción° del vecindario, se verificó el matrimonio de doña Brígida con un caballero desconocido de arrogante figura. Todo el mundo hacía conjeturas, sin que nadie pudiese averiguar las razones que habían llevado a aquel señor a casarse con tan mala mujer.

estupefacción great surprise

El diablo, desde el primer día de su casamiento, comenzó a enflaquecer° y a perder el apetito: doña Brígida lo mataba a disgustos. Ella tomó las riendas° del gobierno, y desde aquel momento comenzaron a llover sobre la tierra pestes, guerras y calamidades de todo género. Hasta en el mismo infierno se asustaron de aquel nuevo sistema político que acabaría con el mundo en un mes, agotando para siempre la fuente de los ingresos...°

enflaquecer to lose weight
riendas reins

ingresos income

Al cabo de un mes, dominado completamente por aquella maldita vieja, el pobre Satanás ya no pudo resistirla más; y dando un fuerte estampido, desapareció en las profundidades del abismo, dejando viuda en esta tierra a su insoportable mujer. Cuando se vio seguro dentro de su propia mansión, respiró con fuerza, exclamando con alegría:

—¡Caracoles!° ¡De buena me escapé!

¡Caracoles! Gee whiz!

Desde entonces, el diablo no está tranquilo en su propia casa. Cada vez que llaman a la puerta, le tiemblan las piernas.

—¡Mirad quien es antes de abrir!— les dice a sus subordinados.

Y si le dicen que es una señora, pregunta:

—¿Cómo es?

—Es una señora vieja...

—¡Cerrad! ¡Pronto! ¡Pronto!— exclama asustado.

—¡Si será Brígida!

Enrique Labarta

I. Ejercicios

A. Para discusión

1. ¿Por qué tardó tanto tiempo doña Brígida buscando un marido?
2. ¿En qué consistía el mayor placer de doña Brígida?
3. ¿Cómo era el carácter de doña Brígida? ¿Cómo aceptaba la vida de soltera?
4. ¿Qué clase de tipo resultó ser el diablo?
5. ¿Cuál fue el trato que hizo el diablo con doña Brígida?
6. ¿Cuál era otra manera en que doña Brígida había tratado de buscarse un marido, además de pedirle ayuda al diablo?
7. ¿Por qué se interesaba tanto doña Brígida en que la boda fuera lo más pronto posible?
8. ¿Cómo resultó el matrimonio de doña Brígida con el diablo?
9. Explique Ud. los cambios que tomaron lugar en la tierra y en el infierno durante el matrimonio.
10. ¿De quién se acuerda Satanás cuando tocan la puerta?

B. Escoja usted.

1. La señorita Brígida Valiña esperaba que su marido fuera todos los siguientes menos _____ .
   a. un príncipe de sangre real
   b. un noble
   c. un senador
   d. un rey

2. ¿A quién decidió pedirle protección? _____ .
   a. a los santos
   b. a Susana
   c. al mismo Job
   d. al diablo

3. La esquela que fue enviada por correo por doña Brígida decía: _____ .
   a. Te invito a que vengas ante mí para venderte mi fortuna.
   b. Te invito a que vengas ante mí para venderte las almas de mis amigos.
   c. Te invito a que vengas a mi casa para comer juntos.
   d. Te invito a que vengas ante mí para venderte mi alma.

4. ¿A qué hora fue la cita con doña Brígida? _____ .
   a. a las tres de la mañana
   b. a las doce de la noche
   c. a las tres de la tarde
   d. a las seis de la tarde

5. ¿Qué fue lo que le ofreció o   a. el segundo reino del uni-
   propuso el señorito a doña   verso
   Brígida? _____   b. que se casara con él
                                 c. que le hallaría un marido
                                 d. que la haría rica

II. Ejercicios creativos

1. Relate usted algún cuento que usted haya leído acerca de un
   pacto con el diablo.
2. Explique usted esta frase: "...doña Brígida, que tenía más
   hígados que un guardia civil..."

Arturo Uslar Pietri

Arturo Uslar Pietri   (1906)   Nació en Caracas en 1906. En 1929 recibió
el doctorado en Ciencias Políticas en la Universidad Central. Ingresó en el
servicio exterior como Consejero de la Legación de Venezuela en Francia. Fue
Secretario de Delegación de la Liga de las Naciones. En 1935 regresó a su
país. Ocupó los siguientes puestos: Jefe de la Junta de Economía del Ministerio de Hacienda, Profesor de Economía Política en la Universidad Central,
Ministro de Educación y Ministro de Hacienda. En 1937 fue presidente de la
Asociación de Escritores Venezolanos. En 1946 se lanzó como candidato a la
presidencia de Venezuela, quedando en segundo lugar.

Su primera novela, *Las lanzas coloradas* (1931), le ganó un renombre
inmediato. Fue traducida al francés, al alemán y al inglés. Uslar Pietri también
se ha destacado en el ensayo con *Las visiones del camino, Letras y hombres
de Venezuela, Breve historia de la novela hispanoamericana* y *Las nubes.*
Lo más perdurable de Uslar Pietri son sus admirables colecciones de cuentos:
Barrabás y otros relatos (1928), *Red* (1936), *Treinta hombres y sus sombras*
(1949), y *Tiempo de cantar* (1951). Sus mejores cuentos son "El venado,"
"La lluvia," "El gallo" y muchos más.

Uslar Pietri sigue la fórmula del "realismo mágico." En él, el autor trata la
realidad subjetivamente. Las metáforas, símbolos y alegorías crean una escena
de misterio. En "El venado" notamos que el venado de las doce puntas llega
a tener algo de misterio o de fantasía. Para el marido de la esposa agonizante
es un símbolo de "hombría."

Su estilo es impresionista, vigoroso y lleno de imágenes. Sus metáforas
muestran un agudo poder de observación y de captación sicológica.

EL VENADO

Los cuatro hombres estaban en cuclillas° junto a la puerta. Las cabezas gachas, las manos descolgadas por entre las piernas jugueteando con yerbas y guijarros.° Los sombreros de cogollo° sobre la nuca.°

—¡Sale, perro! ¡Sale, Corneta!

El perro cazador, de largas orejas y ojos lagrimosos que se había acercado a husmear,° se alejó asustado.

—Buen perro ése, Damián.

—¿Cuál, Corneta? Muy bueno es.

—Como para echárselo al de las doce puntas por esa costa de monte y cogerlo cansado.

Damián sonrió con la cabeza en el pecho.

—Ese es otro cantar. Ese venado se les ha ido a todos.

—Le han salido los mejores perros y las mejores escopetas y se les ha ido el condenado.° ¿Tú lo has visto, Damián?

Las manos morenas, huesudas y largas de Damián se alzaron hasta el sombrero. Lo empujó más hacia atrás y enderezó la cabeza. Los ojos negros y mortecinos pasaron por sobre las cabezas de los otros y vieron hacia el bosque tupido° que rodeaba la casa y cubría en marejada° toda la poderosa forma del cerro.

—¿Yo? Yo no lo he visto. Si lo hubiera visto, quién sabe.

De dentro de la casa salió un quejido despacioso.

—No se le quita la puntada° a Benita.

Los hombres volvieron la cabeza hacia la torcida casa de bahareque° y techo de paja. Se oía temblar la queja.

—No se le quita. Ahí está tumbada desde hace tres días con ese mal.

—¿Y no le has dado nada, Damián? Hay un cocimiento muy bueno para esa puntada.

—¡Gua! Cómo no. Si se le ha dado. Ahí está con ella Domitila, su hermana, y es mucho el cocimiento y el emplasto° que le ha dado. Pero no se alienta. Se ha ido poniendo peor. Hoy amaneció en ese solo grito. Así, como ustedes la oyen. Estará de Dios que se me muera la mujer.

Los otros parecieron doblarse más, con la cabeza más metida en el pecho.

---

en cuclillas squatting

guijarros pebbles

cogollo heart of vegetables

nuca nape of head

husmear to smell

condenado rascal

tupido dense
en marejada like a tide, completely

puntada side pain

bahareque wall of sugar cane and dirt

emplasto plaster

—¿Y no ha venido a verla el curandero?

—¿José del Carmen? Lo llamé desde ayer, pero no pudo venir. Le mandó un pañuelo y unas yerbas para que se lo pusieran. Hoy debe venir por ahí.

Al rato de silencio se oyeron unos ladridos lejanos. Venían de abajo, del pie del monte. Los hombres oyeron con ansiedad.

—Es por la Madre Vieja.

Se levantaron, dieron vuelta a la casa y se llegaron a la parte posterior, donde el plano volvía a derrumbarse° en pendiente verde y boscosa hacia el valle.

—Es allá abajo, allá en la Madre Vieja. Oigan.

Damián se puso la mano ahuecada° en el oído. Eran ladridos guturales, entrecortados, anhelosos.

—Han echado bastantes perros. Oigan el tronido.

—Han debido levantar. Levantaron venado.

Se oían, junto con los ladridos, gritos lejanos que azuzaban° los perros.

Los hombres se miraban hacia la cuesta° cercana con inquieta fijeza. Se oían más claros los ladridos y los gritos.

—Cogieron la Quebrada de la Danta.° Es buen lance. ¿Será el de las doce puntas?

—Buen día.

derrumbarse to sink down

ahuecada hollow

azuzaban incited

cuesta hill

Danta Tapir

Se volvieron a la voz. Un indio viejo y flaco, con el sombrero oscuro metido hasta los ojos, había salido al claro junto a la casa.

Damián se adelantó a encontrarlo.

—Buen día, José del Carmen.

Los otros se acercaron.

—¿Cómo que está enferma la mujer?

—Tiene una puntada que la está matando.

—Ajá. ¿Y cuándo le empezó?

—Hace unos tres días.

—¿De noche o de día?

—Fue por la madrugadita cuando me despertó con el quejido.

—¿Había luna?

—Una luna así de grande, como para velar dantas.

—Ajá.

Los ladridos y los gritos reaparecieron más claros y más cerca. Todos callaron de nuevo.

—Parece que están echando un lance de venado por la quebrada para arriba, pero no se ha oído ni un tiro.

—Será el de las doce puntas y se les habrá ido. A ése no le cogen tan fácil.

—Quien sabe— dijo Damián maquinalmente.

—Mejor así— dijo el curandero.

—¿Mejor por qué, José del Carmen?

—Porque esos animales así no son como los otros y traen desgracia. Mejor es que no lo encuentren.

Al callar se dieron cuenta de que los ladridos y los gritos se habían apagado nuevamente.

—Vamos a ver a la mujer.

—Nosotros nos vamos, Damián. Que se aliente Benita.

—Que se aliente Benita.

—Adiós, pues.

Damián llegó a la puerta con el curandero.

—Mejor es que entre usted solo, José del Carmen. Con ella está su hermana Domitila.

Con las manos a la espalda se arrecostó° a la pared. Podía oír las voces del curandero y de las mujeres, pero no parecía entenderlas.

Se habían vuelto a oír los ladridos de la jauría° y los gritos de los perreros. Se alejaban faldeando.° Se oían

se arrecostó leaned

jauría pack of hounds
faldeando skirting the mountain

ladridos y voces dispersas en varias direcciones.

—Perdieron el rastro° del venado. Ese ladrido no es de venado. De seguro que los perros levantaron algún zorro. Más lejos aún se oía una corneta llamando. Los perreros gritaban los nombres de los perros.

—¡To, to, to...!

Al rato todo volvió a quedar en silencio. Se oía a veces algún ruido vago que volaba desfigurado desde la distancia.

Damián dio la vuelta a la casa. Abrió una puerta pequeña que cerraba un candado.° Entró sin hacer ruido. Tomó la escopeta que colgaba de un clavo; el cuerno de la pólvora,° el zurrón° de las municiones.

Al volver a salir apareció el perro Corneta moviendo el rabo.° Lo llamó en voz baja y lo ató con una soga° de una estanca.° El perro aulló mirándolo alejarse.

Tomó la vereda bosque arriba sin volverse a mirar la casa.

A poco de andar ya estaba solo entre árboles, entre sombras de árboles, entre sonidos de árboles, entre profundidad de árboles. Altos guamos, cedros de hojas menudas y voladoras, bejucos colgados y enredados, arbustos, tupidos helechos entre la tierra negra y las yerbas. La vereda subía faldeando en vueltas inesperadas perdiéndose entre matojos° y troncos. Una vibración de hojas le hacía alzar la cabeza hacia una rama alta por donde pasaba la mancha fugaz° de una ardilla. En dos tonos de cansancio, repetidos, como resuello fatigoso, como anuncio, el canto de un pájaro lo acompañaba.

Damián se detuvo a quitarse las alpargatas.° Se las ató al cinturón. Los dedos de los pies desnudos apretaron la tierra húmeda y negruzca. Fresca estaba. El pie se hundía un poco con el ligero temblor de la marcha.

¿Para dónde va? Si saliera ahora el venado de las doce puntas. El que trae desgracia, José del Carmen. El año de la sequía° habían matado un venado de doce puntas. Mejor es que no lo encuentren, dice José del Carmen. Pero, ¿para dónde va? Ya estará lejos del rancho. ¿Qué le estará haciendo José del Carmen a Benita? Está muy enferma Benita con esa puntada en el costado. Se ha puesto vieja Benita.

Damián, mejor es que se vaya con su rochela° para otra

rastro track

candado lock
pólvora powder
zurrón provision-bag

rabo tail
soga rope
estanca stake

matojos bushes

fugaz fleeting

alpargatas sandals

sequía drought

rochela great noise

parte. Entonces estaba muchacha. Y hacía una morisqueta
muy graciosa con la boca. Y siempre tenía el mechón de
pelo sobre los ojos. Si ésta no es rochela. De verdadita
es la cosa. Si no me quieres, este hombre se va a malograr.° Me voy a malograr, Benita, por culpa tuya. Quítate
el pelo de los ojos, que no te veo la cara.

    Se detuvo. Unas huellas de animal cruzaban la vereda.
Se puso en cuclillas para observarlas mejor. Eran recientes.
Son de danta. Gorda la condenada. Iba para abajo, para
la quebrada. Por entre las yerbas y los helechos iba el
rastro. Pero se puso de nuevo en pie y siguió subiendo.

    Venirse a enfermar Benita. Una mujer tan sana. Nunca
se cansaba. Nunca se ponía triste. Siempre estaba haciendo algo. Estaba pelando el maíz y cantaba. Estaba barriendo y cantaba. Estaba lavando y cantaba. Sino una vez.
Mejor es que yo me vaya, Damián. Estás loca, mujer. No
estoy loca. Yo sé que tú quieres tener hijos. Yo te lo
conozco. Tú quieres tener hijos como todos los hombres.
Y yo no los voy a tener. Ya llevamos muchos años juntos
para saberlo. Yo soy como una vaca horra,° Damián.
No sirvo para nada. Las vacas horras no sirven para nada.
¿Para qué sirven? Cállate, Benita, no digas eso. Tú eres
una mujer muy buena y yo te quiero mucho.

    Escupió.° La boca le sabía amarga.

    Yo te quiero mucho, Benita. ¿Qué me importa a mí no
tener hijos? Eso lo dispone Dios. Yo no te cambio por
ninguna. Por ninguna con todos los hijos del mundo. Tú
eres la que yo quiero. Si no tenemos hijos, no importa.

    Se le iba haciendo la respiración fatigosa. Debía llevar
largo rato marchando. La escopeta empezaba a molestarle
en la espalda. La tomó en la mano. Todo parecía quieto y
silencioso. Cerca se oía el menudo latido° de un hilo de
agua.° Salía de entre los helechos y cruzaba la vereda. Se
arrodilló para tomar. Sintió el fresco del agua penetrarle
por la garganta reseca y por el pecho.

    Así había sido cuando él se estuvo muriendo con la ca-
lentura. Se tocaba la cabeza caliente como una piedra de
fogón.° Todo lo veía oscuro. Eran lo mismo el día y la
noche. Pero Benita no lo desamparaba.° Cuando abría los
ojos la veía al lado. Le daba miedo quedarse dormido. Le
daba miedo quedarse solo. Se dormía con la mano de Be-

malograr to fail

horra sterile

Escupió He spit

latido beat

hilo de agua stream

fogón fire

desamparaba desert

nita agarrada y se despertaba dando un salto. Benita, Benita, ¿dónde estás? Ahí estaba. Ahí le hablaba. Quédate quieto, Damián. Quédate tranquilo. Tranquilo. No pasa nada. Nada. No pasa nada. Duerme, Damián. Duerme tranquilo. Tranquilo. Aquí estoy yo. Y se volvía a despertar sofocado, caliente como una brasa, dando manotazos en lo oscuro. Benita, Benita, ¿dónde estás? Estate quieto, Damián. Estate quieto. ¿No me ves? Aquí estoy yo.

Iba caminando con más lentitud, con más pesadez. Afirmaba pesadamente los pies y los arrastraba un poco. Llevaba la escopeta por el cañón, y la culata° también arrastraba por la tierra. El zurrón le golpeaba en la espalda. Ya hacía rato que no se oía ni el canto de un pájaro. Tan sólo la raya verde de una culebra cruzó la vereda ondulando. Pero él siguió sin detenerse.

Ya debía ir lejos. Iban clareando los helechos. Los árboles eran menos altos. En los pies sentía la tierra más seca. Llevaba mucho tiempo caminando. Estaba lejos del rancho. Allá estaría Benita con Domitila y con José del Carmen, el curandero. Y con esa puntada metida como una lanza. Y él caminando por el monte arriba. Tan lejos. ¿Y qué iba a hacer en el rancho? ¿Qué hace un hombre en el rancho? ¿Para qué sirve? Oía el quejido de Benita. Lo mismo que cuando degüellan° un becerro.° Yo sé que me voy a morir, Damián. Está de Dios. Y es lo mejor. No hables tanta zoquetada,° Benita. Es lo mejor, Damián. Es lo mejor. No digas tanta zoquetada, Benita. Cállate. Yo sé que me voy a morir, Damián, y es lo mejor. Benita, por Dios, cállate. Tú puedes encontrar otra mujer. Benita, no digas eso, que el Señor te va a castigar. Puedes encontrar otra mujer mejor que yo. Una mujer buena que te dé hijos. Cállate, Benita, que pareces una condenada. Una mujer buena que te dé hijos. Damián, para que cuando se muera no te vayas a quedar solo. No hables más de eso, Benita, por Dios. Tú no te vas a morir. Tú no te vas a morir. Tú te vas a alentar. Tú verás que te vas a alentar. No hables más de eso. Mira que eso es malo.

Se paró en seco. Estaba en el borde de una cuchilla.° Cerca, en una explanada, se abría un claro estrecho. En medio estaba el venado de las doce puntas. Era él. Grande, oscuro, viejo. Había alzado la cabeza y parecía ventear.

culata   butt (of a gun)

degüellan   decapitate
becerro   young bull

zoquetada   nonsense

cuchilla   ridge

La enmarañada° cornamenta se desplegaba abierta. Damián le contó las puntas. Diez, once y doce. ¡Qué animal
tan lindo!

   Con mucho sigilo° se arrodilló sin ruido. El animal parecía inquieto. Tendió la escopeta cargada. La culata cubierta de barro fresco le tocó la mejilla. Por la mirada le veía
la paleta° delantera junto al costillar. El animal y él se habían quedado en una actitud maravillosa. Reventó° el
trueno del disparo sacudiendo el aire. El venado dio un
gran salto y cayó en tierra. Quedó medio oculto entre las
yerbas que cubrían el claro.

   Damián se puso de pie. Había matado el venado. Aquella mancha marrón entre la yerba era el venado de las
doce puntas. Todo estaba quieto, pero el disparo seguía

enmarañada   disheveled

sigilo   discretion, secret

paleta   shoulder blade

reventó   burst, exploded

resonando en las lejanías y en los ecos. Eran como otros disparos más pequeños, más lejanos, más sordos. Ya parecía que se apagaba uno y venía resonando otro, de otra quiebra, de otra loma, de otra cuesta. Damián movía la cabeza alelada° al son de los ecos que se iban sucediendo   **alelada** stupefied y respondiendo en la distancia. Todo resonaba con el eco del disparo. Santo Dios, qué tiro para sonar. Oyelo, por allá vuelve otra vez. En todo el monte estaba. Saltaba de un lado a otro por sobre la cabeza de Damián. Damián movía la cabeza asustado y sobrecogido. Allá, lejísimos, sonaba todavía un eco.

Era muy poco lo que se distinguía del venado muerto entre la yerba. Pero Damián no daba un paso para acercarse. Tenía la boca abierta descolgada y la respiración

corta y silbosa, como de perro. Maté al de las doce puntas.
Lo que son las cosas. Muerto, muertico de un solo tiro.
Sin buscarlo. Todos lo buscaban y va Damián y lo encuentra. Para él estaba. Lo estaba esperando en aquella loma.
Sería para avisarle. No ha debido matarlo. Traen desgracia
esos animales raros. Como lo dijo José del Carmen. Allá
estaría Benita con su puntada. Ave María Purísima. No.
Mejor es no tocarlo. Mejor es dejarlo. Mejor es irme. Esto
trae desgracia.

Tomó el camino del regreso apresuradamente. Sentía
prisa por llegar a la casa. Ahora, regresando ligero, se daba
cuenta de lo lejos que había ido. Caminaba y caminaba.
No se veía ni el techo del rancho. Había que pasar la cuchilla y caer en la otra quebrada.° Tú no te vas a morir, **quebrada** ravine
Benita. Mejor es no hablar de eso. No. No. No digas tantas
zoquetadas. Tú te vas a alentar. Aquí estoy yo. Aquí estoy
yo, Benita. Casi iba corriendo. Una vez pasada la cuchilla, abandonó la vereda y se lanzó cuesta abajo en línea
recta por lo espeso del monte. Así llegaría más pronto.
La escopeta se le enredaba° en los bejucos y en los troncos. Pero él empujaba con el pecho y braceaba abriéndose **se enredaba** tangled
camino.

Hasta que salió de los últimos matorrales° sobre la **matorrales** thickets
loma de la casa. Allí estaban los hombres que habían
vuelto. Cruzados de brazos y en fila recostados en la pared.
Y se oían el grito de Domitila y el llanto de varias mujeres adentro. Se le cortó la prisa. Poco a poco se fue
acercando. Los hombres lo veían sin hablarle con unas caras serias.

—¿Se murió?

—Se murió Benita, hace rato.

Dejó caer la escopeta, el zurrón y el cuerno al suelo.
Entró a la habitación. Sobre la cama estaba Benita ya
amortajada.° Parecía muy tranquila. Junto a la cama, **amortajada** dead
Domitila y otras mujeres lloraban a gritos. Venía humo
del fogón. Estaban cocinando guarapo.° Damián se apretó **guarapo** fermented sugarcane juice
los dientes sobre el labio y se torció con fuerzas los dedos.
Al rato se quitó el sombrero y se persignó.° En los dedos **se persignó** made sign of the cross
sintió la frente bañada de sudor.

Arturo Uslar Pietri

I. Ejercicios

A. Para discusión

1. ¿De qué está enferma Benita?
2. ¿Quién es José del Carmen?
3. ¿Por qué prefiere José del Carmen que no encuentren el venado de doce puntas?
4. ¿Qué problema existía en el matrimonio de Damián y Benita?
5. ¿De veras quería Damián a Benita o le tenía lástima?
6. ¿Qué clase de esposa era Benita?
7. ¿Por qué mató Damián el venado sabiendo que podía traer desgracias?
8. ¿Hay alguna relación entre el venado de las doce puntas y la muerte de Benita? Explique usted.
9. ¿No le parece a Ud. que Damián en realidad sí busca el venado con muchas ganas?
10. ¿Qué quiere comprobar Damián con matar el venado sobre todo cuando sabe que su esposa puede morir?

B. Complete usted según el cuento.

1. El venado tenía _____ puntas.

2. Antes de que viniera el curandero, Domitila ya le había dado _____ a la enferma.

3. José del Carmen quería saber si _____ cuando le empezó el mal a Benita.

4. El curandero no quiere que encuentren el venado porque trae _____.

5. Damián quiere a Benita aunque no le pueda dar _____ _____.

6. Benita le insistía a Damián que se _____.

7. Después de matar el venado, Damián regresa al rancho apresuradamente para ver si _____.

8. Damián no quiso llevar a Corneta con él porque _____ _____.

9. El año de la sequía habían matado _____.

10. Damián trata de convencer a su esposa de que _____.

II. Ejercicios creativos

A. Oral

1. El tema del curandero es muy popular. ¿Cree usted que las hierbas medicinales curen en realidad?
2. ¿Cree usted que haya felicidad en un matrimonio sin hijos? ¿Por qué?

B. Composición libre

1. Relate usted alguna experiencia que conozca sobre los curanderos.
2. ¿Pondría usted fin a su matrimonio al no tener hijos? ¿De qué otra manera solucionaría usted este problema?

Enrique Congrains Martín

Enrique Congrains Martín **(1932)** Congrains Martín nació en el Perú en 1932. Escribe cuentos pero se destaca una novela suya *No una sino muchas muertes* (1958). La novela trata de las "barriadas," un tema sociológico y peruano que relata la migración de gente a una ciudad. Vemos este tema también en su cuento que sigue.

EL NIÑO DE JUNTO AL CIELO

Por alguna desconocida razón, Esteban había llegado al lugar exacto, precisamente al único lugar... Pero, ¿no sería, más bien, que "aquello" había venido hacia él? Bajó la vista y volvió a mirar. Sí, ahí seguía el billete anaranjado, junto a sus pies, junto a su vida.

¿Por qué, por qué él?

Su madre se había encogido° de hombros al pedirle él autorización para conocer la ciudad, pero después le advirtió que tuviera cuidado con los carros y con las gentes. Había descendido desde el cerro° hasta la carretera y, a los pocos pasos, divisó° "aquello" junto al sendero que corría paralelamente a la pista.°

Vacilante, incrédulo, se agachó° y lo tomó entre sus manos. Diez, diez, diez, era un billete de diez soles,° un billete que contenía muchísimas pesetas, innumerables reales.° ¿Cuántos reales, cuántos medios exactamente? Los conocimientos de Esteban no abarcaban° tales complejidades y, por otra parte, le bastaba con saber que se trataba de un papel anaranjado que decía "diez" por sus dos lados.

Siguió por el sendero, rumbo a los edificios que se veían más allá de ese otro cerro cubierto de casas. Esteban caminaba unos metros, se detenía y sacaba el billete del bolsillo para comprobar su indispensable presencia. —¿Había venido el billete hacia él— se preguntaba, —o era él el que había ido hacia el billete?

Cruzó la pista y se internó en un terreno salpicado° de basuras, desperdicios° de albañilería y excrementos; llegó a una calle y desde allí divisó el famoso mercado, el mayorista, del que tanto había oído hablar. ¿Eso era Lima, Lima, Lima?... La palabra le sonaba a hueco. Recordó: su tío le había dicho que Lima era una ciudad grande, tan grande que en ella vivían un millón de personas.

¿La bestia con un millón de cabezas? Esteban había soñado hacía unos días, antes del viaje, en eso: una bestia con un millón de cabezas. Y ahora, él, con cada paso que daba, iba internándose dentro de la bestia...

encogido shrugged

cerro hill

divisó saw in the distance

pista street

se agachó bent down

soles monetary unit of Peru

reales silver coins

abarcaban did clasp, embraced

salpicado splashed

desperdicios wastes

Se detuvo, miró y meditó: la ciudad, el mercado mayorista, los edificios de tres y cuatro pisos, los autos, la infínidad de gentes —algunas como él, otras no como él— y el billete anaranjado, quieto, dócil en el bolsillo de su pantalón. El billete llevaba el "diez" por ambos lados y en eso se parecía a Esteban. El también llevaba el "diez" en su rostro y en su conciencia. El "diez años" lo hacía sentirse seguro y confiado, pero sólo hasta cierto punto. Antes, cuando comenzaba a tener noción de las cosas y de los hechos, la meta,° el horizonte había sido fijado en los diez años. ¿Y ahora? No, desgraciadamente no. Diez años no era todo. Esteban se sentía incompleto aún. Quizá si cuando tuviera doce, quizá si cuando llegara a los quince. Quizá ahora mismo, con la ayuda del billete anaranjado.

    meta   goal

Estuvo dando vueltas, atisbando° dentro de la bestia, hasta que llegó a sentirse parte de ella. Un millón de cabezas y, ahora, una más. La gente se movía, se agitaba, unos iban en una dirección, otros en otra, y él, Esteban, con el billete anaranjado, quedaba siempre en el centro de todo, en el ombligo mismo.

    atisbando   examining closely

*

Unos muchachos de su edad jugaban en la vereda. Esteban se detuvo unos metros de ellos y quedó observando el ir y venir de las bolas; jugaban dos y el resto hacía ruedo. Bueno, había andado unas cuadras y por fin encontraba seres como él, gente que no se movía incesantemente de un lado a otro. Parecía, por lo visto, que también en la ciudad había seres humanos.

¿Cuánto tiempo estuvo contemplándolos? ¿Un cuarto de hora? ¿Media hora? ¿Una hora, acaso dos? Todos los chicos se habían ido, todos menos uno. Esteban quedó mirándolo, mientras su mano dentro del bolsillo acariciaba ° el billete.

acariciaba   was caressing

—¡Hola, hombre!

—Hola...— respondió Esteban susurrando ° casi.

susurrando   humming

El chico era más o menos de su misma edad y se vestía de pantalón y camisa de un mismo tono, algo que debió ser caqui en otros tiempos, pero que ahora pertenecía a esa categoría de colores vagos e indefinibles.

—¿Eres de por acá?— le preguntó a Esteban.

—Sí, este...— se aturdió° y no supo cómo explicar que vivía en el cerro y que estaba en viaje de exploración a través de la bestia de un millón de cabezas.

se aturdió   became bewildered

—¿De dónde, ah?— Se había acercado y estaba frente a Esteban. Era más alto y sus ojos inquietos le recorrían de arriba abajo. —¿De dónde, ah?— volvió a preguntar.

—De allá, del cerro— y Esteban señaló en la dirección en que había venido.

—¿San Cosme?

Esteban meneó la cabeza negativamente.

—¿Del Agustino?

—¡Sí, de ahí!— exclamó sonriendo. Ese era el nombre y ahora lo recordaba.

Desde hacía meses, cuando se enteró de la decisión de su tío de venir a radicarse ° a Lima, venía averiguando cosas de la ciudad. Fue así como supo que Lima era muy grande, demasiado grande tal vez; que había un sitio que se llamaba Callao y que ahí llegaban buques ° de otros países; que había lugares muy bonitos, tiendas enormes, calles larguísimas... ¡Lima!... Su tío había salido dos meses antes que ellos con el propósito de conseguir casa. Una casa. "¿En qué sitio será?", le había preguntado a su

radicarse   to reside

buques   ships

madre. Ella tampoco sabía. Los días corrieron y después
de muchas semanas llegó la carta que ordenaba partir.
¡Lima!... ¿El cerro del Agustino, Esteban? Pero él no lo
llamaba así. Ese lugar tenía otro nombre. La choza° que   **choza** hut
su tío había levantado quedaba en el barrio de Junto al
Cielo. Y Esteban era el único que lo sabía.

—Yo no tengo casa...— dijo el chico después de un
rato. Tiró una bola contra la tierra y exclamó: —¡Caray,°   **¡Caray!** Ha! Dear me!
no tengo!

—¿Dónde vives entonces?— se animó a inquirir Esteban.

El chico recogió la bola, la frotó en su mano y luego
respondió:

—En el mercado; cuido la fruta, duermo a ratos...—
Amistoso y sonriente, puso una mano sobre el hombro de
Esteban y la preguntó: —¿Cómo te llamas tú?

—Esteban...

—Yo me llamo Pedro.— Tiró la bola al aire y la recibió en la palma de   su mano. —Te juego, ¿ya, Esteban?

Las bolas rodaron sobre la tierra, persiguiéndose mutuamente. Pasaron los minutos, pasaron hombres y mujeres
junto a ellos, pasaron autos por la calle, siguieron pasando
los minutos. El juego había terminado, Esteban no tenía
nada que hacer junto a la habilidad de Pedro. Las bolas
al bolsillo y los pies sobre el cemento gris de la acera.
¿Adónde ahora? Empezaron a caminar juntos. Esteban se
sentía más a gusto en compañía de Pedro que estando
solo.

Dieron algunas vueltas. Más y más edificios. Más y más
gentes. Más y más autos en las calles. Y el billete anaranjado seguía en el bolsillo. Esteban lo recordó.

—¡Mira lo que me encontré!— Lo tenía entre sus dedos
y el viento lo hacía oscilar levemente.

—¡Caray!— exclamó Pedro y lo tomó, examinándolo
al detalle. —¡Diez soles, caray! ¿Dónde lo encontraste?

—Junto a la pista, cerca del cerro— explicó Esteban.

Pedro le devolvió el billete y se concentró un rato. Luego preguntó:

—¿Qué piensas hacer, Esteban?

—No sé, guardarlo, seguro...— y sonrió tímidamente.

—¡Caray, yo con una libra haría negocios, palabra
que sí!

—¿Cómo?

Pedro hizo un gesto impreciso que podía revelar, a un mismo tiempo, muchísimas cosas. Su gesto podía interpretarse como una total despreocupación por el asunto —los negocios— o como una gran abundancia de posibilidades y perspectivas. Esteban no comprendió.

—¿Qué clase de negocios, ah?

—¡Cualquier clase, hombre!— Pateó° una cáscara° de naranja que rodó desde la vereda hasta la pista; casi inmediatamente pasó un ómnibus que la aplastó contra el pavimento. —Negocios hay de sobra, palabra que sí. Y en unos dos días cada uno de nosotros podría tener otra libra en el bolsillo.

pateó kicked
cáscara peeling

—¿Una libra más?— preguntó Esteban asombrándose.

—¡Pero claro, claro que sí!...— Volvió a examinar a Esteban y le preguntó: —¿Tú eres de Lima?

Esteban se ruborizó.° No, él no había crecido al pie de las paredes grises, ni jugado sobre el cemento áspero e indiferente. Nada de eso en sus diez años, salvo lo de ese día.

ruborizó blushed

—No, no soy de acá, soy de Tarma; llegué ayer...

—¡Ah!— exclamó Pedro, observándolo fugazmente.° —¿De Tarma, no?

fugazmente fleetingly

—Sí, de Tarma...

Habían dejado atrás el mercado y estaban junto a la carretera. A medio kilómetro de distancia se alzaba el cerro Agustino, el barrio de Junto al Cielo, según Esteban. Antes del viaje, en Tarma, se había preguntado: "¿Iremos a vivir a Miraflores, al Callao, a San Isidro, a Chorrillos; en cuál de esos barrios quedará la casa de mi tío?" Habían tomado el ómnibus y después de varias horas de pesado y fatigante viaje arribaban a Lima. ¿Miraflores? ¿La Victoria? ¿San Isidro? ¿Callao? ¿Adónde, Esteban, adónde? Su tío había mencionado el lugar y era la primera vez que Esteban lo oía nombrar. "Debe ser algún barrio nuevo," pensó. Tomaron un auto y cruzaron calles y más calles. Todas diferentes, pero, cosa curiosa, todas parecidas también. El auto los dejó al pie de un cerro. Casas junto al cerro, casas en mitad del cerro, casas en la cumbre del cerro. Habían subido, y una vez arriba, junto a la choza que había levantado su tío, Esteban contempló la bestia con un millón

de cabezas. La "cosa" se extendía y se desparramaba,° **se desparramaba** dissipated
cubriendo la tierra de casas, calles, techos, edificios, más
allá de lo que su vista podía alcanzar. Entonces Esteban
había levantado los ojos y se había sentido tan encima de
todo —o tan abajo quizá— que había pensado que estaba
en el barrio de Junto al Cielo.

—Oye, ¿quisieras entrar en algún negocio conmigo?—
Pedro se había detenido y lo contemplaba, esperando respuesta.

—¿Yo?...— Titubeando,° preguntó: —¿Qué clase de **titubeando** hesitating
negocio? ¿Tendría otro billete mañana?

—¡Claro que sí, por supuesto!— afirmó resueltamente.
La mano de Esteban acarició el billete y pensó que podría tener otro billete más, y otro más y muchos más.
Muchísimos billetes más, seguramente. Entonces el "diez
años" sería esa meta que siempre había soñado.

—¿Qué clase de negocios se puede, ah?— preguntó
Esteban.

Pedro se sonrió y explicó:

—Negocios hay muchos... Podríamos comprar periódicos y venderlos por Lima; podríamos comprar revistas,
chistes...— Hizo una pausa y escupió con vehemencia.° **vehemencia** violence
Luego dijo, entusiasmándose: —¡Mira, compramos diez
soles de revistas y las vendemos ahora mismo, en la tarde,
y tenemos quince soles, palabra.

—¿Quince soles?

—¡Claro, quince soles! ¡Dos cincuenta para ti y dos
cincuenta para mí! ¿Qué te parece, ah?

Convinieron en reunirse al pie del cerro dentro de una
hora; convinieron en que Esteban no diría nada, ni a su
madre ni a su tío; convinieron en que venderían revistas y
que de la libra de Esteban saldrían muchísimas cosas.

*

Esteban había almorzado apresuradamente y le había
vuelto a pedir permiso a su madre para bajar a la ciudad.
Su tío no almorzaba con ellos, pues en su trabajo le daban
de comer gratis, completamente gratis, como había recal-
cado° al explicar su situación. Esteban bajó por el sende- **recalcado** emphasized
ro ondulante, saltó la acequia° y se detuvo al borde de la **acequia** irrigation ditch
carretera, justamente en el mismo lugar en que había en-

contrado, en la mañana, el billete de diez soles. Al poco rato apareció Pedro y empezaron a caminar juntos, internándose dentro de la bestia de un millón de cabezas.

—Vas a ver qué fácil es vender revistas, Esteban. Las ponemos en cualquier sitio, la gente las ve y, listo, las compra para sus hijos. Y si queremos, nos ponemos a gritar en la calle el nombre de las revistas, y así vienen más rápido... ¡Ya vas a ver qué bueno es hacer negocios!...

—¿Queda muy lejos el sitio?— preguntó Esteban, al ver que las calles seguían alargándose casi hasta el infinito. Qué lejos había quedado Tarma, qué lejos había quedado todo lo que hasta hace unos días había sido habitual para él.

—No, ya no. Ahora estamos cerca del tranvía y nos vamos gorreando° hasta el centro.

—¿Cuánto cuesta el tranvía?

—¡Nada, hombre!— y se rió de buena gana. —Lo tomamos no más y le decimos al conductor que nos deje ir hasta la Plaza San Martín.

Más y más cuadras. Y los autos, algunos viejos, otros increíblemente nuevos y flamantes,° pasaban veloces,° rumbo sabe Dios dónde.

—¿Adónde va toda esa gente en auto?

Pedro sonrió y observó a Esteban. Pero, ¿adónde iban realmente? Pedro no halló ninguna respuesta satisfactoria y se limitó a mover la cabeza de un lado a otro. Más y más cuadras. Al fin terminó la calle y llegaron a una especie de parque.

—¡Corre!— le gritó Pedro, de súbito. El tranvía comenzaba a ponerse en marcha. Corrieron, cruzaron en dos saltos la pista y se encaramaron al estribo.°

Una vez arriba se miraron sonrientes. Esteban empezó a perder el temor y llegó a la conclusión de que seguía siendo el centro de todo. La bestia de un millón de cabezas no era tan espantosa como había soñado, y ya no le importaba estar allí siempre, aquí o allá, en el centro mismo, en el ombligo mismo de la bestia.

*

Parecía que el tranvía se había detenido definitivamente esta vez, después de una serie de paradas. Todo el mundo

gorreando sponging

flamantes brand new
veloces agile

se encaramaron al estribo they jumped on the running board

se había levantado de sus asientos y Pedro lo estaba em-
pujando.

—Vamos, ¿qué esperas?

—¿Aquí es?

—Claro, baja.

Descendieron y otra vez a rodar sobre la piel de cemento de la bestia. Esteban veía más gente y las veía marchar
—sabe Dios dónde— con más prisa que antes. ¿Por qué
no caminaban tranquilos, suaves, con gusto, como la gente
de Tarma?

—Después volvemos y por estos mismos sitios vamos a
vender las revistas.

—Bueno— asintió Esteban. El sitio era lo de menos, se
dijo, lo importante era vender las revistas, y que la libra se
convierta en varias más. Eso era lo importante.

—¿Tú tampoco tienes papá?— le preguntó Pedro,
mientras doblaban hacia una calle por la que pasaban los
rieles del tranvía.

—No, no tengo...— y bajó la cabeza, entristecido. Luego
de un momento, Esteban preguntó: —¿Y tú?

—Tampoco, ni papá ni mamá.— Pedro se encogió de
hombros y apresuró el paso. Después inquirió descuidada-
mente. —¿Y al que le dices "tío"?

—Ah...; él vive con mi mamá, ha venido a Lima de
chofer...— Calló, pero en seguida dijo: —Mi papá murió
cuando yo era chico...

—¡Ah, caray!... ¿Y tu "tío" qué tal te trata?

—Bien; no se mete conmigo para nada.

—¡Ah!

Habían llegado al lugar. Tras un portón se veía un patio
más o menos grande, puertas, ventanas, y dos letreros que
anunciaban revistas al por mayor. °   **al por mayor** wholesale

—Ven, entra— le ordenó Pedro.

Estaban adentro. Desde el piso hasta el techo había revistas, y algunos chicos como ellos, dos mujeres y un
hombre seleccionaban sus compras. Pedro se dirigió a uno
de los estantes y fue acumulando revistas bajo el brazo.
Las contó y volvió a revisarlas.

—Paga.

Esteban vaciló un momento. Desprenderse ° del billete   **desprenderse** to get
anaranjado era más desagradable de lo que había supuesto.   rid of
Se estaba bien teniéndolo en el bolsillo y pudiendo acari-

ciarlo cuantas veces fuera necesario.

—Paga— repitió Pedro, mostrándole las revistas a un hombre gordo que controlaba la venta.

—¿Es justo una libra?

—Sí, justo. Diez revistas a un sol cada una.

Oprimió el billete con desesperación, pero al fin terminó por extraerlo del bolsillo. Pedro se lo quitó rápidamente de la mano y lo entregó al hombre.

—Vamos— dijo, jalándolo. °   **jalándolo**   pulling it

*

Se instalaron en la Plaza San Martín y alinearon las diez revistas en uno de los muros que circunda el jardín. "Revistas, revistas, revistas, señor; revistas, señora, revistas, revistas." Cada vez que una de las revistas desaparecía con un comprador, Esteban suspiraba aliviado. Quedaban seis revistas y pronto, de seguir así las cosas, no habría de quedar ninguna.

—¿Qué te parece, ah?— preguntó Pedro sonriendo con orgullo.

—Está bueno, está bueno...— Y se sintió enormemente agradecido a su amigo y socio. °   **socio**   member

—Revistas, revistas, ¿no quiere un chiste, señor?

El hombre se detuvo y examinó las carátulas. °   **carátulas**   pasteboard masks

—¿Cuánto?

—Un sol cincuenta, no más...

La mano del hombre quedó indecisa sobre dos revistas. ¿Cuál, cuál llevará? Al fin se decidió.

—Cóbrese.

Y las monedas cayeron, tintineantes, ° al bolsillo de   **tintineantes**   clinking
Pedro. Esteban se limitaba a observar, meditaba y sacaba sus conclusiones: una cosa era soñar, allá en Tarma, con una bestia de un millón de cabezas, y otra era estar en Lima, en el centro mismo del universo, absorbiendo y paladeando con fruición la vida.

El era el socio capitalista y el negocio marchaba estupendamente bien. "Revistas, revistas," gritaba el socio industrial, y otra revista más que desaparecía en manos impacientes. "¡Apúrate con el vuelto!," exclamaba el comprador. Y todo el mundo caminaba aprisa, rápidamente. "¿Adónde van que se apuran tanto?," pensaba Esteban.

*

Bueno, bueno, la bestia era una bestia bondadosa, amigable, aunque algo difícil de comprender. Eso no importaba; seguramente, con el tiempo, se acostumbraría. Era una magnífica bestia que estaba permitiendo que el billete de diez soles se multiplicara. Ahora ya no quedaban más que dos revistas sobre el muro. Dos nada más y ocho desparramándose por desconocidos e ignorados rincones de la bestia. "Revistas, revistas, chistes a sol cincuenta, chistes..." Listo, ya no quedaba más que una revista y Pedro anunció que eran las cuatro y media.

—¡Caray, me muero de hambre, no he almorzado!...— prorrumpió luego.

—¿No has almorzado?

—No, no he almorzado...— Observó a posibles compradores entre las personas que pasaban y después sugirió:

—¿Me podrías ir a comprar un pan o un bizcocho?

—Bueno— aceptó Esteban inmediatamente.

Pedro sacó un sol del bolsillo y explicó:

—Esto es de los dos cincuenta de mi ganancia,° ¿ya?   **ganancia** profit

—Sí, ya sé.

—¿Ves ese cine?— preguntó Pedro, señalando a uno que quedaba en esquina. Esteban asintió. —Bueno, sigues por esa calle y a mitad de cuadra, hay una tiendecita de japoneses. Anda y cómprame un pan con jamón o tráeme un plátano y galletas,° cualquier cosa, ¿ya, Esteban?   **galletas** cookies

—Ya.

Recibió el sol, cruzó la pista, pasó por entre dos autos estacionados y tomó la calle que le había indicado Pedro. Sí, ahí estaba la tienda. Entró.

—Déme un pan con jamón— pidió a la muchacha que atendía.

Sacó un pan de la vitrina,° lo envolvió en un papel y se   **vitrina** showcase
lo entregó. Esteban puso la moneda sobre el mostrador.

—Vale un sol veinte— advirtió la muchacha.

—¡Un sol veinte!...— Devolvió el pan y quedó indeciso un instante. Luego se decidió: —Deme un sol de galletas entonces.

Tenía el paquete de galletas en la mano y andaba lentamente. Pasó junto al cine y se detuvo a contemplar los atrayentes avisos. Miró a su gusto y, luego, prosiguió

caminando. ¿Habría vendido Pedro la revista que le quedaba?

Más tarde, cuando regresara a Junto al Cielo, lo haría feliz, absolutamente feliz. Pensó en ello, apresuró el paso, atravesó la calle, esperó que pasaran unos automóviles y llegó a la vereda. Veinte o treinta metros más allá había quedado Pedro. ¿O se había confundido? Porque ya Pedro no estaba en ese lugar ni en ningún otro. Llegó al sitio preciso y nada, ni Pedro, ni revista, ni quince soles, ni... ¿Cómo había podido perderse o desorientarse? Pero, ¿no era ahí donde habían estado vendiendo las revistas? ¿Era o no era? Miró a su alrededor. Sí, en el jardín de atrás seguía la envoltura de un chocolate. El papel era amarillo con letras rojas y negras, y él lo había notado cuando se instalaron, hacía más de dos horas. Entonces, ¿no se había confundido? ¿Y Pedro, y los quince soles, y la revista?

Bueno, no era necesario asustarse, pensó. Seguramente se había demorado° y Pedro lo estaba buscando. Eso **demorado** delayed tenía que haber sucedido obligadamente. Pasaron los minutos. No, Pedro no había ido a buscarlo: ya estaría de regreso de ser así. Tal vez había ido con un comprador a conseguir cambio. Más y más minutos fueron quedando a sus espaldas. No, Pedro no había ido a buscar sencillo: ya estaría de regreso de ser así. ¿Entonces?...

—Señor, ¿tiene hora?— le preguntó a un joven que pasaba.

—Sí, las cinco en punto.

Esteban bajó la vista, hundiéndola° en la piel de la bestia, y prefirió no pensar. Comprendió que, de hacerlo, terminaría llorando y eso no podía ser. El ya tenía diez años, y diez años no eran ni ocho ni nueve. ¡Eran diez años! **hundiéndola** sinking

—¿Tiene hora, señorita?

—Sí— sonrió y dijo con una voz linda: —Las seis y diez— y se alejó presurosa.

¿Y Pedro, y los quince soles, y la revista?... ¿Dónde estaban, en qué lugar de la bestia con un millón de cabezas estaban?... Desgraciadamente no lo sabía y sólo quedaba la posibilidad de esperar y seguir esperando...

—¿Tiene hora, señor?

—Un cuarto para las siete.

—Gracias...

¿Entonces?... Entonces, ¿ya Pedro no iba a regresar?... ¿Ni Pedro, ni los quince soles, ni la revista iban a regresar entonces?... Decenas de letreros luminosos se habían encendido. Letreros luminosos que se apagaban y se volvían a encender; y más y más gente sobre la piel de la bestia. Y la gente caminaba más aprisa ahora. Rápido, rápido, apúrense, más rápido aún, más, más, hay que apurarse muchísimo más, apúrense más... Y Esteban permanecía inmóvil, recostado en el muro, con el paquete de galletas en la mano y con las esperanzas en el bolsillo de Pedro... Inmóvil, dominándose para no terminar en pleno llanto.

Entonces, ¿Pedro lo había engañado?... ¿Pedro, su amigo, le había robado el billete anaranjado?... ¿O no sería, más bien, la bestia con un millón de cabezas la causa de todo?... Y, ¿acaso no era Pedro parte integrante de la bestia?...

Sí y no. Pero ya nada importaba. Dejó el muro, mordisqueó° una galleta y, desolado, se dirigió a tomar el tranvía. **mordisqueó** nibbled

Enrique Congrains Martín

I. Ejercicios

A. Para discusión

1. ¿Qué se encontró Esteban?
2. ¿Comprendía Esteban el valor de lo que se había encontrado?
3. ¿De qué bestia se habla?
4. ¿Qué clase de muchacho era Pedro?
5. ¿En qué negocio invirtieron los chicos el billete de Esteban?
6. ¿Qué comparación hizo Esteban de la gente de su pueblo y la de Lima?
7. ¿A cuánto vendían cada revista Pedro y Esteban?
8. ¿Por qué compró galletas Esteban?
9. ¿Cómo sabía Esteban que Pedro no se había perdido?
10. ¿En qué pensaba tanto Esteban al no hallar a Pedro?
11. ¿Quién es culpable de la desgracia de Esteban?
12. Explique usted el título del cuento.

B. Escoja usted.

1. Esteban era un niño de _____ años.
   - a. doce
   - b. diez
   - c. quince

2. Esteban iba a vivir en Lima _____.
   - a. con su tío
   - b. con Pedro
   - c. con su mamá

3. Pedro, sin duda, _____ _____.
   - a. vivía con sus padres
   - b. dormía en el mercado cuidando fruta porque era huérfano
   - c. no era pícaro

4. Como ninguno de los dos tenían dinero y querían ir al centro, ellos decidieron _____.
   - a. hablar con el chofer del tranvía
   - b. caminar aunque fuera lejos
   - c. ir en carro de sitio

5. La ganancia de cada revista que vendían era _____ _____.
   - a. un sol
   - b. cincuenta
   - c. un sol cincuenta

II. Ejercicios creativos (oral o escrito)

1. ¿Cree usted que la gente del campo sea más honesta que la de la ciudad? Defienda su respuesta.
2. ¿Qué ventajas y desventajas tiene la gente viviendo en el campo? ¿En la ciudad?

Jorge Luis Borges

Jorge Luis Borges (1899) Nació en Buenos Aires en 1899. Salió en 1914 para Suiza para hacer sus estudios secundarios. Más tarde viajó por Francia, Mallorca, Alemania y España. Publicó su primer poema, *Canción del mar,* en la revista *Grecia,* de Madrid. Regresó a Buenos Aires en 1921. Formó un grupo literario y una revista también. Se incorporó en la revista de mayor prestigio entonces, *Nosotros,* y en 1927 ingresó en el diario *La Prensa.* Al caer la dictadura de Perón, se le nombró director de la Biblioteca Nacional y profesor de literatura inglesa en la Universidad de Buenos Aires. En 1957 se ganó el Premio Nacional de Literatura con su libro *El Aleph.* Es Jorge Luis Borges el escritor hispánico de mayor prestigio en Europa, donde se le considera entre los grandes escritores del mundo.

Es el líder del movimiento vanguardista en la Región de la Plata. Su estilo es muy personal, original y expresivo. El vocabulario es rico. Emplea muchas metáforas e imágenes sorprendentes. La producción literaria de Borges se concentra en los siguientes géneros literarios: la poesía, el ensayo y el cuento. Comenzó escribiendo poesía, publicando su primer libro, *Fervor de Buenos Aires,* en 1923. Desde 1925 se dedicó a escribir prosa, prefiriendo el ensayo y el cuento. Algunos de sus ensayos son *Inquisiciones* (1925), *El idioma de los argentinos* (1928) y *Martín Fierro* (1953). Sus temas son el tiempo, la realidad, la angustia del ser, la magia, el valor, el fin del hombre y el sentido del universo.

Se destaca como ensayista, pero son sus cuentos los que le han dado fama internacional. Es un maestro del cuento fantástico. Emplea los más insólitos asuntos y presenta los escenarios imaginables. Sus narraciones están construidas en un marco intelectual y metafísico. "El brujo postergado" es un buen ejemplo de los cuentos de Borges. El desenlace es abrupto y sorprendente y recurre a engañar al lector. Este cuento se basa en *El Libro del Conde Lucanor,* una colección de cincuenta cuentos didácticos.

El brujo postergado

En Santiago había un deán que tenía codicia° de aprender el arte de la magia. Oyó decir que don Illán de Toledo la sabía más que ninguno, y fue a Toledo a buscarlo.

tenía codicia desired ardently

El día que llegó enderezó° a la casa de don Illán y lo encontró leyendo en una habitación apartada. Este lo reci-cibió con bondad y le dijo que postergara el motivo de su visita hasta después de comer. Le señaló un alojamiento muy fresco y le dijo que lo alegraba mucho su venida. Después de comer, el deán le refirió la razón de aquella visita y le rogó que le enseñara la ciencia mágica. Don Illán le dijo que adivinaba que era deán, hombre de buena posi-ción y buen porvenir,° y que temía ser olvidado luego por él. El deán le prometió y aseguró que nunca olvidaría aquella merced,° y que estaría siempre a sus órdenes. Ya arreglado el asunto, explicó don Illán que las artes mágicas no se podían aprender sino en sitio apartado, y tomándolo por la mano, lo llevó a una pieza contigua,° en cuyo piso había una gran argolla de fierro.° Antes le dijo a la sir-vienta que tuviese perdices° para la cena, pero que no las pusiera a asar° hasta que la mandaran. Levantaron la argolla entre los dos y descendieron por una escalera de piedra bien labrada, hasta que el deán le pareció que habían bajado tanto que el lecho del Tajo estaba sobre ellos. Al pie de la escalera había una celda° y luego una biblioteca y luego una especie de gabinete con instrumentos mágicos. Revisaron los libros y en eso estaban cuando entraron dos hombres con una carta para el deán, escrita por el obispo,° su tío, en la que le hacía saber que estaba muy enfermo y que, si quería encontrarlo vivo, no demorase.° Al deán lo contrariaron mucho estas nuevas, lo uno por la dolencia de su tío, lo otro por tener que interrumpir los estudios. Optó por escribir una disculpa y la mandó al obispo. A los tres días llegaron unos hombres de luto° con otras cartas para el deán, en las que se leía que el obispo había fallecido, que estaban eligiendo sucesor, y que esperaban

enderezó went directly

porvenir future

merced favor

contigua adjoining
argolla de fierro iron ring
perdices partridges
asar to roast

celda cell

obispo bishop

demorase delay

de luto in mourning

por la gracia de Dios que lo elegirían a él. Decían también que no se molestara en venir, puesto que parecía mucho mejor que lo eligieran en su ausencia.

A los diez días vinieron dos escuderos muy bien vestidos, que se arrojaron a sus pies y besaron sus manos, y lo saludaron obispo. Cuando don Illán vio estas cosas, se dirigió con mucha alegría al nuevo prelado y le dijo que agradecía al Señor que tan buenas nuevas llegaran a su casa. Luego le pidió el decanazgo° vacante para uno de sus hijos. El obispo le hizo saber que había reservado el decanazgo para su propio hermano, pero que había determinado favorecerlo y que partiesen juntos para Santiago.

Fueron para Santiago los tres, donde los recibieron con honores. A los seis meses recibió el obispo mandaderos°

decanazgo deanship

mandaderos messengers

del Papa que le ofrecía el arzobispado de Tolosa, dejando en sus manos el nombramiento de sucesor. Cuando don Illán supo esto, le recordó la antigua promesa y le pidió este título para su hijo. El arzobispo le hizo saber que había reservado el obispado para su propio tío, hermano de su padre, pero que había determinado favorecerlo y que partiesen juntos para Tolosa. Don Illán no tuvo más remedio que asentir.

Fueron para Tolosa los tres, donde los recibieron con honores y misas. A los dos años, recibió el arzobispo mandaderos del Papa que le ofrecía el capelo° de Cardenal dejando en sus manos el nombramiento de sucesor. Cuando don Illán supo esto, le recordó la antigua promesa y le pidió este título para su hijo. El Cardenal le hizo saber que había reservado el arzobispado para su propio tío, hermano de su madre, pero que había determinado favorecerlo y que partiesen juntos para Roma. Don Illán no tuvo más remedio que asentir. Fueron para Roma los tres, donde los recibieron con honores y misas y procesiones. A los cuatro años murió el Papa y nuestro Cardenal fue elegido para el papado por todos los demás. Cuando don Illán supo esto, besó los pies de Su Santidad, le recordó la antigua promesa y le pidió el cardenalato para su hijo. El Papa lo amenazó con la cárcel, diciéndole que bien sabía él que no era más que un brujo y que en Toledo había sido profesor de artes mágicas. El miserable don Illán dijo que iba a volver a España y le pidió algo para comer durante el camino. El Papa no accedió. Entonces don Illán (cuyo rostro se había remozado° de un modo extraño), dijo con una voz sin temblor:

—Pues tendré que comerme las perdices que para esta noche encargué.°

La sirvienta se presentó y don Illán le dijo que las asara. A estas palabras, el Papa se halló en la celda subterránea en Toledo, solamente deán de Santiago, y tan avergonzado de su ingratitud que no atinaba a disculparse.° Don Illán dijo que bastaba con esa prueba, le negó su parte de las perdices y lo acompañó hasta la calle, donde le deseó feliz viaje y lo despidió con gran cortesía.

Jorge Luis Borges

capelo cardinal's hat

remozado rejuvenated

encargué I ordered

no atinaba a disculparse he wasn't able to offer excuses

I. Ejercicios

A. Para discusión

1. ¿Por qué fue el deán para Toledo?
2. ¿Cómo se dio cuenta don Illán de que el deán era sincero?
3. ¿Qué cenó don Illán?
4. ¿Cenó el deán también?
5. ¿Qué le prometió el deán a don Illán?
6. ¿Por qué fueron los dos a un lugar apartado?
7. ¿Aprendió al fin el deán el arte de la magia o no?
8. ¿Qué noticias le trajeron los dos hombres al deán?
9. ¿Cómo le pagó el deán la promesa que le hizo a don Illán?
10. ¿Cómo le contestaba el deán todos los pedidos o favores que hacía don Illán?
11. ¿Cómo se explica que los dos se encontraran en la celda subterránea en Toledo?
12. ¿Cuál de los dos es el brujo postergado?

B. Escoja usted.

1. Don Illán temía _____ _____ por el deán.
   a. ser favorecido
   b. ser olvidado
   c. ser interrumpido

2. Don Illán se propuso a comprobar que el deán era _____.
   a. avaro
   b. sincero
   c. bonachón

3. El deán siempre prometía _____ a don Illán.
   a. llevar
   b. olvidar
   c. favorecer

4. Todos los viajes fueron __ _____.
   a. reales
   b. imaginarios
   c. costosos

5. A resumidas cuentas el deán descubre que es _____ _____.
   a. Papa
   b. arzobispo
   c. deán

II. Ejercicios creativos

A. Oral

Sin duda usted ha oído de algunos casos similares de los curanderos o de personas que adivinan la suerte. Relate usted un caso especial que usted conozca.

B. Composición libre

Dé su opinión. ¿Cree usted en los curanderos, en los brujos, o en la magia? ¿Por qué?

Edwin Figueroa

Edwin Figueroa **(1925)** Nació en Puerto Rico en 1925. Pertenece al grupo de escritores que escribe de la vida y de los problemas sociales y económicos de los puertorriqueños en Nueva York y en la Isla.

el rebelde

La niña pasó toda la mañana en espera del acontecimiento. Equilibrándose sobre la silla que le servía de escaño° permaneció apoyada en el borde roñoso° de la ventana mirando la hebra° polvorienta del camino hasta su remate° más lejano.

escaño　long bench
roñoso　filthy
hebra　filament
remate　end

Con aquellos grandes ojos azules habría querido traspasar la loma y descubrir lo que no alcanzaba a ver desde su incómoda altura.

En el estrecho colgadizo, más viejo y destartalado° que el resto de la casa, Valentina simulaba afanarse° en los quehaceres usuales. De vez en cuando se arrimaba al pasillo y, deteniéndose a medio ocultar junto al virote° de la puerta, espiaba a su hija silenciosamente. Por momentos le entraban deseos de arrancarla de la ventana donde la niña permanecía aferrada.° Pero, al sentirse insegura de lo que debía hacer, dejaba caer los brazos impotentes y tornaba al trabajo con un oscuro sentimiento de fracaso. Los ojos sin brillo, hundidos en la ancha cuenca° descarnada, permanecían fijos por largo rato en algún objeto donde encontraba las huellas del ausente.

destartalado　disordered, ruined
afanarse　to work eagerly
virote　shaft
aferrada　obstinate
cuenca　eye socket

Más de una vez se sorprendió a sí misma alelada,° moviendo los labios maquinalmente en un rumiar° interminable de palabras rebeldes. —*Nos iremos de todo esto, más lejos todavía, donde no halle boca que lo miente, ni me persiga más su sombra.*

alelada　stupified
rumiar　to ponder

Cayó de nuevo en la cuenta de lo que estaba haciendo y reanudó con más brío° la faena a medio acabar.

brío　vigor

Afuera, el cielo era una sola claridad cegante cuando la exclamación de la niña llegó hasta la cocina como un canto de mal agüero.°

agüero　omen

—¡Mamá, ya vienen! ¡Mire, ya vienen!

La mujer sintió la conmoción del grito, pero antes de acudir trató de serenar el semblante; escurrió° despacio las manos jabonosas sobre la artesa del fregado y caminó hacia el cuarto, se acercó sigilosamente° hasta la ventana y

escurrió　wrung
sigilosamente　secretly

apoyó las manos húmedas sobre los estrechos hombros de
su hija.

—¿Pa quién será esa caja?

Valentina escuchó la pregunta y hubiese querido tener
fuerzas suficientes para hablarle y contárselo todo de una
vez en aquel momento:

—*Sabría todo lo que he tenido que fajinear° sola pa*
llevar la vida por culpa de él. No me volvería a preguntar
más y hoy también quedaría enterrao su nombre en esta
casa...

Pero no encontró palabras; alzó los párpados y sus ojos
se dilataron desmesuradamente° al distinguir en la loma
distante los cuatro hombres que cargaban la caja de muerto. Se había propuesto mostrarse fuerte, indiferente; pero
sin quererlo, las figuras se le fueron emborronando° más
y más en cada parpadeo.

—¿Usté no lo conocía?— preguntó la niña con mayor
inquietud.

—¡Fue un desconsiderao de primera!— cortó secamente
la madre.

La niña, sin embargo, no entendió la respuesta; a medida
que avanzaban los cuatro hombres sentía crecer su curiosidad. No le llamó la atención, como otras veces, el ruido
de los gandules secos estremecidos por la brisa caliente
del mediodía; ni le molestó el vaho° de sol y polvo que
ascendía de la tierra tostada.

Cuando advirtió que los hombres se distinguían con más
claridad, corrió apresuradamente a la puerta y bajó la alta
escalera de tachuelo en un santiamén.° Fue a ponerse frente a las mayas° del camino y allí esperó hasta que pasaron
la caja vacía para el hombre que había muerto la noche
anterior en el Lucero.

En los ranchos de la hondonada, las vecinas murmura-
ron:

—Cada muerto tiene su hoyo, pero éste en poco no
encuentra quien le eche un puñao° de tierra.

—Y pensar que por defendel esa tierra se dejó moril.

La niña observó atenta el paso del féretro° vacío hasta
que le vio perderse tras la maraña° de árboles al otro lado
del río. La novedad del acontecimiento atrajo al camino
la muchachería del barrio y, al dispersarse, cada uno echó

fajinear   to work

desmesuradamente
excessively

emborronando
disappearing, erasing

vaho   vapor, heat

en un santiamén   in a
twinkling of an eye
mayas   common daisies

puñao (puñado)
handful

féretro   coffin

maraña   thicket

su comentario:

—A la tardecita bajan esa caja con el difunto edentro.

—A mi abuela la fueron a buscal pa que le cantara el rosario, pero en casa no la dejaron dil.°   **dil** (ir)

—No tenían ni una sábana pa amortajarlo.°   **amortajarlo** to shroud him

—Vivía solo en el Lucero, por donde mi pai° tiene una   **pai** (padre) tala° sembrá.°   **tala** felling of trees / **sembrá (sembrada)** sown

—No se aguantó en el hospital cuando lo sacaron de la cárcel...

Arriba, en la casa, Valentina abrió el viejo baúl arrinconado junto a la cama. De aquellos objetos carcomidos°   **carcomidos** gnawed guardados tanto tiempo emanaba un olor viejo y húmedo que impregnó el aire hasta saturar todo el cuarto. Libros y papeles, recortes de periódicos desmigajados° por el   **desmigajados** crumbled tiempo, aparecían ordenados con gran cuidado. Fue considerando la idea de quemarlos sin que la niña lo notara, pero al revolverlos dio con un viejo retrato donde aparecía ella junto al marido joven. Dos largas crenchas° negras   **crenchas** braids encerraban su cara redonda y alegre. La tez moscabada°   **moscabada** sugary se esparcía tirante sobre los duros pómulos. Mientras lo contemplaba, llevó su mano hasta el rostro, palpándose las facciones ahora huesudas y marchitas. Sintió pasos en la escalera y dejó caer la pesada tapa del baúl.

La niña entraba mostrando en el pequeño rostro pecoso la curiosidad no del todo satisfecha; se subió a la silla nuevamente y apechándose a la ventana comenzó a hablar sin fijarse en lo que la rodeaba.

—A la tardecita lo bajan pal pueblo. Dicen que se murió ahogado con sangre. ¿Cómo se llamaba?

—*Se llamaba...*— estuvo a punto de responderle Valentina, pero sintió entonces que su rostro se ensombrecía; hizo un esfuerzo por dominar los nervios y caminó hasta la pequeña imagen del Perpetuo Socorro pegada a la pared; frotó el fósforo que llevaba en las manos y, sin querer escuchar más a la niña, encendió dos pedazos de vela sobre el tablero, frente a la Virgen, y le pidió fuerza para contenerse. La corriente de aire empequeñeció las llamas, pero no alcanzó a apagarlas. El ángulo de luz que entraba por el marco descuadrado de la ventana se dilató más hasta que una sola claridad crepuscular llenó el cuarto.

En los altos escalones de la casa la niña reanudó la espera nuevamente. —*A la tardecita bajan el difunto*— pensó con nueva curiosidad.

Por los cobijales de los ranchos comenzaron a salir lentas columnas de humo. El mugido vespertino° de las reses° que volvían de las "comeuras" le fue indicando que la hora se acercaba.

Tras la altura verdinegra de los montes, el azul uniforme del cielo se había hecho más oscuro cuando la niña alcanzó a ver, por fin, la extraña comitiva° del entierro. —¡Allá viene!— gritó, y bajó corriendo de nuevo hacia el camino.

Valentina sintió que las brisas frías y silbantes que soplaban del cerrote la despojaban de su fuerza; que su cuerpo era como un mazo de yerba seca, sin savia ni color en aquel largo camino de puertas cerradas, desprecios y murmuraciones de barrio. Y pensó nuevamente en huir con su hija: —*Se lo diré de una vez o nos tendremos que ir, más lejos todavía, por donde no haya pasado su nombre ni ande después de muerto rodiándonos en boca e la gente.*

Cambió la vista y se enfrentó a la imagen del Perpetuo Socorro. Una larga mirada se cruzó entre ambas y sus dedos comenzaron a rodar por las camándulas° del rosario en un rezo apagado y monótono. La flama endeble° de las velas cambiaba las sombras intermitentemente.

Los cuatro hombres aparecieron en el recodo° próximo a la casa, cargando el ordinario ataúd de raso° color violeta.

La tarde se apresuraba sobre el campo mientras la niña veía acercarse el tránsito fúnebre y solitario. Cuando estuvieron frente a la casa, la niña cruzó el zanjón° que la separaba del camino y siguió a los cuatro hombres vereda arriba. Le llamaba la atención la bandera desflecada° flotando sobre la tapa de la caja a cada soplo de brisa.

Arriba en la casa, Valentina permanecía sentada frente a la imagen iluminada por las velas. En el silencio de las esquinas oscuras, el rezo descendía lento, derretido.°

Pero la voz del hombre no se acallaba en su conciencia. Ni se borraba su figura enérgica que ya no podía repetirse. Y sus palabras martillándole las sienes...

vespertino	evening
reses	cows
comitiva	followers
camándulas	rosary of one or three decades
endeble	frail
recodo	turn
raso	satin
zanjón	ditch
desflecada	unfringed
derretido	dissipated

—*Así no se puede vivir, Valentina, hay que tener ideales y sacrificarse por la patria.*

—*¡Pamplinas, pa mí no hay más patria que mi hija y mi marío!*

—*¡Hay que tener vergüenza en la cara, no somos animales!*

—*Ya estoy cansá de tanta promesa. Decídete di una vez. O dejas la manía° esa de bandera y de patria o te vas de to esto y me dejas tranquila. Pero si te vas, morirás pa nosotras. Te aseguro que día ha de llegar en que tu hija pasará por el lao° y no sabrá que eres su padre... Escoge, de hoy pa siempre...*

manía   whim

lao   (lado)

Y aquel largo silencio antes de la despedida:

—*De hoy pa siempre, Valentina...*

Después... la soledad vacía, la pobreza, el asedio° en cada barrio con las noticias del hombre... diez años de cárcel, ¡diez años!, el regreso, enfermo y derrotado sin querer verla, buscando un rincón donde morir, sin hablar una palabra, sin aire en los pulmones...

asedio   importunity

Tendió la vista a la imagen a la vez que separaba el rostro desencajado de entre las manos estrujadas° y filosas. Luego se irguió lentamente y al alzar la vista hacia la ventana, alcanzó a ver el final de su historia en los cuatro hombres, el ataúd y la estrella desflecada remontando el último trazo visible del cerrote.

estrujadas   squeezing

Apoyada en el borde roñoso de la ventana observaba a su hija cuando en la loma distante se detuvo para iniciar el regreso. La vio mirar hacia la casa y echar otra mirada al solitario cortejo que se perdía por los recuestos empinados.°

empinados   steep

La voz del hombre ya se había acallado en su conciencia... pero sus propias palabras le llegaban ahora en el brizote° que soplaba del cerro:

brizote   breeze

—*Día llegará en que tu propia hija pasará por tu lado y no sabrá que eres su padre.*

Miró las pequeñas llamas y sintió su ardor en los ojos, en su boca, en el alma. Y no se atrevió a mirar la imagen... de la Virgen.

Edwin Figueroa

I.   Ejercicios

A.   Para discusión

1. ¿Quién es culpable del sufrimiento de Valentina y su hija?
2. ¿Por qué causa murió el esposo de Valentina?
3. ¿Por qué quería quemar Valentina todos los papeles, etc., del baúl?
4. ¿Qué gran recuerdo se encontró Valentina en el viejo baúl?
5. ¿Qué cosa quiere saber la niña del muerto?
6. ¿Cree usted que la niña sospeche que el muerto sea su padre?
7. ¿Cómo piensa borrar su pasado Valentina?
8. ¿Qué decoraba el ataúd? ¿Qué simbolizaba?
9. ¿Qué camino escogió el hombre hace diez años? Justifique usted tal decisión y sus consecuencias.
10. Explique y justifique usted el odio de Valentina hacia su marido.
11. ¿Qué era lo más importante para Valentina?
12. ¿Por qué no se atrevió a mirar Valentina la imagen de la Virgen?

B.   Complete Ud. según el cuento.

1. La niña estaba en la ventana esperando _____.

2. A veces Valentina, en desesperación de su fracaso, desea
   _____.

3. _____ es la pregunta de la niña que dejó a Valentina sin fuerzas para explicarle.

4. El marido había sido _____.

5. La niña sabe que _____ bajan el difunto.

6. El marido había pasado _____ en la cárcel.

7. Antes de cara redonda y alegre, Valentina ahora estaba
   _____.

8. Se nota que Valentina tenía mucha fe porque _____
   _____.

9. De todo lo que le echó en cara a su marido lo que le molesta a Valentina es _____.

10. Valentina tal vez sí perdona a su marido porque _____
    _____.

II. Ejercicios creativos (oral o escrito)

1. Muchos hombres en la historia han sacrificado sus vidas y sus familias por la patria. Dé usted su opinión respecto a esta situación. Dé usted un ejemplo de la historia.
2. Discuta Ud. la vida de la mujer y la familia en tiempo de guerra cuando el padre se va a defender la patria.
3. ¿Podría tener lugar esta experiencia humana en otros países del mundo? ¿Habría alguna diferencia? ¿Cuál?
4. Hoy día hay muchas familias sin padre. ¿Cómo se podría remediar esto? ¿Quién proveerá comida, ropa, casa, atención médica, etc.?

Gabriel García Márquez

Gabriel García Márquez   Actualmente es García Márquez el escritor de más importancia en las letras colombianas. Figuran entre sus compañeros escritores como Carlos Fuentes de México y Vargas Llosa del Perú.

Es oriundo del pueblecito de Aracataca en la costa atlántica. Terminó la secundaria en el Liceo Nacional de Zipaquirá. Después de tres años dejó la carrera de Leyes en la Universidad Nacional de Bogotá para ingresar de redactor del diario liberal *El Espectador* de Bogotá. Fue corresponsal en Roma por nueve meses. Luego se hizo director de cine en el Centro experimental Cinematográfico. Ha dirigido películas en México y actualmente escribe "guiones." Salió para París, allí sufriendo bastante la clausuración de *El Espectador* por el dictador Rojas Pinillas. Se casó en Colombia en 1956 y se mudó a Caracas a trabajar en las revistas *Momentos y Élite*. También trabajó muy brevemente por *Prensa Latina,* órgano de propaganda de Fidel Castro.

Su primera obra, *La hojarasca,* fue recibida en su país como la mejor novela corta escrita en las últimas cuatro décadas. También sus cuentos le trajeron cierto renombre. En *La viuda de Montiel* nos presenta García Márquez un cuadro muy triste de la vida colombiana. Son palpables en este cuento el humorismo, la angustia y la ironía.

La obra que le ha dado más renombre mundial es *Cien años de soledad.*

La viuda de Montiel

Cuando murió don José Montiel, todo el mundo se sintió vengado,° menos su viuda; pero se necesitaron varias horas para que todo el mundo creyera que en verdad había muerto. Muchos lo seguían poniendo en duda después de ver el cadáver en cámara ardiente,° embutido° con almohadas y sábanas de lino dentro de una caja amarilla y abombada° como un melón. Estaba muy bien afeitado, vestido de blanco y con botas de charol,° y tenía tan buen semblante que nunca pareció tan vivo como entonces. Era el mismo don Chepe Montiel de los domingos, oyendo misa de ocho, sólo que en lugar de la fusta° tenía un crucifijo entre las manos. Fue preciso que atornillaran° la tapa° del ataúd y que lo emparedaran en el aparatoso mausoleo familiar, para que el pueblo entero se convenciera de que no se estaba haciendo° el muerto.

Después del entierro, lo único que a todos pareció increíble, menos a su viuda, fue que José Montiel hubiera muerto de muerte natural. Mientras todo el mundo esperaba que lo acribillaran° por la espalda en una emboscada,° su viuda estaba segura de verlo morir de viejo en su cama, confesado y sin agonía, como un santo moderno. Se equivocó apenas en algunos detalles. José Montiel murió en su hamaca, el 2 de agosto de 1951 a las dos de la tarde, a consecuencia de la rabieta° que el médico le había prohibido. Pero su esposa esperaba también que todo el pueblo asistiera al entierro y que la casa fuera pequeña para recibir tantas flores. Sin embargo, sólo asistieron sus copartidarios y las congregaciones religiosas, y no se recibieron más coronas que las de la administración municipal. Su hijo —desde su puesto consular en Alemania— y sus dos hijas, desde París, mandaron telegramas de tres páginas. Se veía que los había redactado° de pie, con la tinta multitudinaria de la oficina de correos, y que habían roto mu-

vengado revenged

cámara ardiente room set apart for a wake with votary candles, kneelers, etc.
embutido packed tightly

abombada bulging
de charol patent leather

fusta stick
atornillaran screwed down
tapa lid

se estaba haciendo was faking

acribillaran riddle with bullets
emboscada ambush

rabieta fit of temper

redactado written

chos formularios antes de encontrar 20 dólares de palabras.
Ninguno prometía regresar. Aquella noche, a los 62 años,
mientras lloraba contra la almohada en que recostó la cabeza el hombre que la había hecho feliz, la viuda de Montiel conoció por primera vez el sabor de un resentimiento.
"Me encerraré para siempre," pensaba. "Para mí, es como
si me hubieran metido en el mismo cajón de José Montiel.
No quiero saber nada más de este mundo."

    Era sincera, aquella mujer frágil, lacerada por la su-
perstición, casada a los 20 años por voluntad de sus padres
con el único pretendiente° que le permitieron ver a menos   **pretendiente** suitor
de 10 metros de distancia, no había estado nunca en con-
tacto directo con la realidad. Tres días después que sacaron
de la casa el cadáver de su marido, comprendió a través
de las lágrimas que debía reaccionar, pero no pudo encontrar el rumbo de su nueva vida. Era necesario empezar por
el principio.

Entre los innumerables secretos que José Montiel se
había llevado a la tumba, se fue enredada° la combinación   **enredada** tangled
de la caja fuerte.° El alcalde se ocupó del problema.   **caja fuerte** safe box
Hizo
poner la caja fuerte en el patio, apoyada al paredón, y dos
agentes de la policía dispararon° sus fusiles contra la cerra-   **dispararon** fired
dura. Durante toda una mañana, la viuda oyó desde el dor-
mitorio las descargas° cerradas y sucesivas, ordenadas a   **descargas** discharges
gritos por el alcalde. "Esto era lo último que faltaba,"
pensó. "Cinco años rogando a Dios que se acaben los
tiros, y ahora tengo que agradecer que disparen dentro
de mi casa." Aquel día hizo un esfuerzo de concentración,
llamando a la muerte, pero nadie le respondió. Empezaba a
dormirse cuando una tremenda explosión sacudió los ci-
mientos° de la casa. Habían tenido que dinamitar la caja   **cimientos** foundation
fuerte.

La viuda de Montiel lanzó un suspiro. Octubre se eterni-
zaba con sus lluvias pantanosas° y ella se sentía perdida,   **pantanosas** swampy
navegando sin rumbo en la desordenada y fabulosa hacien-
da de José Montiel. El señor Carmichael, antiguo y dili-
gente servidor de la familia, se había encargado de la
administración. Cuando por fin se enfrentó al hecho concreto de que su marido había muerto, la viuda de Montiel
salió del dormitorio para ocuparse de la casa. La despojó°   **despojó** stripped
de todo ornamento, hizo forrar° los muebles en colores   **forrar** to cover
luctuosos, y puso lazos° fúnebres en los retratos del muer-   **lazos** ribbons
to que colgaban de las paredes. En dos meses del encierro
había adquirido la costumbre de morderse° las uñas. Un   **morderse** to bite
día —los ojos enrojecidos e hinchados de tanto llorar—
se dio cuenta de que el señor Carmichael entraba a la casa
con el paraguas abierto.

—Cierre ese paraguas, señor Carmichael— le dijo.
—Después de todas las desgracias que tenemos, sólo nos
faltaba que usted entrara a la casa con el paraguas abierto.

El señor Carmichael puso el paraguas en el rincón. Era
un negro viejo, de piel lustrosa, vestido de blanco y con
pequeñas aberturas hechas a navaja en los zapatos para ali-
viar la presión de los callos.°   **callos** corns

—Es sólo mientras se seca.

Por primera vez desde que murió su esposo, la viuda
abrió la ventana.

—Tantas desgracias, y además este invierno— murmuró, mordiéndose las uñas. —Parece que no va a escampar° nunca.

—No escampará ni hoy ni mañana— dijo el administrador. —Anoche no me dejaron dormir los callos. Ella confiaba en las predicciones atmosféricas de los callos del señor Carmichael. Contempló la placita desolada, las casas silenciosas cuyas puertas no se abrieron para ver el entierro de José Montiel, y entonces se sintió desesperada con sus uñas, con sus tierras sin límites, y con los infinitos compromisos que heredó de su esposo y que nunca lograría comprender.

—El mundo está mal hecho— sollozó.°

Quienes la visitaron por esos días tuvieron motivos para pensar que había perdido el juicio.° Pero nunca fue más lúcida° que entonces. Desde antes que empezara la matanza política ella pasaba las lúgubres mañanas de octubre frente a la ventana de su cuarto, compadeciendo a los muertos y pensando que si Dios no hubiera descansado el domingo habría tenido tiempo de terminar el mundo. "Ha debido aprovechar ese día para que no se le quedaran tantas cosas mal hechas" decía. "Al fin y al cabo,° le quedaba toda la eternidad para descansar." La única diferencia, después de la muerte de su esposo, era que entonces tenía un motivo concreto para concebir pensamientos sombríos.

Así, mientras la viuda de Montiel se consumía en la desesperación, el señor Carmichael trataba de impedir el naufragio.° Las cosas no marchaban bien. Libre de la amenaza de José Montiel, que monopolizaba el comercio local por el terror, el pueblo tomaba represalias. En espera de clientes que no llegaron, la leche se cortó° en los cántaros amontonados en el patio, y se fermentó la miel en sus cueros,° y el queso engordó gusanos en los oscuros armarios° del depósito. En su mausoleo adornado con bombillas eléctricas y arcángeles en imitación de mármol, José Montiel pagaba seis años de asesinatos y tropelías.° Nadie en la historia del país se había enriquecido tanto en tan poco tiempo. Cuando llegó al pueblo el primer alcalde de la dictadura, José Montiel era un discreto partidario de todos los regímenes, que se había pasado la mitad de la

escampar to stop raining

sollozó sobbed

había perdido el juicio
 had gone insane
lúcida clear

al fin y al cabo after all

naufragio shipwreck

se corto turned sour

cueros leatherskins
armarios closets

tropelías outrages

vida en calzoncillos sentado a la puerta de su piladora de arroz. En un tiempo disfrutó de° una cierta reputación de afortunado y buen creyente, porque prometió en voz alta regalar al templo un San José de tamaño natural si se ganaba la lotería, y dos semanas después se ganó seis quintos y cumplió su promesa. La primera vez que se le vio usar zapatos fue cuando llegó el nuevo alcalde, un sargento de la policía, zurdo° y montaraz,° que tenía órdenes expresas de liquidar la oposición. José Montiel empezó por ser su informador confidencial. Aquel comerciante modesto cuyo tranquilo humor de hombre gordo no despertaba la menor inquietud, discriminó a sus adversarios políticos en ricos y pobres. A los pobres los acribilló la policía en la plaza pública. A los ricos les dieron un plazo de 24 horas para abandonar el pueblo. Planificando° la masacre, José Montiel se encerraba días enteros con el alcalde en su oficina sofocante, mientras su esposa se compadecía de° los muertos. Cuando el alcalde abandonaba la oficina, ella le cerraba el paso a su marido. "Ese hombre es un criminal" le decía. "Aprovecha tus influencias en el gobierno para que se lleven a esa bestia que no va a dejar un ser humano en el pueblo." Y José Montiel, tan atareado° en estos días, la apartaba sin mirarla, diciendo: "No seas tan pendeja."° En realidad, su negocio no era la muerte de los pobres, sino la expulsión de los ricos. Después de que el alcalde les perforaba las puertas a tiros y les ponía el plazo para abandonar el pueblo, José Montiel les compraba sus tierras y ganados por un precio que él mismo se encargaba de fijar. "No seas tonto" le decía su mujer. "Te arruinarás ayudándolos para que no se mueran de hambre en otra parte, y ellos no te lo agradecerán nunca." Y José Montiel, que ya ni siquiera tenía tiempo de sonreír, la apartaba de su camino, diciendo: "Vete para tu cocina y no me friegues° tanto." A ese ritmo en menos de un año estaba liquidada la oposición, y José Montiel era el hombre más rico y poderoso del pueblo. Mandó a sus hijas para París, consiguió a su hijo un puesto consular en Alemania y se dedicó a consolidar su imperio. Pero no alcanzó a disfrutar seis años de su desaforada° riqueza. Después de que se cumplió el primer aniversario de su muerte, la viuda no oyó crujir° la escalera sino bajo el

disfrutó de   enjoyed

zurdo   left-handed
montaraz   uncouth

planificando   planning

se compadecía de   felt sorry for

atareado   busy, overworked

pendeja   stupid

friegues   annoy

desaforada   outrageous

crujir   to creak

peso de una mala noticia. Alguien llegaba siempre al atar-
decer. "Otra vez los bandoleros" decían. "Ayer cargaron
con un lote de 50 novillos." Inmóvil en el mecedor, mordiéndose las uñas, la viuda de Montiel sólo se alimentaba
de su resentimiento.

—Yo te lo decía, José Montiel— decía, hablando sola.
—Este es un pueblo desagradecido. Aún estás caliente en
tu tumba y ya todo el mundo nos volvió la espalda.

Nadie volvió a la casa. El único ser humano que vio en
aquellos meses interminables en que no dejó de llover, fue
el perseverante señor Carmichael, que nunca entró a la
casa con el paraguas cerrado. Las cosas no marchaban
mejor. El señor Carmichael había escrito varias cartas al
hijo de José Montiel. Le sugería la conveniencia de que viniera a ponerse al frente de los negocios, y hasta se permitió hacer algunas consideraciones personales sobre la salud
de la viuda. Siempre recibió respuestas evasivas. Por último, el hijo de José Montiel contestó francamente que no
se atrevía a regresar por temor de que le dieran un tiro.
Entonces el señor Carmichael subió al dormitorio de la
viuda y se vio precisado a confesarle que se estaba quedando en la ruina.

—Mejor— dijo ella. —Estoy hasta la coronilla° de   **Estoy hasta la coronilla**
quesos y de moscas. Si usted quiere, llévese lo que le haga   I am fed up
falta y déjeme morir tranquila.

Su único contacto con el mundo, a partir de entonces, fueron las cartas que escribía a sus hijas a fines de cada mes. "Este es un pueblo maldito" les decía. "Quédense allá para siempre y no se preocupen por mí. Yo soy feliz sabiendo que ustedes son felices." Sus hijas se turnaban para contestarle. Sus cartas eran siempre alegres, y se veía que habían sido escritas en lugares tibios y bien iluminados y que las muchachas se veían repetidas en muchos espejos cuando se detenían a pensar. Tampoco ellas querían volver. "Esto es la civilización" decían. "Allá, en cambio, no es un buen medio para nosotras. Es imposible vivir en un país tan salvaje donde asesinan a la gente por cuestiones políticas." Leyendo las cartas, la viuda de Montiel se sentía mejor y aprobaba cada frase con la cabeza.

En cierta ocasión, sus hijas le hablaron de las carnicerías de París. Le decían que mataban unos cerdos rosados y los colgaban enteros en la puerta adornados con coronas y guirnaldas° de flores. Al final, una letra diferente a la de sus hijas había agregado: "Imagínate, que el clavel más grande y más bonito se lo ponen al cerdo en el culo."

guirnaldas   garlands, wreaths

Leyendo aquella frase, por primera vez en dos años, la viuda de Montiel sonrió. Subió a su dormitorio sin apagar las luces de la casa, y antes de acostarse volteó el ventilador eléctrico contra la pared. Después extrajo de la gaveta de la mesa de noche unas tijeras, un cilindro de esparadrapo° y el rosario, y se vendó la uña del pulgar derecho, irritada por los mordiscos. Luego empezó a rezar, pero al segundo misterio cambió el rosario a la mano izquierda, pues no sentía las cuentas a través del esparadrapo. Por un momento oyó la trepidación° de los truenos remotos. Luego se quedó dormida con la cabeza doblada en el pecho. La mano con el rosario rodó por su costado, y entonces vio a la Mamá Grande en el patio con una sábana blanca y un peine en el regazo,° destripando piojos con los pulgares.° Le preguntó:

esparadrapo   adhesive tape

trepidación   noise

regazo   lap
destripando...pulgares   squashing lice with her thumbnails

—¿Cuando me voy a morir?

La Mamá Grande levantó la cabeza.

—Cuando te empiece el cansancio del brazo.

Gabriel García Márquez

I.   Ejercicios

A.   Para discusión

1. ¿Cómo supo el pueblo que José Montiel no se estaba haciendo el muerto?
2. ¿Cómo cumplieron los hijos en la muerte de su padre?
3. ¿Qué decisión tomó la viuda después del entierro?
4. Explique usted por qué se casó ella con José Montiel.
5. ¿Cómo abrieron la caja fuerte?
6. ¿Quién era el señor Carmichael?
7. Según la viuda, ¿qué error hizo Dios?
8. ¿Cómo había adquirido su riqueza José Montiel?
9. ¿Por qué no quería regresar el hijo de Alemania?
10. ¿Qué les aconsejaba la viuda a sus hijos?
11. ¿Cómo sabemos que la mujer muere al final?

B.   Complete usted según el cuento.

1. Al entierro de José Montiel sólo asistieron _____.

2. Un secreto que se llevó el difunto con él fue _____
   ____ .

3. Después de dos meses de encierro, la viuda empezó a ____
   _____ por su estado nervioso.

4. José Montiel prometió regalar al templo _____.

5. El negocio de José Montiel no era la muerte de los pobres,
   sino _____.

6. _____ fue el único ser humano que vio a la viuda después.

7. La viuda se sentía mejor cuando _____.

8. Sabemos que la viuda está transtornada porque _____
   _____.

9. Las hijas no quieren volver porque _____.

10. José Montiel murió _____.

II.   Ejercicios creativos

A.   Oral

1.   Entrar en una casa con el paraguas abierto es mal agüero.
     Nombre usted otros ejemplos de supersticiones.
2.   José Montiel es un ejemplo de la corrupción política. ¿Cómo
     le pondría usted fin a este problema?

B.   Composición libre

El aspecto irónico recurre varias veces en este cuento. Cite usted
dos ejemplos y explíquelos.

Juan José Arreola

Juan José Arreola **(1918)** Nació en 1918 en Ciudad Guzmán (Zapotlán). No terminó la primaria para ser aprendiz de encuadernación y de imprenta. Llegó a ser profesor de historia y literatura en su pueblo natal. En 1949 recibió una beca de la Universidad de México.

Ese mismo año publicó Arreola *Varia invención*, una colección de cuentos. Esta obra nos revela que Arreola es un gran prosista y conocedor de la técnica del cuento. Es considerado como uno de los mejores autores mexicanos.

La ironía y el humor satírico predominan en el mundo de Arreola. Testimonio de esto es su caracterización de los personajes y en su actitud ante los problemas de hoy día.

Su mejor libro de cuentos es *Confabulario* (1952), en el cual se destaca el cuento "El **guardagujas**." Lo esencial en su obra es la delicadeza con que se burla de las instituciones. "El **guardagujas**" es una sátira de los ferrocarriles mexicanos. El realismo mágico es conspicuo al superponer Arreola la fantasía sobre la realidad.

EL GUARDAGUJAS

El forastero° llegó sin aliento a la estación desierta. Su gran valija,° que nadie quiso cargar, le había fatigado en extremo. Se enjugó ° el rostro con un pañuelo, y con la mano en visera° miró los rieles que se perdían en el horizonte. Desalentado° y pensativo consultó su reloj: la hora justa en que el tren debía partir.

Alguien, salido de quién sabe dónde, le dio una palmada° muy suave. Al volverse, el forastero se halló ante un viejecillo de vago aspecto ferrocarrilero. Llevaba en la mano una linterna roja, pero tan pequeña, que parecía de juguete. Miró sonriendo al viajero, y éste le dijo ansioso su pregunta:

—Usted perdone, ¿ha salido ya el tren?

—¿Lleva usted poco tiempo en este país?

—Necesito salir inmediatamente. Debo hallarme en T. mañana mismo.

—Se ve que usted ignora por completo lo que ocurre. Lo que debe hacer ahora mismo es buscar alojamiento° en la fonda° para viajeros— y señaló un extraño edificio ceniciento que más bien parecía un presidio.°

forastero stranger

valija valise

se enjugó wiped off

en visera shading his eyes

desalentado discouraged

palmada pat

alojamiento lodging

fonda restaurant, inn

presidio garrison

—Pero yo no quiero alojarme, sino salir en el tren.

—Alquile usted un cuarto inmediatamente, si es que lo hay. En caso de que pueda conseguirlo, contrátelo por mes, le resultará más barato y recibirá mejor atención.

—¿Está usted loco? Yo debo llegar a T. mañana mismo.

—Francamente, debería abandonarlo a su suerte. Sin embargo, le daré unos informes.

—Por favor...

—Este país es famoso por sus ferrocarriles, como usted sabe. Hasta ahora no ha sido posible organizarlos debidamente, pero se han hecho ya grandes cosas en lo que se refiere a la publicación de itinerarios y a la expedición° de boletos. Las guías ferroviarias comprenden y enlazan° todas las poblaciones de la nación; se expenden boletos hasta para las aldeas más pequeñas y remotas. Falta solamente que los convoyes cumplan las indicaciones contenidas en las guías y que pasen efectivamente por las estaciones. Los habitantes del país así lo esperan; mientras tanto, aceptan las irregularidades del servicio y su patriotismo les impide cualquier manifestación de desagrado.

—Pero, ¿hay un tren que pase por esta ciudad?

—Afirmarlo equivaldría a cometer una inexactitud. Como usted puede darse cuenta, los rieles existen, aunque un tanto averiados.° En algunas poblaciones están sencillamente indicados en el suelo, mediante dos rayas de gis.° Dadas las condiciones actuales, ningún tren tiene la obligación de pasar por aquí, pero nada impide que eso pueda suceder. Yo he visto pasar muchos trenes en mi vida y conocí algunos viajeros que pudieron abordarlos. Si usted espera convenientemente, tal vez yo mismo tenga el honor de ayudarle a subir a un hermoso y confortable vagón.

—¿Me llevará ese tren a T.?

—¿Y por qué se empeña usted en que ha de ser precisamente a T.? Debería darse por satisfecho si pudiera abordarlo. Una vez en el tren, su vida tomará efectivamente algún rumbo. ¿Qué importa si ese rumbo no es el de T.?

—Es que yo tengo un boleto en regla° para ir a T. Lógicamente, debo ser conducido a ese lugar, ¿no es así?

—Cualquiera diría que usted tiene razón. En la fonda para viajeros podrá usted hablar con personas que han

expedición   sale

enlazan   link

averiados   damaged

gis   chalk

en regla   in proper form

tomado sus precauciones, adquiriendo grandes cantidades
de boletos. Por regla general, las gentes previsoras° com-   **previsoras** foreseeing
pran pasajes para todos los puntos del país. Hay quien ha
gastado en boletos una verdadera fortuna...
—Yo creí que para ir a T. me bastaba un boleto. Mírelo
usted...
—El próximo tramo° de los ferrocarriles nacionales va   **tramo** section
a ser construido con el dinero de una sola persona que
acaba de gastar su inmenso capital en pasajes de ida y
vuelta para un trayecto ferroviario cuyos planos, que
incluyen extensos túneles y puentes, ni siquiera han sido
aprobados por los ingenieros de la empresa.
—Pero el tren que pasa por T., ¿ya se encuentra en servicio?
—Y no sólo ése. En realidad, hay muchísimos trenes en
la nación, y los viajeros pueden utilizarlos con relativa
frecuencia, pero tomando en cuenta que no se trata de un
servicio formal y definitivo. En otras palabras, al subir a
un tren, nadie espera ser conducido al sitio que desea.
—¿Cómo es eso?
—En su afán de servir a los ciudadanos, la empresa debe recurrir a ciertas medidas desesperadas. Hace circular
trenes por lugares intransitables.° Esos convoyes expedi-   **intransitables**
cionarios emplean a veces varios años en su trayecto, y la   impassable
vida de los viajeros sufre algunas transformaciones impor-
tantes. Los fallecimientos° no son raros en tales casos,   **fallecimientos** deaths
pero la empresa, que todo lo ha previsto, añade a esos
trenes un vagón capilla ardiente° y un vagón cementerio.   **vagón capilla ardiente**
Es motivo de orgullo para los conductores depositar el   funeral-chapel car
cadáver de un viajero —lujosamente embalsamado— en
los andenes° de la estación que prescribe su boleto. En   **andenes** platforms
ocasiones, estos trenes forzados recorren trayectos en que
falta uno de los rieles. Todo un lado de los vagones se
estremece° lamentablemente con los golpes que dan las   **se estremece** shakes
ruedas sobre los durmientes. Los viajeros de primera —es
otra de las previsiones de la empresa— se colocan del lado
en que hay riel. Los de segunda padecen los golpes con
resignación. Pero hay otros tramos en que faltan ambos
rieles; allí los viajeros sufren por igual, hasta que el tren
queda totalmente destruido.
—¡Santo Dios!

—Mire usted: la aldea de F. surgió a causa de uno de esos accidentes. El tren fue a dar en un terreno impracticable. Lijadas° por la arena, las ruedas se gastaron hasta los ejes.° Los viajeros pasaron tanto tiempo juntos, que de las obligadas conversaciones triviales surgieron amistades estrechas. Algunas de esas amistades se transformaron pronto en idilios, y el resultado ha sido F., una aldea progresista llena de niños traviesos que juegan con los vestigios enmohecidos° del tren.

    —¡Dios mío, yo no estoy hecho para tales aventuras!

    —Necesita usted ir templando° su ánimo; tal vez llegue usted a convertirse en héroe. No crea que faltan ocasiones para que los viajeros demuestren su valor y sus capacidades de sacrificio. Recientemente, doscientos pasajeros anónimos escribieron una de las páginas más gloriosas en nuestros anales ferroviarios. Sucede que en un viaje de prueba, el maquinista advirtió a tiempo una grave omisión de los constructores de la línea. En la ruta faltaba un puente que debía salvar un abismo. Pues bien, el maquinista, en vez de poner marcha hacia atrás, arengó° a los pasajeros y obtuvo de ellos el esfuerzo necesario para seguir adelante. Bajo su enérgica dirección, el tren fue desarmado pieza por pieza y conducido en hombros al otro lado del abismo,

lijadas worn out

ejes axles

enmohecidos rusted

templando softening

arengó delivered a speech

que todavía reservaba la sorpresa de contener en su fondo
un río caudaloso.° El resultado de la hazaña fue tan satis-
factorio que la empresa renunció definitivamente a la cons-
trucción del puente, conformándose con hacer un atractivo
descuento en las tarifas de los pasajeros que se atreven a
afrontar esa molestia suplementaria.

    —¡Pero yo debo llegar a T. mañana mismo!

    —¡Muy bien! Me gusta que no abandone usted su pro-
yecto. Se ve que es usted un hombre de convicciones.
Alójese por lo pronto en la fonda y tome el primer tren que
pase. Trate de hacerlo cuando menos; mil personas estarán
para impedírselo. Al llegar un convoy, los viajeros, irritados
por una espera demasiado larga, salen de la fonda en tu-
multo para invadir ruidosamente la estación. Muchas veces
provocan accidentes con su increíble falta de cortesía y de
prudencia. En vez de subir ordenadamente se dedican a
aplastarse unos a otros; por lo menos, se impiden para
siempre el abordaje, y el tren se va dejándolos amotinados°
en los andenes de la estación. Los viajeros agotados y fu-
riosos, maldicen su falta de educación, y pasan mucho
tiempo insultándose y dándose golpes.

    —¿Y la policía no interviene?

    —Se ha intentado organizar un cuerpo de policía en ca-

caudaloso abundant, big

amotinados milling about

da estación, pero la imprevisible llegada de los trenes hacía tal servicio inútil y sumamente costoso. Además, los miembros de ese cuerpo demostraron muy pronto su venalidad, dedicándose a proteger la salida exclusiva de pasajeros adinerados que les daban a cambio de ese servicio todo lo que llevaban encima. Se resolvió entonces el establecimiento de un tipo especial de escuelas, donde los futuros viajeros reciben lecciones de urbanidad y un entrenamiento adecuado. Allí se les enseña la manera correcta de abordar un convoy, aunque esté en movimiento y a gran velocidad. También se les proporciona una especie de armadura para evitar que los demás pasajeros les rompan las costillas.

—Pero una vez en el tren, ¿está uno a cubierto° de nuevas dificultades?

   a cubierto protected

—Relativamente. Sólo le recomiendo que se fije muy bien en las estaciones. Podría darse el caso de que usted creyera haber llegado a T., y sólo fuese una ilusión. Para regular la vida a bordo de los vagones demasiado repletos, la empresa se ve obligada a echar mano de ciertos expedientes. Hay estaciones que son pura apariencia: han sido construidas en plena selva y llevan el nombre de alguna ciudad importante. Pero basta poner un poco de atención para descubrir el engaño. Son como las decoraciones del teatro, y las personas que figuran en ellas están llenas de aserrín.° Esos muñecos revelan fácilmente los estragos de la intemperie,° pero son a veces una perfecta imagen de la realidad: llevan en el rostro las señales de un cansancio infinito.

   aserrín sawdust

   estragos de la intemperie
    destruction of the
    outside weather

—Por fortuna, T. no se halla muy lejos de aquí.

—Pero carecemos por el momento de trenes directos. Sin embargo, no debe excluir la posibilidad de que usted llegue mañana mismo, tal como desea. La organización de los ferrocarriles, aunque deficiente, no excluye la posibilidad de un viaje sin escalas.° Vea usted, hay personas que ni siquiera se han dado cuenta de lo que pasa. Compran un boleto para ir a T. Llega un tren, suben, y al día siguiente oyen que el conductor anuncia: "Hemos llegado a T." Sin tomar precaución alguna, los viajeros descienden y se hallan efectivamente en T.

   escalas stops

—¿Podría yo hacer alguna cosa para facilitar ese resultado?

—Claro que puede usted. Lo que no se sabe es si le servirá de algo. Inténtelo de todas maneras. Suba usted al tren con la idea fija de que va a llegar a T. No trate a ninguno de los pasajeros. Podrían desilusionarlo con sus historias de viaje, y hasta denunciarlo a las autoridades.

—¿Qué está usted diciendo?

—En virtud del estado actual de las cosas, los trenes viajan llenos de espías. Estos espías, voluntarios en su mayor parte, dedican su vida a fomentar el espíritu constructivo de la empresa. A veces uno no sabe lo que dice y habla sólo por hablar. Pero ellos se dan cuenta en seguida de todos los sentidos que puede tener una frase, por sencilla que sea. Del comentario más inocente saben sacar una opinión culpable. Si usted llegara a cometer la menor imprudencia, sería aprehendido sin más; pasaría el resto de su vida en un vagón cárcel o le obligarían a descender en una falsa estación, perdida en la selva. Viaje usted lleno de fe, consuma la menor cantidad posible de alimentos y no ponga los pies en el andén antes de que vea en T. alguna cara conocida.

—Pero yo no conozco en T. a ninguna persona.

—En ese caso redoble usted sus precauciones. Tendrá, se lo aseguro, muchas tentaciones en el camino. Si mira usted por las ventanillas, está expuesto a caer en la trampa de un espejismo.° Las ventanillas están provistas de ingeniosos dispositivos que crean toda clase de ilusiones en el ánimo de los pasajeros. No hace falta ser débil para caer en ellas. Ciertos aparatos, operados desde la locomotora, hacen creer, por el ruido y los movimientos, que el tren está en marcha. Sin embargo, el tren permanece detenido semanas enteras, mientras los viajeros ven pasar cautivadores paisajes a través de los cristales.

—¿Y eso qué objeto tiene?

—Todo esto lo hace la empresa con el sano propósito de disminuir la ansiedad de los viajeros y de anular° en todo lo posible las sensaciones de traslado. Se aspira a que un día se entreguen plenamente al azar, en manos de una empresa omnipotente, y que ya no les importe saber adónde van ni de dónde vienen.

—Y usted, ¿ha viajado mucho en los trenes?

—Yo, señor, sólo soy guardagujas.° A decir verdad, soy

espejismos   mirage

anular   annuling

guardagujas   switchman

un guardagujas jubilado,° y sólo aparezco aquí de vez en cuando para recordar los buenos tiempos. No he viajado nunca, ni tengo ganas de hacerlo. Pero los viajeros me cuentan historias. Sé que los trenes han creado muchas poblaciones además de la aldea de F. cuyo origen le he referido. Ocurre a veces que los tripulantes° de un tren reciben órdenes misteriosas. Invitan a los pasajeros a que desciendan de los vagones, generalmente con el pretexto de que admiren las bellezas de un determinado lugar. Se les habla de grutas,° de cataratas o de ruinas célebres: "Quince minutos para que admiren ustedes la gruta tal o cual," dice amablemente el conductor. Una vez que los viajeros se hallan a cierta distancia, el tren escapa a todo vapor.°

—¿Y los viajeros?

—Vagan desconcertados de un sitio a otro durante algún tiempo, pero acaban por congregarse y se establecen en colonia. Estas paradas intempestivas° se hacen en lugares adecuados, muy lejos de toda civilización y con riquezas naturales suficientes. Allí se abandonan lotes selectos, de gente joven, y sobre todo con mujeres abundantes. ¿No le gustaría a usted pasar sus días en un pintoresco lugar desconocido, en compañía de una muchachita?

El viejecillo hizo un guiño,° y se quedó mirando al viajero con picardía, sonriente y lleno de bondad. En ese momento se oyó un silbido° lejano. El guardagujas dio un brinco, lleno de inquietud, y se puso a hacer señales ridículas y desordenadas con su linterna.

—¿Es el tren?— preguntó el forastero.

El anciano echó a correr por la vía, desaforadamente.° Cuando estuvo a cierta distancia, se volvió para gritar:

—¡Tiene usted suerte! Mañana llegará a su famosa estación. ¿Cómo dice usted que se llama?

—¡X!— contestó el viajero.

En ese momento el viejecillo se disolvió en la clara mañana. Pero el punto rojo de la linterna siguió corriendo y saltando entre los rieles, imprudentemente, al encuentro del tren.

Al fondo del paisaje, la locomotora se acercaba como un ruidoso advenimiento.°

Juan José Arreola

---

jubilado   retired

tripulantes   train crew

grutas   caves

a todo vapor   at full steam

intempestivas   inopportune

guiño   wink

silbido   whistle

desaforadamente   outrageously

advenimiento   arrival

I.   Ejercicios

A.   Para discusión

1. ¿Por qué llegó el forastero sin aliento a la estación?
2. ¿Qué le aconseja el viejecillo al forastero?
3. ¿Por qué debe contratar o alquilar el cuarto por mes?
4. ¿Cómo indican los rieles en algunas poblaciones?
5. ¿Cuál es el destino del viajero?
6. Según el guardagujas, ¿con qué debe contentarse el viajero?
7. ¿Por qué es necesario comprar tantos boletos?
8. ¿Por qué añade la empresa un vagón capilla ardiente y un vagón cementerio?
9. ¿Dónde viajan los viajeros de primera? ¿Los de segunda?
10. ¿Cómo se formó la aldea F.?
11. ¿Qué se hizo para pasar el abismo donde no había puente para el tren?
12. ¿Por qué decidió la empresa no construir el puente?
13. Describa Ud. la subida a los trenes.
14. ¿Qué defecto resultó tener el cuerpo de policía?
15. ¿Para qué se establecieron escuelas especiales?
16. ¿Por qué hay que fijarse muy bien en las estaciones?
17. ¿Cuál es el propósito de los espías?
18. ¿De qué están provistas las ventanillas?
19. ¿Cómo han creado los trenes otras poblaciones?
20. ¿Qué necesita un viajero para llegar a su destino?

B.   Complete Ud. según el cuento.

1. Al consultar su reloj, el forastero se dio cuenta de que _____.

2. _____ le daba aspecto de ferrocarrilero al viejecillo.

3. Al forastero no debe importarle el _____.

4. En el trayecto ferroviario se incluyen _____ y _____ que no han sido aprobados por los ingenieros de la empresa.

5. El servicio de trenes no es _____.

6. El forastero debe tomar _____ tren que pase.

7. En la escuela se les enseña a los viajeros _____ de abordar un convoy aunque vaya a gran velocidad.

8. La organización de los ferrocarriles es _____.

9. El viajero no debe _____ porque podrían desilusionarlo con sus historietas de viaje.

10. Al llegar a cometer una imprudencia, al viajero lo _____
    _____ o lo _____.

II. Ejercicios creativos

A. Oral

1. El humor y la fantasía son dos elementos que se encuentran
   en abundancia en este cuento. Dé usted varios ejemplos de
   cada uno.
2. ¿Cómo corregiría usted algunas de las ineficiencias de los ferrocarriles mexicanos? (Por ejemplo, los horarios, la subida,
   insuficientes asientos, el cuerpo de policía, etc.)

B. Escrito

Haga usted un estudio de los ferrocarriles mexicanos. Se puede
hacer en forma de entrevista. Deben consultarse las agencias de
viajes, el consulado mexicano si lo hay, personas que usted conoce
que han viajado a México y estaciones de trenes en diversas ciudades de México, como Monterrey, Guadalajara, Chihuahua,
Puebla, etc.

José Mario

José Mario **(1935)** Habiendo logrado escaparse de la cárcel en 1965, José Mario actualmente se encuentra exilado en España. Se le había encarcelado en La Habana, Cuba, por su creación de la revista *El Puente*.

Miembro de la Unión de Escritores y Artistas de Cuba, José Mario fue uno de los muchos jóvenes escritores que luchó por la revolución en 1959. Esta experiencia lo indujo a producir su gran novela *El Stadium*. Su propósito es describir la tragedia de los jóvenes revolucionarios.

Este tenaz poeta ha realizado su sueño reuniendo la obra poética de los jóvenes cubanos y editándola en *El Puente* en España.

EL STADIUM

—Eh, tú, ¿tomaste anoche?— dice el joven oficial mientras extiende la mano. Lo miro con todo el silencio de que soy capaz en ese momento. Le entrego el papel. (Tosí° e hice como si escupiera.°)

tosí   I coughed

escupiera   I might spit

Llegué a las dos de la tarde. Eso es lo que dice el telegrama que tengo en la mano: la citación. El proceso que ha durado dos meses de detenciones e interrogatorios absurdos. Es entonces cuando siento este miedo, esta soledad, este abandono de toda razón y de toda lógica. Nuestros actos se han convertido en hechos mecánicos. La forma en que atravesamos la puerta del Stadium. La manera de sentarnos: dispersos. Extrañados de si somos realmente seres humanos o si estamos movidos por una cuerda, una fuerza, superior...

Acude una historia de tu infancia:

Tenías un gato carmelita que se llamaba Perucho. El gato tiene grandes vetas° grises y sueña contigo debajo de la cama. Los demás niños aman al gato: tus primos y primas, los pequeños vecinos que suelen° acariciarlo. Sueños con grandes barcos. Tu abuela duerme el mediodía. Surgieron de tus ojos enormes árboles y olas. Te devoran continuamente. El pueblo y las películas de cow-boy se alejan. El gato te mira con sus ojos redondos. Hundiste la tijera° en su vientre y cortaste.

El silencio caluroso, compacto, de un día de junio. Estuvimos esperando a la puerta del Stadium. Mirándonos. Observándonos como objetos ajenos. El tiempo clava sus pezuñas.° Hay abrazos y caricias. Apretones de manos° y sonrisas. Hubo pánico e inseguridad. Fue entonces cuando abrieron las puertas y entramos desaforadamente.° Tratamos de agruparnos hacia diferentes partes y en pequeños grupos, sin tener en cuenta ningún orden. Hubo una especie de desorden momentáneo. Los altavoces° iniciaron inmediatamente el proceso de ubicación.° Suenan los primeros nombres. El silencio toma posesión con todas sus facultades. Sólo se escuchan los nombres que van repitiendo los altavoces. Un gemido.° El llanto contenido de una madre: es la única interrupción posible.

La brutalidad organizada suele ser un arte.

...en realidad somos movidos por una fuerza no tan extraña ni ajena: la represión. Otros no tan leales como yo han sido sacados de sus casas. Las perseguidoras° llegan continuamente con su carga y vuelven por nueva mercancía humana. Los jóvenes miran asustados hacia todas partes y las filas crecen en la pista del Stadium. Cuando escucho mi nombre me doy cuenta de que forma parte del espectáculo.

Bajé por las escaleras que unen las gradas° al terreno de juego. Un soldado me conduce a formar militarmente. En lo alto: otros soldados sacan de las gradas a los familiares. Se oyen gritos y nombres. Los pañuelos y manos

vetas   stripes

suelen   are accustomed to

tijera   scissors

El tiempo... pezuñas
Time cuts to the quick
apretones de manos
handshakes
desaforadamente   in
great numbers

altavoces   loud
speakers
proceso de ubicación
positioning

gemido   moan

perseguidoras   police
cars in Cuba

gradas   bleachers

que se alzan se pierden. La realidad se pierde para formar parte de uno mismo. El terror comienza a materializarse. Los familiares desaparecen por completo, mientras los últimos gestos-seres-hombres bajan al terreno. Cesa el altavoz por el cual dan las órdenes.

Sentí las manos húmedas como si una lluvia fina e imperceptible me mojara los brazos y la cara. El sol caía directamente sobre nosotros. —¡Hace calor!— dice aquel sargento que trata de hacer pasar el tiempo.

Nos sitúan en grupos de a cuarenta. Al frente de cada grupo un sargento da órdenes. Observa impacientemente y trata de arreglárselas con el desorden general. A las cinco de la tarde comienzan las necesidades y el cansancio. Nos dejan ir por turno a tomar agua a una pila° que cuidan dos soldados. Al lado hay un pequeño baño. Cuando llega mi turno el olor sobrepasa los límites del local. La orina se une con la brisa de la tarde. Ahora no pertenecemos a ningún lado. Ahora no somos más que este grupo de hombres que va a desconocerse. De ahora en adelante vamos a ser fabricados a imagen y semejanza de un orden. Aceptado o no; nosotros somos un producto. Una necesidad que hay que explotar. La necesidad de un engranaje° que nos utiliza. Formamos parte de una generación que ha conocido el pasado. Eso resulta intolerable. Vamos a perecer.° Asistimos a la creación.

Las palabras suenan huecas° y se dispersan en el aire. Un aliento de inmoralidad y de vergüenza nos recorre a todos. Los soldados se sienten poderosos y dueños absolutos de la situación. Tratan de aterrorizarnos por todos los medios. Los fotógrafos y los periodistas nos piden que sonriamos: "Para que mañana el pueblo sepa lo que hace la Revolución por ustedes." Los superiores se niegan a decirnos adónde vamos a ser llevados o qué será de nosotros.

—Cada cual se salva a su manera— se oye claramente.

Puedo calcular más de tres mil personas. El Stadium está fuertemente custodiado. Por el fondo del mismo entra el transporte en que nos han de trasladar. Las Leyland° son situadas una detrás de la otra. Nos despojan de° todo lo que llevamos, excepto de dos calzoncillos y una toalla. Anochece. Nos hacen entrar en fila a los ómnibus. Escoltan

pila trough

engranaje gear

perecer to perish

huecas hollow

Leyland an English-made doubledecker bus

despojan de strip

a cada grupo dos soldados con armas largas. Un oficial, muy bien vestido, va hablando de ómnibus en ómnibus. Entro hacia el fondo. Me siento al lado de un muchacho extremadamente joven. Las puertas de atrás están clausuradas. Por último entran los soldados con armas largas y se sientan en los primeros asientos. Uno de ellos se pone de pie y habla:

—Está terminantemente prohibida toda conversación, así como hacer ningún tipo de comentarios o preguntas. A su debido tiempo ustedes serán informados del lugar al que se les lleva. Eso es todo lo que podemos decirles— y volvió a sentarse.

Al poco rato el oficial que va de ómnibus en ómnibus sube al nuestro:

—Quiero comunicarles ante nada que ustedes son propiedad del Estado cubano y por tanto el mismo se encuentra en disposición, desde que llegaron a este Stadium, de hacer por ustedes lo que crea más conveniente para su bien y por este bien de ustedes han sido elegidos para ir a la ciudad de Camagüey, donde recibirán un entrenamiento militar de seis meses. Eso es todo y buen viaje en nombre del ministerio del Interior— y se marchó dispuesto a repetir la misma operación en los demás ómnibus.

Siento una gran indiferencia. Estoy agotado del desengaño y la mentira que han representado para mí estos dos últimos años. Según anochece, mi memoria insiste en no dejarme descansar. La realidad no es suficiente. No sé cuántos minutos pasan, ni cómo comenzamos a movernos tras la larga fila de ómnibus que parten. Salimos por el fondo del Stadium. Se escuchan gritos: "Para Camagüey, para Camagüey," repiten las voces. Es inútil que los soldados traten de callarnos. Mujeres que permanecían ocultas salen de todas partes a nuestro paso. Cuando perdemos velocidad al doblar para tomar la avenida, se acercan gritando el nombre del hijo o del hermano. La madre del joven que va a mi lado logra llegar hasta la ventanilla. Todos comenzamos a gritar. La mujer se agarra a los barrotes.° El ómnibus comienza a cobrar velocidad. En esto una de las gomas° choca con el contén,° salta, y la mujer sale despedida. Corremos hacia el fondo mientras el muchacho llora. Lo último que oímos es "Carlitos, Carlitos." La mujer se levanta a lo lejos, lastimosamente. Esta opera-

barrotes bars
gomas tires (Cuban)
contén curb

ción se ha repetido—y continuará—durante varios días.
El hecho de gritar sucede dentro de la ciudad cada vez
que el ómnibus pierde velocidad. Las gentes nos miran
con asombro. Presintiendo lo que queremos decirles.
Apenas nos alejamos de la ciudad la muerte puede tocarse en el polvo. La noche cae. Trato de acomodarme de
cualquier forma. No puedo. Doy una y otra vuelta sobre
mí mismo. Pongo la toalla debajo de la nuca.° Apoyo la **nuca**   nape of the neck
cabeza en la toalla. El constante traqueteo° no da un mo- **traqueteo**   movement,
mento de seguridad a mi cabeza. Al fin opto por echarme noise
en el pasillo y trato de dormir a la larga. Con mis dos
manos unidas aguanto los golpes del rostro contra el sue-
lo. A pesar de las varillas° de metal y la goma que forman **varillas**   bars, rods
el piso del ómnibus, me siento más cómodo que sentado.
Eso—al menos—es lo que me hace olvidar mi cansancio.
Ignoro el tiempo transcurrido. El olor a mierda comienza a subirme por los brazos. Lo siento en todas partes:
en los hombros, la nariz, los tobillos. Inunda la respiración
y los ojos. La orina se une a la mierda. La oscuridad de la
noche crea sombras y relámpagos. Mares de fuego. Luces
extrañas que cruzan y desaparecen. Figuras que avanzan y
se diluyen. Susurros. Golpes. Gritos. Impiden terminantemente bajar a nadie. "Sea para lo que sea o dispararemos,"
han dicho los soldados a los que han pedido permiso. Los
que no han podido soportar se han orinado en el espacio
que deja la puerta de atrás. Pasamos por un pueblo. Nos
detenemos. Algunas gentes han tratado de darnos agua y
comida a través de los barrotes de la ventanilla. Las manos
tratan de alcanzar lo que pueden. Los soldados protestan
y los hacen alejarse. Continuamos. Trato de dormir. De
nuevo crece el olor a mierda. Siento que corre por mis
huesos. Mierda de mi sed y de mi hambre. Mierda maldita
de la intolerancia. Sangre podrida de la isla que corre por
nosotros.
Tengo la ropa sucia. Veo a lo lejos viejas que se abani-
can en los portales. Sonrisas ajenas. Grupos que conver-
san. Cruzamos a oscuras y en silencio. No sé por cuántos
pueblos. Digo que hemos cruzado por Matanzas y Santa
Clara. El ánimo para los gritos ha pasado. El cansancio
se ha impuesto. El agotamiento y el terror han puesto lo
demás. Yo me creo a expensas del destino. Paso las manos

por los ojos. No logro ver el cielo. Sólo el contorno oscuro
de la carretera por la que vamos. Unos duermen. Otros
hacen como si durmiesen. ¿Pensamos? ¿Es que cabe pensar? Estoy totalmente embotado. La cara y la frente llenas
de polvo. Tengo hambre. Tengo sed. Hambre y sed reales.
Debe ser la madrugada. Seguramente por el silencio. El
silencio crece, habla. Agota. Destruye. El silencio nos va
comiendo como si nos hubiéramos podrido. Un aura° **aura** buzzard
gigantesca y miserable con su pico aún sucio. Mirándonos
con entera satisfacción. Vejándonos,° para que pensemos. **vejándonos** annoying us
El silencio nos lleva por ese camino a un precipicio. Des-
cendemos. El aire nos sostiene. Debajo de nosotros los árboles. El silencio les corta las ramas. Los mutila como a
nosotros. Les hace creer que ha sido el viento. Y sigue:
su pavor, su agonía, su delirio. Nos vamos despertando.
Entramos en Ciego de Avila.

Ciego, lento, sombrío. La imagen de un pueblo de noche.
La mudez de un pueblo: puertas y ventanas. El pueblo
fantasma. Loco. Con ojos de hombre muerto: mirándonos.
Un hombre que está loco y divaga. Los brazos abiertos.
El pelo revuelto. Eres un pueblo cualquiera que tienes
calles, nombres y rostros ocultos. Su historia usurpada y su
historia real. Todo lo que se dice por convicción, fuere
cual fuere: lo que es mentira, mentira; lo que es verdad,
verdad. Ciego de Avila, tus ojos alcanzan para nosotros.
Esta noche hemos llegado a tus luces, que descienden
matándonos. A tus voces ocultas. A todo lo que no hemos
visto y a todo lo que podremos ver. Esta calle nos lleva a
un destino que no hemos robado. Esa columna la recorda-
remos un día. Será un sueño. Una pesadilla en cualquier
ciudad del mundo donde puedan producirse escenas como
éstas.

La caravana se detiene. Comienza a bajar del primer
ómnibus. Dan órdenes que las puertas de los demás perma-
nezcan cerradas. Los dos soldados se colocan a la puerta
cada vez que uno de los ómnibus llega a donde han de
bajarnos. Se oyen gritos e insultos. Es una calle estrecha y
sin asfaltar. Estoy en la puerta. Voy a poner nuevamente
pie a tierra después de varias horas. Uno de los soldados
me toma por el antebrazo y me da un empujón. Más insultos. Vamos uno detrás de otro. Una fila de cadáveres.

Una muralla de muertos. De los techos de las casas y a
ambos lados hay reflectores que nos apuntan. Cada dos
pasos, a izquierda y a derecha, soldados con cascos,°   **cascos**   helmets
botas, polainas blancas y armas largas. Dos largas filas en
actitud de atención. Inmóviles. Muertos utilizables, sólo
eso: utilizables. Trato de mirar el rostro de uno de estos
soldados y sólo logro ver una sombra oscura e indefinible
debajo del casco.

Caminamos entre las dos hileras de soldados hasta llegar
al otro Stadium. El Stadium de Ciego de Avila, sin terminar
aún; un espacio circular enorme, rodeado de cerca y espi-
gones° de concreto. En lo alto de cada espigón un reflec-   **espigones**   pillars
tor. Nos van agrupando en el centro, bajo la luz intensa.
Me ciega la brillantez de los reflectores. Más allá una oscuridad monstruosa: un río en el que flotábamos incons-
cientes. Nos han prohibido sentarnos o echarnos en la
hierba. Va a amanecer. Los lejanos contornos de las cons-
trucciones van apareciendo. La luz molesta y temible se va
acentuando hasta desaparecer, bajo el impulso de la luz
tenaz y auténtica de la naturaleza. He sentido frialdad,
asco odio. Amanece.

Un deseo tan simple como echarme sobre la hierba.

Son las 9 de la mañana. Han roto las formaciones.
Andamos dispersos por medio del Stadium. Las mujeres
de las casas circundantes miran desde los portales. Se ha
comentado que nos van a dar desayuno. Agua con un polvo que dicen que es leche. Dos galletas socatas. Me lo voy
a llevar a la boca y hago una arqueada:° vomito el primer   **hago una arqueada**
buche. Prefiero abandonarme a la idea del hambre. Prefiero   I feel nauseated
el aire fresco. La luz de este día interminable. Hay gente
de todas las extracciones sociales. De los sitios más remotos y de los más céntricos. De los pequeños pueblos y
de las ciudades. La desorientación general es lo que más
abunda. Todo el mundo tiene una idea distinta de lo que
está pasando. Hemos tratado de comunicarnos por primera
vez. Se oyen chistes. Situaciones grotescas y jocosas a es-
condidas, a media voz: burlas de todo lo que ocurre. Pre-
paran una tribuna. Va a hablar el jefe:

—De aquí ustedes serán llevados a distintos campamen-
tos— palabras hundidas, palabras perdidas, gestos interminables de autoridad, tabaco traído y llevado. (La tribuna

tiene su bandera cubana y todo, su séquito° de mujeres
vestidas de uniforme, su séquito de hombres con barriga y
revólveres a la cintura. Prosigue.) —Los primeros que tra-
jimos para este experimento no eran de tan buen material
como ustedes. Es verdad que ha habido problemas, pero
ya se han vuelto verdaderos hombres. Los primeros eran

séquito   retinue

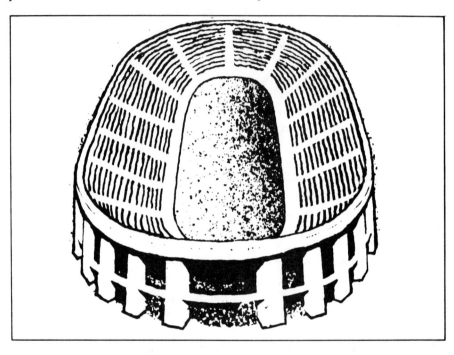

unos delincuentes. Entre ustedes, sin embargo, hay gentes
de todas clases. Los que mandan serán sus propios compañeros, o sea cabos sacados de la primera remesa.° Ellos tra-
tarán de ayudarles en todo lo que puedan. Momentáneamen-
te recibirán una preparación combativa de 45 días. Después
podrán recibir a sus familiares.— (Palabras, mentiras secas,
ácidas como su rostro podrido, su bigote, el vientre asque-
roso, su mano de madera. Me voy alejando de la tribuna.
Me voy alejando de su voz. Las palabras se cruzan en los
altavoces. Contemplo la pantomima macabra.° Escucho
los aplausos imprecisos.)

remesa   shipment

macabra   gruesome

Llegan camiones. Nos forman nuevamente en grupos de
cuarenta mandados por un sargento. Salen los primeros
camiones con su carga. De los camiones comienzan a lan-

zar papeles enrollados con un peso dentro. "Telegramas—
gritan, —telegramas para nuestra familia." Las mujeres
salen de sus portales y empiezan a recogerlos. En los 15 o
20 minutos hay muchas mujeres alrededor de los camiones. Estos o se detienen o avanzan lentamente. Aparecen mujeres con dulces, mujeres con panes, mujeres con
jarras de agua, con hielo, durofríos, cigarros. Cuando los
camiones van cobrando velocidad tiran las cosas a las
manos que se alzan. Vuelan los panes y los dulces. De
algunas ventanas comienzan a tirar también. Los camiones
van saliendo trabajosamente y a tropezones de las calles
polvorientas.

Se sobreponen a los saltos. Vamos por las calles de las
afueras de Ciego. Cruzamos bajo un puente inmenso y
doblamos° hacia las líneas del ferrocarril. Seguimos la   **doblamos** we turn
trayectoria de las vías. El aire nos da violentamente en el
cuerpo. Los sembrados de algodón y plátano crecen a la
orilla de la carretera. La gente se ha despejado° con el sol **despejado** cleared up
y el viento. Es menos la opresión que se siente viajando al
aire libre. Es difícil escuchar lo que se dice a dos pasos
de uno, pues el aire lleva la voz y la confunde con los
ruidos propios del camión y nuestros movimientos. Los camiones han salido hacia diversas zonas. Los profetas hacen
de las suyas.

Trato de concentrar en mi recuerdo: la tierra roja. El
contraste del agua. El paisaje cubano: lento y soleado. Las
cunetas° por las que andaba en mi niñez, allí en mi pueblo, **cunetas** ditches
haciendo aquellos collares con florecillas de colores. Andá-
bamos a media tarde paseándonos luminosamente por el
pueblo. Los collares de Maravillas como en una película de
Hawai. La noche fresca del campo.

Dos maricas se han enrolado las toallas a la cabeza y
cantan y bailan. Uno de ellos está quemado. Las cicatri-
ces° le van desde las manos y el cuello hasta la misma bar- **cicatrices** scars
billa. "Se llama Frank," ha gritado otro observando mi
curiosidad. Han empezado a cantar algo que imita al por-
tugués. El sargento se sonríe. Las cicatrices son realmente
horrendas, pero él parece no darse cuenta. "Se quemó por
un hombre a los trece años," grita el otro riéndose.

Ha pasado la hora del almuerzo, pero no lo sentimos.
Hay como una multitud, un descanso del horror, una acep-

tación tan normal como el hecho mismo de que estamos allí, sobre ese camión que avanza con nosotros hacia un sitio que ignoramos. No hay deseo, ni locura, ni pánico. Nos hemos dejado arrastrar° inconscientemente, como si no hubiera otro modo de aguantar el golpe que dejándonos arrastrar. Arrastrar por ese río que es esa carretera. Un río que no tiene nada que ver con Heráclito.° Un agua fija y estéril.

En mi casa nunca interesó la política. Recibimos el golpe de Batista° como otro cambio cualquiera. Seguí yendo al Instituto. Los estudiantes pidieron hacer resistencia y fui arrastrado en aquellas manifestaciones que cruzaban el obelisco de Marianao.° Creo no haber entendido el fin de todo aquello. La luz y la contrasombra que echaríamos sobre la historia de nuestro país. Me iba más que nada a la playa y allí encontraba esa paz que parecía haber perdido la isla desde hacía mucho tiempo: el mar nuestro, tan poderoso y amable. No creo que fuera indiferencia ni inconsciencia. Comencé a descubrir las cosas que no estaban tan a la vista, simplemente en la conversación de los otros. Me volví más apartado. Cada día comprendía menos el motivo de tanta lucha y de tanto odio. Debía existir algo que nos hiciera más justos y más nobles. ¿Qué era? Mi padre guardaba una pistola en el armario. Yo acariciaba las balas simbólicamente cuando él no estaba en casa. Cuando salía a trabajar de noche se la llevaba consigo. Entonces yo me preguntaba y volvía a preguntarme: ¿para qué mi padre necesitaba aquella pistola? Preferí irme a la biblioteca antes que al Instituto. Hojeaba los libros de literatura española buscando aquellas láminas antiguas que tanto habían logrado impresionarme. Conocí a Felipe. Felipe leía constantemente. Llegaba al anochecer en su bicicleta hasta el grupo de muchachos que solíamos reunirnos en la esquina y soportaba ciertas palabras con indiferencia. Muchas veces le acompañaba Angel. Angel me llamaba mucho más la atención que Felipe: los tres nos fuimos eligiendo. Solíamos ir entonces juntos a la playa y al cine. Nos veíamos continuamente y casi todas las noches los mismos temas caían una y otra vez en nuestras palabras. Nunca recuerdo lo que yo deseaba ser; y sí que Angel, ministro y Felipe, presidente. Un día temprano Felipe me

arrastrar   to drag

Heráclito   Greek philosopher surnamed the Naturalist

Batista   Cuban President and dictator

Marianao   suburb of Havana

llevó a su casa. Me dijo: "¿Ves esos dos árboles que he sembrado frente a la casa? Uno de ellos es Angel y el otro soy yo. El pequeño ese que ves es Angel. Le cuesta mucho trabajo crecer. Este más alto y frondoso° soy yo." Sacó un jarro de agua y la echó al árbol que era él. Le pregunté: "¿Y el otro?" Me respondió: "Ese lo riego una sola vez a la semana, pues no puede crecer más que el mío." En un latón° de basura me encontré un libro empastado. ° Lo leí toda la noche. El autor era Vargas Vila y el contenido una serie de pensamientos que me parecieron impresionantes. La hermana de Felipe me vendió otro libro por 10 centavos: las *Rimas* de Bécquer. Estas me las aprendía de memoria y las olvidaba muy pronto. En muy corto tiempo este libro se convirtió en todo mi amor sobre la tierra. Soñaba que algún día yo escribiría un libro como ése. Felipe me habló de que los libros que él leía no le costaban nada. Me llevó a la Biblioteca del Lyceum para que me hiciese socio. "Los escritores alemanes son los mejores," me advirtió. Agarré un libro, *La muerte en Venecia*, de Tomás Mann, y otro que me pareció muy adecuado: *Los que teníamos doce años*, de Ernesto Glaeser. El primero lo leí tres veces. Mi abuela lo halló un día en mi cuarto y comenzó a hojearlo. "¿Cómo es que lees esto?— me dijo. —Devuélvelo inmediatamente."

El libro de Glaeser nunca lo he olvidado. Me aficioné por él a cuanto libro se había escrito sobre la postguerra; pero como aquél no hallé ninguno. Me volví un lector constante como Felipe y cada 15 días procuraba leerme dos libros para sacar dos más. La situación política empeoraba. En el Instituto se sucedía una tras otra las huelgas y las detenciones. Un muchacho de mi aula, llamado Manolo Aguiar, había sido detenido y más tarde apareció muerto. Durante un período de tiempo las clases se suspendieron. Generalmente este período coincidía con la implantanción de la censura de prensa. Cada vez que la censura tocaba a su término° y abría el periódico, me encontraba con aquel espectáculo de masacrados y de torturados. Los muertos aparecían por cualquier parte. Recurrí a la poesía como única salida del horror. Mi poesía se llenó de cadáveres, de látigos, de piel lacerada. Se implantaba la censura de prensa y volvía el silencio. El sabotaje: las

frondoso leafy

latón can

empastado hard bound

tocaba a su término was invoked

bombas en los cines, en los bares, en todos los sitios pú-
blicos, los muertos y luego el silencio. Cuando la calma
parecía restablecida volvíamos de nuevo al Instituto. Bajé
un día a la Asociación de Alumnos. Daban color a unos
carteles: una paletada° aquí y otra allá. Tomé un retrato   **paletada** a brushstroke
recién pintado y lo miré con detenimiento. El alumno que
trabajaba en él me lo pidió, y volviéndose hacia todos los
lados con cierta complicidad, me dijo: —"Es Fidel
Castro."

Desde los camiones se divisan las chimeneas del central.
Nos vamos amontonando alrededor de lo que parece ser
una pequeña estación de trenes. Llevamos detenidos bastante tiempo. De los camiones comienzan a pedir agua a
los curiosos que nos observan. Al poco rato las mujeres
responden nuevamente, apareciendo con jarras de agua
fría, inclusive limonada.

—Nos van a llevar en ese tren— oigo decir.

Es un tren rojizo, para transportar el ganado. No puedo
calcular cuántos son los vagones° que tiene. Cada vagón   **vagones** railroad cars
posee una puerta corrediza que sirve de salida y entrada.
A cada puerta hay un soldado con un rifle. El tren parece
esperarnos: un animal con el vientre en acecho. Tenemos
ganas de llegar, sea donde sea. Hasta nuestros guardianes
están cansados. Nos agrupamos en pequeños núcleos. La
gente teme hablar. Se ha dicho que entre nosotros hay
espías que informan todo lo que hacemos o decimos. Así y
todo los hay que se arriesgan y comentan:

—De uno de los camiones que iba por el centro de Ciego se tiró un muchacho para escaparse y le dispararon.
Tiene las dos piernas rotas.

El comentario va traspasando las gargantas:

—Está en el hospital de Ciego y dicen que es un escándalo.

Existe lo que es imposible decir en una conversación o
escribirlo. Existe lo que es capaz de pronunciarse tan sólo
de un golpe, un sonido extraño. Un intervalo de tiempo en
que los ojos se cierran y todo acaba. Al menos, unos se-
gundos de indiferencia en que nos devuelven el don° de   **don** gift
cierta pureza, el equilibrio y la lucidez. Me apoyé en el
borde que servía de baranda al camión. Cerré los ojos y ese
momento que parecía imposible me hizo sucumbir a todo

odio, a todo pensamiento noble o inmundo. Atravesé conmigo mismo un inmenso puente. Me llevaba de mano con torpeza. Nubes extrañas comenzaron a rodearnos. Llevaba mi cadáver arrastrándolo y pensaba en lugar amable donde enterrarlo. El sitio ideal sería un árbol y una corriente fresca. El cadáver debería quedar con muchísimas piedras encima, atados los huesos a las raíces del árbol: sujeto al árbol y libre a la corriente, allí permaneceríamos todos

los siglos que nos quedasen sobre la tierra. Yo huiría al bosque. Divisé el lugar. Las nubes interpusieron tinieblas.° **tinieblas** darkness
Corrí a tientas en la oscuridad. Caí. Cuando volví a recuperarme había perdido mi cadáver. Comencé a dar unos aullidos horrendos. De pronto me di cuenta de que estaba comiendo uno de mis brazos. Paladeé°con suavidad la **Paladeé** I tasted carne. Me devoré hasta desaparecer totalmente.

—¿Te ocurre algo?— un muchacho de ojos verdes y grandes me agarró por la muñeca.

—No, no, nada...

—Yo te conozco— insistió.

—Tal vez— le dije.

—¿De la Universidad?

—Sí, de la Universidad.

—¿Y tú estudiabas también en la Universidad?

—Arquitectura, tercer año. Y aquél medicina— señaló.

—¿Adónde crees que vamos?

—¿Adónde crees tú, sino a un campo de concentración, como en Rusia?— nos echamos a reír.

Un ruido tremendo se identificó con la caída de la tapa posterior del camión. La cadena sonó estrepitosamente. El soldado gritó: "Abajo, nos vamos."

—¿Cuál es tu nombre?

—Gustavo— le dije.

Nos hicieron bajar a toda prisa. Nos colocaron de uno en fondo.° Los soldados iban dando empujones y situándonos uno tras otro lo mejor que podían.

de uno en fondo
in single file

—Llevamos más de un día sin comer. ¿No tienes hambre?— sacó un dulce y me lo dio.

—Más de un día— le contesté. —Un día.

La soledad como un hilillo de sangre contra el cual luchamos todos.

El polvo me hizo cerrar los ojos.

El tren emitió un chirrido;° retrocedió y avanzó tan sólo un corto tramo.° Subieron los primeros hombres. Los empellones° se sucedieron. Todos quisimos subir de un golpe. Me dieron una mano y salté al compartimiento que hacía de vagón del tren. Nos íbamos amontonando° y tratando de acomodar en el corto espacio, cada vez más reducido por el amontonamiento. La madera del fondo estaba entreabierta. Pude observar el movimiento de las ruedas. La tierra que sobresalía entre la yerba y los tramos de madera que fijaban los rieles. Las piedras negras dispersas a la orilla de la vía: residuos de cajetillas de cigarros, papeles, pedacitos de cristal. El tren retrocedía y avanzaba. Cada vez que repetía esta operación se detenía de un golpe, que nos estremecía a todos. Caímos unos contra los otros y nos quedábamos en esa posición un rato,

chirrido squeak, creak
tramo distance

empellones pushes

amontonando piling up

cansados de movernos, deseosos de detenernos para siempre en un sitio cualquiera: inmóviles en el espacio y el tiempo, donde el aire puro nos cortase la nariz y los labios. "No quiero oír, ni ver, ni sentir," dijo la cabeza que se echó en mi muslo derecho. Hombres de todas partes de la isla yacíamos amontonados, tratando de hallar un calor y una comprensión imposibles. El olor ácido del sol que declinaba sobre el campo, la sequía de ese día junio; me traspasaron la respiración hasta la garganta, como si hubiera tomado una bocanada de humo° y la hubiera retenido en la boca.

bocanada de humo puff of smoke

Traté de acomodarme con habilidad. Estiré las piernas, los brazos entumecidos.° El tren avanzaba. Al poco rato nos vimos campo adentro. El soldado con una mano sujeta a la puerta y un pie apoyándolo se desprendió a tomar el aire, como si quisiera respirar por todos nosotros. Esgrimió° el rifle como una bandera e hizo lo que pareció ser un ejercicio de gimnasia. El campo cubano saltaba a la vista con la rapidez del tren. El cansancio y el hambre nos habían derrotado.

entumecidos numb

esgrimió took hold

Se inició el proceso de descargar los vagones. Llevábamos bastante tiempo de viaje. El tren se detuvo por primera vez. El soldado impidió que pudiéramos asomarnos a ver lo que ocurría. De pronto el tren echó a andar de nuevo. Iba un largo tramo tanto hacia adelante como hacia atrás. Se detenía y la misma operación volvía a repetirse. Nos estaban dejando en el lugar de destino. Se escucharon las voces de mando y el murmullo de los hombres agrupándose. El tren se introducía por sitios intrincadísimos y de pronto retrocedía. Nos encontrábamos totalmente despistados° de lo que estaba ocurriendo. El caso era que estaban tratando de engañarnos respecto a los lugares donde nos llevaban. La gente se puso de inmediato intranquila. Entre la derrota y la indiferencia se oyeron voces y malas palabras. Otros asintieron con un "da lo mismo." El soldado mandó callar. El tren se detuvo. Sonaron sobre la gravilla las botas del oficial que se acercó a nuestra puerta:

despistados strayed

—Ciento veinte hombres más— dijo.

José Mario

I. Ejercicios

A. Para discusión

1. ¿Qué cambios ha producido en la gente el proceso de interrogatorios?
2. Describa usted la entrada al Stadium y el efecto que causa en estos jóvenes.
3. Explique usted a qué se refiere el narrador con "vamos a ser fabricados."
4. ¿Por qué quieren los fotógrafos que sonrían los jóvenes?
5. ¿Cuál será el destino de estos jóvenes?
6. Discuta usted el viaje de los jóvenes para Camagüey.
7. ¿Qué piensa el narrador durante el viaje?
9. ¿Cuál es la influencia del silencio?
9. Describa usted el pueblo de Ciego de Avila.
10. ¿Cómo compara el jefe de este grupo de jóvenes al primero?
11. ¿Por qué cambió el narrador en su punto de vista político al estar en el Instituto?
12. ¿Qué simbolizaban los árboles que plantó Felipe?
13. ¿Qué buscaba el narrador al preferir la poesía?
14. ¿Por qué hay que tener cuidado al hablar entre el mismo grupo de los jóvenes?
15. Discuta el sueño del narrador.
16. ¿Por cuáles fuerzas se encuentran derrotados los jóvenes?
17. ¿Cuál era el propósito de avanzar y luego retroceder el tren al descargar a los jóvenes?

B. Complete Ud. según el cuento.

1. El papel que le entregó el narrador al joven oficial era ____ _____.

2. Durante la espera en la puerta de El Stadium todos _____ _____ a pesar del pánico e inseguridad que les sobrevino.

3. _____ llegan continuamente con su carga de humanos.

4. Al frente de cada grupo de _____ un sargento da órdenes.

5. Los superiores se niegan a decirles _____ o ___ _____.

6. Al subir al ómnibus, un oficial les decía que _____ ____.

7. Los despojaban de todo, excepto _____.

8. Al alejarse de la ciudad _____ puede tocarse en el polvo.

9. Al bajar del ómnibus el narrador nos dice que ellos parecen _____.

10. En este grupo de prisioneros había gente de _____ _____.

11. Los papeles que tiraban los prisioneros de los camiones eran _____.

12. El narrador se iba a menudo a la playa porque allí _____ _____.

13. Cada día que pasaba, el narrador comprendía menos _____ _____.

14. Después de huelga tras huelga y las detenciones, se implantó _____.

15. Ya los prisioneros iban tan cansados y hambrientos que lo que querían era _____.

16. La operación de bajar a los hombres en su lugar de destino produjo _____ en la gente.

17. Cada vez que se detenía el tren, bajaban _____ hombres más.

C. Escoja usted.

1. En las Leyland los soldados se sentaban _____ _____.
    a. en los asientos de atrás
    b. en los asientos de en medio
    c. en los asientos de adelante

2. Los humanos, propiedad del Estado cubano, van en el ómnibus y _____ _____.
    a. solamente pueden bajarse al baño
    b. no pueden bajarse por nada
    c. solamente pueden bajarse por comida

3. Después de _____ _____ días podrán recibir a sus familiares.
    a. 20
    b. 40
    c. 45

4. El narrador nunca olvidó el
   libro de Glaeser que leyó
   porque _____.

   a. era el mejor sobre la post-
      guerra
   b. la poesía le fascinaba
   c. era aficionado a lecturas
      sobre la muerte

5. El retrato que hacía uno de
   los alumnos de la Asociación de Alumnos en el Instituto era de _____
   _____.

   a. Gustavo A. Bécquer
   b. Fulgencio Batista
   c. Fidel Castro

II. Ejercicios creativos (oral)

1. Después de leer este capítulo de *El Stadium* nos damos
   cuenta del efecto que tuvieron los campos de concentración
   en la gente dentro y fuera de dicho lugar. Exponga Ud. el
   caso a su manera de ver esta acción del gobierno.
2. Los campos de concentración también fueron empleados por
   los Estados Unidos durante la Segunda Guerra Mundial
   contra el Japón. Haga usted una investigación y dé un reporte oral a la clase.
3. Sería muy apropiado, si lo hay en la comunidad, invitar a
   alguna persona que haya sufrido la experiencia de los campos de concentración.
4. Las huelgas o manifestaciones estudiantiles en distintos países del mundo han sido aplacadas por el fuego de la policía
   o del gobierno. En vez de recurrir a esta acción, ¿qué medio
   o medios sugeriría usted?

Augusto Roa Bastos

Augusto Roa Bastos (1917) Nació en Iturbe, Paraguay en 1917. De joven trabajó en un banco, pero pronto abandonó este oficio por el periodismo. A los diecisiete años hizo la campaña de la Guerra del Chaco entre el Paraguay y Bolivia. Radica en Buenos Aires desde que fue desterrado por la dictadura.

De los dos libretos que ha escrito como guionista de cine, el segundo le ganó el Primer Premio del Festival de Santa Margherita, Italia. Otros premios que se ha ganado Roa Bastos son el Primer Premio Municipal de Buenos Aires y el premio de la revista *Life*.

Comenzó Roa Bastos su carrera literaria como poeta. Fue uno de los tres renovadores de la poesía paraguaya. Pero fue la prosa el mejor camino de Roa Bastos. *El trueno entre las hojas,* su primera obra, es una colección de diecisiete cuentos. Generalmente, sus cuentos tratan de la violencia con desenlaces trágicos.

Con su novela *Hijo de hombre* alcanza el punto cumbre Roa Bastos. La novela obtuvo varios premios y su éxito de librería fue extraordinario. No cabe duda que es uno de los más talentosos narradores de Hispanoamérica. Su obra se está traduciendo a varios idiomas. Ha tenido gran éxito en América y Europa.

Su obra es de importancia universal; es para todos los hombres. Roa Bastos presenta la situación angustiosa de su país y una visión más amplia del mundo y de los conflictos humanos. Incorpora un dualismo entre el presente y el pasado, y la vida y la muerte. Nunca esconde su protesta contra todo lo que tiende a destruir la dignidad humana y la justicia: los prejuicios, la dictadura política y la explotación económica. "La rebelión" muestra a la luz del día estos sentimientos de Roa Bastos.

LA REBELION

Nadie sabe en qué momento han comenzado a reunirse, ni cómo han podido atravesar los cordones de tropas. Lo más extraño de todo es por qué descuido, respeto o indiferencia han dejado reunirse a esas mujeres. Justo ahora y allí, en esta amenaza de catástrofe que pesa sobre la ciudad desde por la madrugada.

La situación se vuelve insostenible y se acerca rápidamente a su desenlace.° Todos sentimos el latido° de una inminencia que crece opresivamente y cuyo sentido aún no aparece muy claro, aunque las cosas hayan comenzado como de costumbre.

A las cuatro de la mañana un fuerte destacamento° al mando de un oficial de Transmisiones del ejército, irrumpió° en la central de teléfonos y procedió a ocuparla. Fue el primer indicio° que tuvimos del cuartelazo. La crisis que se venía incubando no era un secreto para nadie, pero de un tiempo a esta parte eran tan frecuentes que se había dejado de pensar en ellas.

Un poco antes de medianoche los corresponsales de las agencias extranjeras habían enviado el despacho° de rigor, un mismo texto para todos, que ya venía redactado° en papel con membrete° del departamento de prensa de la presidencia: "Reina absoluta tranquilidad en todo el país. El gobierno garantiza el orden y la libertad de trabajo a la población. Los movimientos de tropas que se han observado en los últimos días, responden exclusivamente a ejercicios de rutina, que los círculos adversos al gobierno tratan de explotar, como siempre, con evidentes móviles subversivos." Así que nada nuevo.

Después un avión empezó a sobrevolar la ciudad a baja altura durante toda la noche. Tampoco le hicimos caso. Sospechamos que se trataba de uno de sus vuelos de placer, también de rutina, que según la propaganda de la oposición suele dar el general con sus íntimos y las vestales de turno,° para cambiar de escenario y de ambiente.

desenlace outcome
latido beat

destacamento detachment
irrumpió raided

indicio sign

despacho dispatch
redactado written
membrete seal

las vestales de turno the girls currently in favor

Se murmura que ocurren cosas muy divertidas, allá arriba, deliciosas orgías, cosas que ni siquiera puede uno figurarse. La campaña de desprestigio de los "círculos adversos" no se detiene ni ante la vida privada de los hombres del gobierno.

Como contagiado por ella, Muleque dijo cuando oímos el avión:

—¡Ya están farreando° otra vez arriba!

farreando having fun

—Y, viejo— le dije, —déjalos que se diviertan un poco. Ellos se sacrifican. Están en su derecho. ¿O es que les tenés envidia?

—¡M...!— farfulló° revoleando furioso los ojos. A mí me gustaba picarlo, remover esa indignación que lo posee por entero y que no es resentimiento solamente, ni siquiera odio, sino algo más profundo e indefinible.

farfulló jabbered

—El general combina su *hobby* de la aviación con el de las mujeres. ¿Sabés lo que dicen que hace allá arriba?...

—¡Me importa un cuerno!—°me interrumpió. Sus labios gruesos y casi pavonados° temblaban dejando entrever las encías° sanguinolentas comidas por la piorrea.

¡Me importa un cuerno! I don't give a damn!

pavonados bluish
encías gums

—Ese por lo menos— insistí aún, —no va a morir en la cama.

Muleque desenchufó los palos y los puso con un golpe seco sobre la mesa. Empezó a tamborilear en el Morse. El avión continuó runruneando sobre las calles. Se alejaba y volvía sobrevolando el centro, el Colegio Militar, el Cuartel de Policía, las cañoneras fondeadas en la bahía y de seguro los caminos de acceso a la ciudad. Ahora sabíamos que no se trataba de uno de los habituales viajes nocturnos a Citerea del presidente, sino de un vuelo de patrullaje nocturno.

El golpe de mano nos tomó de sorpresa. A esa hora muerta del alba, cabeceando de sueños, Muleque y yo nos hallábamos repasando las bolillas de Civil° para el examen, ante dos jarros de mate cocido, ya frío, en la sala de transmisión.

> **bolillas de Civil** lessons in Civil Law

Muleque se llama en realidad José del Rosario Cañete. En una "revolución" anterior, siendo conscripto, dejó la pierna a cambio de la cual le dieron la papeleta de baja° y las muletas° que tiene. Lo apodamos Muleque por eso, por los palos y por su rizado pelo de zambo.° Es radio-operador como yo; pero no se contenta con su puestito en Transradio y quiere ser abogado. El fue quien me decidió a reanudar mis estudios en la Facultad. Por eso elegimos el turno de la noche, para estudiar en las horas baldías de la guardia. Así también, desde el año pasado, empujado por Muleque, entré en el movimiento clandestino. No es mucho, sin embargo, lo que podemos hacer; sólo de cuando en cuando alguna que otra información interesante. Disponemos del código para los cifrados de Relaciones Exteriores. Así fue que, entre los comadreos protocolares, nos enteramos por casualidad del asunto de los contrabandos en que está metida la claque del presidente. Esto ocurrió cuando la Interpol° agarró° al secretario de la cancillería, en uno de sus viajes de "inspección." Naturalmente, no le pudieron probar nada. El salvavida de la "inmunidad diplomática" lo reflotó en el acto, y hasta se cambiaron corteses explicaciones y excusas de gobierno a gobierno.

> **papeleta de baja** discharge papers
> **muletas** crutches
> **zambo** son of black and Indian
> **Interpol** international police
> **agarró** caught

Por eso el código de la cancillería no nos sirve de mucho. El ejército ha organizado su propia red de emisoras;° por allí se nos escapan los peces gordos: todo el asunto de las guerrillas, por ejemplo. Y también los líos internos de

> **red de emisoras** net of radio stations

la aparentemente apacible vida castrense.°

Hace algún tiempo que andamos inactivos, un poco olvidados de nuestro papel, lo que ha aumentado el mal humor de Muleque, volviéndolo retraído y taciturno. Yo trato de tomarlo a broma, qué se va a hacer. Pero ahora en verdad la cosa va en serio.

Cuando el pelotón entró como una tromba,° nos quedamos clavados en las sillas. Uno de los números estuvo a punto de dar un culatazo° a Muleque porque lo vio manotear° sobre sus muletas y creyó que iba a repelerlos a garrotazos.°

—¡Muchachos, a trabajar ahora para la revolución!— nos dijo el oficial después de calmar a los suyos.

Un centenar de soldados con equipo de campaña y profusión de automáticas se fortificaron en el edificio. Los técnicos de Transradio y los demás empleados fuimos traídos a atender los conmutadores de la planta automática, quedando atrapados en la ratonera. La transición fue brusca y nos despabiló° en el acto. Al enterarnos de que esos efectivos formaban parte de las tropas sublevadas, nuestro temor creció. La Telefónica está situada en una de las partes más elevadas de la ciudad, frente al río, y las telarañas metálicas de sus antenas ofrecen un punto de referencia inequívoco para el artillero más cegato. Pese a todo, el enérgico capitancito se nos antojó menos fastidioso, como si su condición de insurrecto hiciera tolerable su presencia allí. Ya que podía imponer nuestra colaboración con las bayonetas que trajinaban° los pasillos optamos por simular que era espontánea, fumándonos a cambio los cigarrillos que nos distribuía de vez en cuando. Al rato pujábamos° todos en el manipuleo de los controles como si de nosotros dependiera el triunfo del alzamiento° militar. Lo hacíamos para quedar bien, pero, en el fondo, para esconder nuestro pánico. La única compensación, como digo, era el aroma no frecuente para nosotros de esos *Lucky* que tratábamos de hacer durar hasta el último restito del pucho.°

—¿Qué te parece?— le pregunté en voz baja a Muleque en un descuido.

—No sé... Vamos a ver...— dijo crispado, atento, como en acecho de algo que estaba sucediendo más allá de lo

castrense military

entró como una tromba stormed in

culatazo blow with the butt-end of a gun

manotear wipe his hands

garrotazos blows with cudgel

despabiló woke up

trajinaban traveled about

pujábamos struggled

alzamiento uprising

pucho cigar stump

confusamente percibido por nosotros. Sólo poco a poco las cosas se nos fueron aclarando a través de las conversaciones intervenidas, de los nerviosos partes y comunicados del gobierno y de los insurrectos, que se contradicen mutuamente, pero que a su vez se complementan.

No menos de cinco mil hombres por bando están enfrentados en un radio de pocos kilómetros desde hace diez horas. Si aún no se ha desencadenado el fuego, es por uno de esos desajustes que incomprensiblemente introduce el azar° en el mecanismo de los hechos. Mientras manudearon en la mañana los cabildeos° entre parlamentarios del gobierno y los sublevados, era claro que estaban aguardando a que otras unidades se definieran. Pero después del mediodía eso dejó de tener sentido; para esa hora, la última de las guarniciones indecisas se había plegado a la revuelta.° El gobierno empero° continúa empacado en su intransigencia, a despecho de° que el equilibrio de fuerzas se ha quebrado en su contra. La autoridad del general presidente no está en discusión. Por encima de las incidencias insurreccionales, como de costumbre, él seguirá siendo el presidente, a tuertas o derechas;° "presidente," por aquello de que es el *capo*° en un país que es un gran presidio. Lo único que reclaman los sublevados es un cambio de gabinete, que consideran suficiente para neutralizar el malestar de la población. Con el deterioro del régimen y su corrompida claque, la resistencia civil ha crecido amenazadoramente rompiendo la tierra en todas partes. Han sucedido cosas extraordinarias, increíbles un año atrás: huelgas, tumultos estudiantiles y obreros, reprimidos salvajemente por la policía de Orden Público, por la *Military Police* y hasta por batallones del ejército. Hemos visto rodar los caballos en las corridas al resbalar sus cascos sobre los ríos de bolitas lanzadas por los estudiantes sobre el asfalto, o encabritarse° por los honditazos de los escolares, tumbando a sus armados jinetes. Las calles de los tumultos quedaban sembradas de cascos blancos y grises y verdeoscuros como cáscaras de sandías. En la huelga de abril, los estudiantes de medicina, sitiados en el edificio de la Facultad, tuvieron que electrizar las verjas° para defender su reducto. Varios de los asaltantes que trepaban por ellas quedaron electrocutados sobre los pinchos. Luego

azar hazard

cabildeos lobbying

revuelta revolt
empero however
a despecho de in spite of

a tuertas o derechas rightly or wrongly
el capo big shot

encabritarse to rear

verjas gates, railing

cortaron la corriente y los estudiantes fueron arreados a culatazos, ignorándose hasta hoy la suerte de los cabecillas.

Como los diarios no traen esas noticias, el "periodismo" mural las recoge y publica con letras gordas y apuradas; pese a los ametrallamientos, las paredes amanecen tatuadas cada día, en los sitios más expuestos; han aparecido inscripciones hasta en las paredes de la policía. ¡*Abajo la tiranía!*... sentencian las "pintadas"; o: ¡*Mueran los torturadores y hambreadores del pueblo!*...; o: ¡*Tierra... pan y libertad!*...

Inútilmente los *jeeps* policiales tratan de ahuyentar° a los "periodistas" nocturnos con el chisporroteo° de sus ráfagas.° Cuando son agarrados vivos, los obligan a borrar las pintadas con las uñas y hasta con los dientes. Los dedos y las encías acaban por sangrar sobre las tapias, pero entonces esas manchas de sangre dan a las borratinas una elocuencia especial. Las pintadas se reproducen cada

ahuyentar to drive away

chisporroteo sparkling

ráfagas bursts (of gunfire)

vez en mayor escala. La gente las lee y sabe lo que ocurre; comprometen hasta a los más indecisos y pusilánimes.° En el campo, las cosas no andan mejor. Los pequeños plantadores comienzan a organizarse para conseguir precios menos negreros, o se permiten el lujo de resistir los precios oficiales quemando las cosechas y amontonándolas en inmensas parvadas sobre los caminos. Tienen que ir los camiones del ejército a limpiar las rutas. Los peones de los obrajes y los campesinos sin tierra, que son los más, continúan emigrando allende° fronteras; son los braceros "golondrinas," muchos de los cuales regresan incorporándose a las guerrillas que comienzan a pulular° en los bosques y esteros. Los regimientos de más probada lealtad al gobierno han sido destacados a exterminarlas a cualquier precio. Tienen la consigna de no dejar un solo guerrillero vivo. Al principio, los que caían prisioneros eran torturados hasta la muerte en presencia de los pobladores, que eran convocados para presenciar el escarmiento; luego arrojaban los cadáveres atrozmente mutilados al río. Pero como muchos de estos boyantes testimonios de la ferocidad del régimen fueron recogidos en la otra costa por las patrullas de las prefecturas fronterizas y la opinión internacional comenzó a alborotarse,° las fuerzas de represión recibieron órdenes de llevar a los prisioneros —o lo que quedaba de ellos— en transportes aéreos y arrojarlos sobre las selvas vírgenes, que de seguro serían menos indiscretas que el gran río.

Para calmar esta intranquilidad que se ha hinchado en todo el país con la levadura° de la acción revolucionaria clandestina, es que el ejército se ha sublevado, ganando de mano al inminente levantamiento popular. Pero también a causa del descontento que está fermentando en sus propias filas. Desde hace más de un año, las guarniciones se hallan acuarteladas con el pretexto de intermitentes conspiraciones, y evidentemente el espíritu castrense no tiene por qué ser confundido con el espíritu monástico. Lo que las fuerzas armadas exigen no es mucho; es un planteo moderado, lleno de prudencia, de circunspección. Piden un gabinete militar, lo que se llama un gabinete de técnicos, al que la habitual insidia de la oposición no tardará en colocar, si se produce, las socarronas comillas.°

pusilánimes cowards

allende beyond

pulular swarm

alborotarse to get restless

levadura spirit

socarronas comillas quotation marks around "técnicos" question the appropriateness of the word since officers are not experts in government

Así están las cosas; el gobierno ha perdido la partida y tiene que responder de alguna manera al ultimátum rebelde. Probablemente tendrá que ceder; pero el general es muy astuto, no es la primera vez que se ve en figurillas y siempre ha encontrado forma de salir del paso.° No obstante, la ruptura de hostilidades se retarda de un modo inexplicable, penduleando de un instante a otro con su pavorosa amenaza. La confusión y el desaliento cunden° entre las fuerzas que están frente a frente, desgastadas por la nerviosidad y el calor de este día verdaderamente infernal. Ya no es el mutuo temor o el juego inestable de los cabildeos lo que las mantiene paralizadas. Es preciso admitir la presencia de algún otro factor imponderable que ha rebasado el poderío de las armas, volviéndolo en cierta manera inocuo.°

salir del paso to get out of a jam

cunden spread

inocuo harmless

Algo de eso sentimos cuando Muleque, que había ido al baño, regresó taqueando muy excitado y dijo ya en voz alta, sin cuidarse de los números que nos vigilaban:

—¡Se están reuniendo en la Plaza de Armas!

—¿Quiénes?

—¡Mujeres!

—¿Qué mujeres?

—¡Qué sé yo! ¡Mujeres de todo pelo y marca!

Un momento antes habíamos percibido un débil rumoreo que emergía de las calles traqueteantes bajo las ruedas de los carros de asalto, de los *jeeps,* de las cureñas, de los millares de zapatones claveteados. Acaso la sensible vibración del susurro la habíamos sentido más en la piel que en los oídos, por entre todo ese fragor.

Subimos por turno a las azoteas. Muleque me dijo algo, pero no le presté atención en ese momento. Efectivamente están allí, en la Plaza de Armas, formando una compacta muchedumbre. El sol de esta tarde de diciembre que incinera las calles, no las ha hecho cejar,° pero no las acobardan tampoco las ametralladoras que erizan° los balcones y las terrazas del Palacio de Gobierno, del viejo Cabildo, las troneras del Colegio Militar y del Cuartel Central de Policía. Los sublevados han tendido un cinturón de cantones en torno al triángulo defensivo del gobierno; uno de ellos es el de la Telefónica, desde donde podemos observar la aproximada distribución de las fuerzas. Este

cejar to slacken

erizan bristle

triángulo tiene en la Plaza de Armas su campo de tiro for-
zoso; es el sector ubicado° entre dos fuegos, algo así como
la tierra de nadie, en el enfrentamiento de los dos bandos,
para esta batalla cuyo estallido° se demora indefinidamente. Allí están ellas; desde arriba se las ve muy pequeñas
recortándose sobre el rojo pedregullo de la plaza que
llamea° bajo el sol. Los *jeeps*, los camiones armados y los
coches de lujo con chapas oficiales pasan y se entrecruzan
como exhalaciones sobre el fondo de siluetas oscuras e
inmóviles. A lo largo de la calle transversal que baja hacia
las barrancas sólo divisamos parte de la aglomeración.
Nuevos grupos de mujeres afluyen por las calles. Bajo el
sol a plomo las siluetas se yerguen° sin sombra, sombras
ellas mismas con los mantos oscuros. Casi todas parecen
enlutadas en la salvaje reverberación que las iguala y
apelmaza° en un denso y a la vez transparente hacina-
miento.°

Parpadeamos asombrados.

—Seguro habrán traído comida a los soldados...— insi-
nuó alguien.

—¡Como para comidas están ellos!

—Los condenados a muerte también comen. La última
comida es siempre la más rica...— ironizó otro.

—Se habrán juntado para algún funeral...

—¿Por dónde habrán podido llegar?

—Por el bajo, por detrás del Cabildo.

—Allí está el Ministerio del Interior. No las hubieran
dejado.

—Por el lado del puerto entonces.

—Allí está el Palacio. El Escuadrón Escolta no dejaría
pasar ni una mosca.° La otra vez hasta a unas monjas ba-
learon porque iban pasando frente a la casa del presidente
y no oyeron cuando las altearon.

—Ya sé...— dijo uno. —Han venido desde la Catedral
y el Seminario Viejo. ¡Debe de ser una procesión por el
Día de la Virgen!

—Ya pasó el 8 de diciembre.

—Por la octava° entonces.

—Ya pasó la octava.

Era posible, sin embargo, que las tropas las hubiesen dejado pasar y reunirse en la creencia de que se trataba de

ubicado	situated
estallido	outburst
llamea	flames, burns
se yerguen	stand erect
apelmaza	compresses
hacinamiento	pile
mosca	fly
la octava	eight days that follow certain religious fiestas

una procesión religiosa, formada exclusivamente por mujeres. Pero eso mismo era disparatado. Lo primero que se adivina en el gentío es que su actitud, si bien puede confundirse con un aire de fervor religioso, no tiene nada de esa sumisión propiciatoria que suele ser su signo distintivo, nada de esa pasividad *por delegación* en que las procesiones parecen anclar.° Este gentío está encallado en un tozudo empecinamiento,° en una especie de irrevocable confianza en las propias, limitadas, débiles fuerzas. Si se pudiera oírlo desde aquí, se diría que el rumor sube y se apaga por momentos, en algo distinto a un bisbiseo° de plegarias, como si la multitud deliberara en voz baja. Pero uno no puede más que imaginarlo. Cuando me volví hacia los soldados, vi las caras absortas, tendidas hacia la plaza, en una especie de indefinible ansiedad.

Alrededor de las dos de la tarde, empezaron a recibirse las primeras noticias de las zonas bajo control rebelde, a medida que se iban normalizando las líneas. Aparentemente, en el interior del país se están produciendo manifestaciones similares a la de la Plaza de Armas. En todas las ciudades y poblados donde existen guarniciones militares, silenciosas caravanas de mujeres se han congregado frente a los cuarteles. Es casi increíble, salvo que se trate de un fenómeno de sugestión colectiva. Quise hablar con Muleque, pero el capitán se puso muy irritado y empezó a comunicarse a voz en cuello° con los demás grupos de Transmisiones, que uno tras otro iban confirmando la noticia.

Aprovechando el creciente desorden en la sala de controles, procuramos deslizarnos° hacia la azotea con cualquier pretexto. Abajo, los *jeeps* de la *Military Police* y las camionetas de radio-patrulla del ejército zumban excitados como cascarudos a ras de tierra en amenaza de tormenta. Ahí están ellas, impávidas,° obcecadas,° en esa tierra de nadie preñada de muerte, reverberante y sombría a la vez; allí y en todos los otros lugares donde se han reunido a impulsos de ese designio que se ha propagado como una onda magnética.

Serían las tres cuando una camioneta empezó a girar alrededor del gentío atronando el aire caldeado con sus poderosos altoparlantes. Subimos otra vez a la disparada tras el capitán completamente empapado,° la chaquetilla,

anclar anchor

encallado...
empecinamiento
stuck in obstinacy

bisbiseo muttering

a voz en cuello at the
top of his voice

deslizarnos slip off

impávidas fearless
obcecadas obstinate

empapado soaked

los pantalones pegados a los huesos. Por los altoparlantes intimaban a las mujeres a dispersarse, bajo amenaza de que serían ametralladas. Mientras la camioneta seguía dando vueltas en torno a la plaza repitiendo la intimación, la multitud permaneció inmóvil y silenciosa. Nos miramos con Muleque; él parecía saber. Me hizo un gesto imperceptible.

—¡Váyanse... circulen!— continuaron tronando los altavoces. Los ecos del vozarrón no permitían escuchar claramente las palabras. —¡Desalojen° la plaza!... ¡Váyanse... abrir el fuego!...

Desalojen Move out

La multitud no se movió. No entendía sin duda para qué le ordenaban retirarse de un lugar tan peligroso, si de todos modos iba a ser ametrallada. De pronto, por los altoparlantes se oyó en fragmentos esta inesperada invitación:

—¡Atención!... ¡Venga una de ustedes... explicar lo que quieren... hablar por los parlantes!... ¡Atención... atención!...

Una vez más se nos antojó que allá, a lo lejos, las siluetas enlutadas, pequeñísimas, juntaban sus cabezas como en consejo, que un bisbiseo confidencial se propagaba entre ellas. Me volví hacia el capitán; su cara estaba vítrea,°

vítrea glassy

seca, como esmerilada.° Los soldados respiraban fuerte   **esmerilada**   polished
junto a los trípodes, pero se notaba que la causa mayor
de su sofoco no era el calor exterior, sino esa tremenda
ansiedad que los invadía por dentro con el amago de una
insolación. El capitán les pegó cuatro gritos. Se remo-
vieron maquinalmente, los sargentos y cabos inclusive, sin
poder despegar los ojos de aquello.

En ese momento escuchamos la voz de la mujer. No
podíamos ver a la que hablaba, pero la voz dura, fuerte,
vibrante de su propio furor e indignación, se expandió por
la plaza y retumbó en las calles con una nitidez° y una   **nitidez**   neatness
potencia crecientes. Ahora los altavoces no producían
ningún rechinamiento;° cada palabra resonaba amplifica-   **rechinamiento**
da por los ecos como si hablaran y se correspondieran   squeaking
al mismo tiempo muchas voces.

—¡No vamos a irnos!... ¡Pueden ametrallarnos si quieren!... ¡Se está preparando la matanza de nuestros hijos!...
¿Para qué?... ¿Es acaso para defender la patria contra los
que la oprimen ?... ¡No!...

La voz calló estrangulada. Era evidente que alguien procuraba amordazar y retirar a la que hablaba, o en todo caso tapar el micrófono. Los ecos golpearon aún los vidrios
a nuestras espaldas con el levísimo chirrido. Una vez más,
como en lucha, la voz clamó:

—¡Hacemos un llamado a nuestros hijos!... ¡Dejen las
armas... abandonen los cuarteles, los cantones, los retenes,° los puestos!... ¡Dejen las ar...!   **retenes**   reserves

De nuevo han estrangulado la voz. Hay un silencio se-
pulcral; han cortado los contactos de seguro. Estamos
atontados. La estupefacción debe petrificar también a los
de la camioneta. Sólo un instante después los altavoces
distorsionados al máximo se ponen a ulular con aullidos
de rabia impotente. Pero la mujer ya ha dicho lo que tiene   **baraúnda**   confusion
que decir. En medio de la baraúnda,° despepitando° mucho   **despepitando**   straining
los ojos, podemos ver o se nos antoja ver una pequeña
figura arrojada a empellones, a culatazos, y el gentío empieza a moverse.

En distintos sitios rompe a crepitar° un fuego graneado.   **crepitar**   to crackle
Muleque se vuelve hacia los soldados y les grita exaltado
que no tiren. Los que han hecho chasquear los cerrojos,
bajan poco a poco las armas. El capitán desenfunda la

pistola y dispara varias veces contra Muleque, que se derrumba sobre el antepecho, girando sobre sí mismo hasta quedar enganchado° de los sobacos,° de cara a la plaza. El no puede ver ahora que los soldados de nuestro cantón se abstienen de disparar. Blandiendo la pistola, como un energúmeno,° el capitán les ordena que lo hagan. Pero ellos no se mueven. Se abalanza contra los sirvientes de una automática. No puede llegar. Una ráfaga lo tumba de bruces,° se retuerce un instante convulsivamente y queda inmóvil.

Al levantar las miradas, veo lo indecible. Las murallas del Colegio Militar negrean de arracimadas° cabezas en el resplandor ígneo de la tarde, luego van quedando vacías en un frenético rebullir.° Los más apurados se descuelgan desde las troneras. Parecen racimos de hormigas deslizándose contra la blancura calcárea de las murallas. Las puertas se abren a poco y vomitan elásticas siluetas. Es una deserción en masa. Los jóvenes cadetes se han hecho pasibles de ser fusilados por la espalda. Avanzan hacia la plaza, formando una muralla de pechos humanos. El estrépito° se agiganta allí. Los carros de asalto llegan raudamente° para ametrallar a los desertores, pero los hombres de la tropa, muchachos, adolescentes, niños casi, desacatan,° no escuchan, no pueden oír las órdenes, los gritos espasmódicos, sordos a todo lo que no sea ese retumbo que nos llena y nos manda desde dentro.

En un abrir y cerrar de ojos se consuma otra deserción en masa, que deja boqueando y manoteando de ciega impotencia a unos grotescos muñecos. Vociferan y chillan en las plataformas de los carros vacíos. No se les ve sino los agujeros negros de las bocas en medio del fragor. Aferran° las automáticas, pero son reducidos por una nueva oleada de combatientes, invisibles hasta ese momento. Desde las casas, desde las barrancas, irrumpen grupos cada vez más numerosos de civiles que se apoderan de los nidos de ametralladoras y de los carros de asalto.

—¡Ellos..., son ellos, Miguel!...— murmura Muleque. Los cadetes, los efectivos de los batallones desintegrados se pliegan y aposicionan con las brigadas de liberación cuyas vanguardias avanzan inconteniblemente hacia el Palacio de Gobierno. Allí se combate ahora.

enganchado hanging

sobacos armpits

energúmeno devilish person

de bruces face downward, prone

arracimadas clustered

rebullir stir

estrépito noise

raudamente rapidly

desacatan treat with disrespect

Aferran They grasp

He quedado solo con Muleque. Lo desprendo del antepecho. Ya no ve los cadáveres en las calles, ni el torrente
humano que pasa en avalancha por encima de ellos. Está
empapado en su sangre. Le pongo suavemente sus muletas
como almohada. En sus ojos agónicos comprendo que flota
ya a medias fuera del mundo. Pero él debe escuchar todavía el fragor del combate, el ruido de los pasos, de los
millares de pasos sobre las piedras, entre ellos los suyos,
aún los de ese pie que le comió la revolución, en esta victoriosa marcha con la que ha soñado tanto tiempo. Me tiene agarrada una mano. Sus labios amoratados se mueven
con esfuerzo:

   —¡Vamos... a los conmutadores!...— susurra° débil-   **susurra** he whispers
mente. —Ayúdame, Miguel...

   —Sí, Muleque...

   —¡Tenemos que... transmitir la noticia!...— lo último es   **siseo** repetitious
ya apenas el siseo° de un estertor.°   sound of s

   Me cuesta cerrar los párpados en ese rostro que alumbra   **estertor** deep snore
la sonrisa de un muerto. Después bajo corriendo.

Augusto Roa Bastos

I.   Ejercicios

A.   Para discusión

1. ¿Quiénes se habían reunido? ¿Por qué?
2. ¿Cuál fue el primer lugar tomado por los revolucionarios del ejército?
3. ¿Era cierto lo que decía el despacho que habían enviado las agencias extranjeras?
4. ¿Por qué no le hicieron caso al avión que sobrevolaba la ciudad?
5. ¿Cómo sabían que el avión que sobrevolaba era algo serio?
6. ¿Cómo se daban cuenta de las cosas ilegales que ocurrían en el gobierno?
7. ¿Cuál fue la reacción del oficial después de ser sorprendido por el pelotón?
8. En realidad, ¿qué trataban de esconder Muleque y Miguel al manipular los controles con tanto empeño?
9. ¿Cuántos soldados están situados a pocos kilómetros?
10. ¿Qué es lo único que reclaman los sublevados?
11. ¿Cómo defendieron su reducto los estudiantes en la huelga de abril?
12. ¿Cuáles son algunas de las inscripciones puestas en las paredes por los sublevados?
13. ¿Por qué comienzan a organizarse los pequeños plantadores y qué hacen?
14. ¿Cómo castigaba el gobierno a cada guerrillero que capturaba?
15. ¿Qué es lo que exigen las fuerzas armadas?
16. ¿Qué mantenía paralizadas a las fuerzas?
17. ¿Qué ocurre en la Plaza de Armas?
18. ¿Qué pasa dondequiera que haya guarniciones militares?
19. ¿Cuál era el propósito de los altoparlantes?
20. ¿Qué dijo la mujer que habló como representante del grupo en la Plaza de Armas?
21. ¿Por qué les ordena el capitán a los soldados revolucionarios que disparen?
22. ¿Qué hicieron los jóvenes cadetes y cuál fue su resultado?
23. ¿Qué noticia van a transmitir Muleque y Miguel?

B.   Complete Ud. según el cuento.

1. El verdadero nombre de Muleque era _____.

2. Muleque recibió _____ porque había perdido una pierna en la revolución.

3. Miguel reanudó sus estudios en la Facultad por _____.

4. _____ con equipo de campaña y profusión de automáticas se fortificaron en el edificio.

5. _____ son reprimidos salvajemente por la policía y el ejército.

6. La policía obligaba a los "periodistas" nocturnos a borrar las pintadas con _____ .

7. Los braceros "golondrinas" son _____ .

8. La opinión internacional comenzó a alborotarse a causa de _____ .

9. "La tierra de nadie" era _____ .

10. Antes de morir, Muleque alcanzó a ver la _____ , sueño de su vida.

C. Escoja usted.

1. El movimiento de tropas era _____ _____ .
   a. algo nuevo
   b. algo de costumbre
   c. algo sospechoso

2. Le dieron el apodo Muleque por _____ .
   a. su mal carácter
   b. su origen de zambo
   c. su pelo y los palos

3. Los sublevados se apoderaron de _____ .
   a. la Telefónica
   b. la Interpol
   c. la Facultad

4. El "periodismo" mural fue resultado de la _____ _____ .
   a. nueva tendencia nacionalista en la pintura
   b. reacción del ejército
   c. exclusión de ciertas noticias

5. Las tropas del gobierno dejaron entrar a las mujeres porque no sospecharon que era _____ .
   a. una procesión religiosa
   b. ayuda para ellos
   c. una manifestación

II.   Ejercicios creativos (oral o escrito)

1. Este movimiento estudiantil, obrero y popular, tuvo lugar en el Paraguay. ¿Podría suceder esto en los Estados Unidos, México, España, Cuba u otros países del mundo?

2. Hoy día el movimiento estudiantil es de significante impor-
    tancia. También se les escucha más que antes. ¿Cuáles son
    algunas de las causas del descontento de los estudiantes?
    ¿Qué soluciones propone usted para remediar dicho descon-
    tento?

el Drama

Miguel de Unamuno

Miguel de Unamuno (1864-1936) Nació Miguel de Unamuno en Bilbao, el País Vasco, el 29 de septiembre de 1864. A los seis años quedó huérfano de padre. Hizo sus estudios superiores de Filosofía y Letras en Madrid entre 1880 y 1884. En 1884 recibió el doctorado con una memoria sobre el vascuence. Como no le gustó Madrid, regresó a Bilbao a dedicarse al estudio y a la preparación de oposiciones de cátedras de universidad. Después de fracasar varias veces —psicología, lógica, ética, latín— obtuvo la cátedra de Lengua y Literatura griegas en Salamanca. De ahora en adelante era Unamuno un infatigable escritor.

En 1914 perdió el cargo de rector por sus actividades políticas. Escribió en contra de la monarquía española en la guerra europea. Fue condenado a cárcel y finalmente el Gobierno lo desterró a las Islas Canarias. De allí escapó a París. Volvió a España en 1930 con la caída de la dictadura. El pueblo español lo aclamó y fue nombrado rector una vez más de la Universidad de Salamanca. Murió el 31 de diciembre de 1936.

Unamuno es la figura más discutida de toda la literatura española en la época moderna. En los diversos géneros —drama, ensayo, novela, verso— expresó sus ideas fundamentales: la muerte, la vida y su patria. Unamuno es el hombre de la lucha, de la contradicción y del escándalo.

Su preocupación es resolver el conflicto entre la razón y la fe. Lo intenta por medio de paradojas, en las cuales hay cierta verdad vital y alógica pero es más emocional que racional. Unamuno escoge la fe sobre la razón. En *La venda*, Unamuno fácilmente puede ser don Juan al afirmar: "La fe es la que da vida."

Su vida fue acongojada, llena de angustia. La duda existía en su fe; por eso era una fe angustiada. Luchó por la eternidad. Su vida fue la lucha del hombre contra lo que está dentro de sí mismo. Se apegó a una introspección sumamente detallada utilizándose él mismo como materia de experimento. De modo que, las experiencias interiores de sus personajes han sido vividas por el propio Unamuno.

La inmortalidad era lo que más buscaba Miguel de Unamuno; ésta la encontró con sus obras literarias. Reitera el mismo tema de la inmortalidad en su gran ensayo de fama mundial, *El sentimiento trágico de la vida,* escrito en 1912.

Algunos títulos de sus obras en los diversos géneros son:

teatro: *Soledad, Sombras de sueño, El mundo es teatro;*
ensayo: *Vida de Don Quijote y Sancho Panza;*
novela: *Paz en la guerra, Abel Sánchez, El espejo de la muerte;*
verso: *Poesías, Rimas de dentro, Cancionero.*

Sin duda ha de causar sorpresa que todo un filósofo escribiera buenas novelas como lo hizo Unamuno. Pero el género de la novela no le satisfizo. Quiere algo más hondo y más humano. Por eso, se inició en el teatro.

El estilo de Unamuno es duro, desconcertante y siempre enormemente expresivo. En sus dramas el conflicto suele estar bien planteado. La acción es directa. No hay diálogos superfluos ni digresiones.

Aunque no se destacó como dramaturgo, se puede apreciar mucho este dramita, *La venda,* por su hondo sentimiento y los ejemplos palpables de paradoja que favorece tanto Unamuno.

La venda

Drama en un acto y dos cuadros

Personajes: **Don Pedro**
Don Juan
María
Señora Eugenia
El padre
Marta
José
Criada

CUADRO PRIMERO

En una calle de una vieja ciudad provinciana.

Don Pedro:
¡Pues lo dicho, no, nada de ilusiones! Al pueblo debemos darle siempre la verdad, toda la verdad, la pura verdad, y sea luego lo que fuere.

Don Juan:
¿Y si la verdad le mata y la ilusión le vivifica?

Don Pedro:
Aun así. El que a manos de la verdad muere, bien muerto está, créemelo.

Don Juan:
Pero es que hay que vivir...

Don Pedro:

¡Para conocer la verdad y servirla! La verdad es vida.

Don Juan:

Digamos más bien: la vida es verdad.

Don Pedro:

Mira, Juan, que estás jugando con las palabras...

Don Juan:

Y con los sentimientos tú, Pedro.

Don Pedro:

¿Para qué se nos dio la razón, dime?

Don Juan:

Tal vez para luchar contra ella y así merecer la vida...

Don Pedro:

¡Qué enormidad! No, sino más bien para luchar en la vida y así merecer la verdad.

Don Juan:

¡Qué atrocidad! Tal vez nos sucede con la verdad lo que, según las Sagradas Letras, nos sucede con Dios, y es que quien le ve se muere...

Don Pedro:

¡Qué hermosa muerte! ¡Morir de haber visto la verdad! ¿Puede apetecerse otra cosa?

Don Juan:

¡La fe, la fe es la que nos da vida; por la fe vivimos, la fe nos da el sentido de la vida, nos da a Dios!

Don Pedro:

Se vive por la razón, amigo Juan; la razón nos revela el secreto del mundo, la razón nos hace obrar...

Don Juan:

(Reparando en María.) ¿Qué le pasará a esa mujer?
(Se acerca María como despavorida° y quien no sabe   **despavorida** frightened
dónde anda. Las manos extendidas, palpando° el aire.)   **palpando** touching

María:

¡Un bastón,° por favor! Lo olvidé en casa.   **bastón** cane

Don Juan:

¿Un bastón? ¡Ahí va! *(Se lo da. María lo coge.)*

María:

¿Dónde estoy? *(Mira en derredor.)* ¿Cuál es el camino? Estoy perdida. ¿Qué es esto? ¿Cuál es el camino? Tome, tome; espere. *(Le devuelve el bastón.*
María saca un pañuelo y se venda con él los ojos.)

Don Pedro:

Pero, ¿qué está usted haciendo, mujer de Dios?

María:

Es para mejor ver el camino.

Don Pedro:

¿Para mejor ver el camino taparse° los ojos? ¡Pues   **taparse** to cover
no lo comprendo!

María:

¡Usted no, pero yo sí!

Don Pedro:

(A Don Juan, aparte.) Parece loca.

María:

¿Loca? ¡No, no! Acaso no fuera peor. ¡Oh, qué
desgracia, Dios mío, qué desgracia! ¡Pobre padre!
¡Pobre padre! Vaya, adiós y dispénsenme.

Don Pedro:

(A Don Juan.) Lo dicho, loca.

Don Juan:

(Deteniéndola.) Pero, ¿qué le pasa, buena mujer?

María:

(*Vendada ya.*) Déme ahora el bastón, y dispénsenme.

Don Juan:

Pero antes explíquese...

María:

(*Tomando el bastón.*) Dejémonos de explicaciones, que se muere mi padre. Adiós. Dispénsenme. (*Lo toma.*) Mi pobre padre se está muriendo y quiero verle; quiero verle antes que se muera. ¡Pobre padre! ¡Pobre padre! (*Toca con el bastón en los muros de las casas y parte.*)

Don Pedro:

(*Adelantándose.*) Hay que deternerla; se va a matar. ¿Dónde irá así?

Don Juan:

(*Deteniéndole.*) Esperemos a ver. Mira qué segura va, con qué paso tan firme. ¡Extraña locura!...

Don Pedro:

Pero si es que está loca...

Don Juan:

Aunque así sea. ¿Piensas con detenerla, curarla? ¡Déjala!

Don Pedro:

(*A la señora Eugenia, que pasa.*) Loca, ¿no es verdad?

Señora Eugenia:

¿Loca? No, ciega.

Don Pedro:

¿Ciega?

Señora Eugenia:

Ciega, sí. Recorre así, con su bastón, la ciudad toda

y jamás se pierde. Conoce sus callejas y rincones todos. Se casó hará cosa de un año, y casi todos los días va a ver a su padre, que vive en un barrio de las afueras. Pero, ¿es que ustedes no son de la ciudad?

Don Juan:

No, señora; somos forasteros. °   **forasteros** strangers

Señora Eugenia:

Bien se conoce.

Don Juan:

Pero diga, buena mujer, si es ciega, ¿para qué se venda así los ojos?

Señora Eugenia:

(*Encogiéndose de hombros.*) Pues si he de decirles a ustedes la verdad, no lo sé. Es la primera vez que le veo hacerlo. Acaso la luz le ofenda...

Don Juan:

¿Si no ve, cómo va a dañarle la luz?

Don Pedro:

Puede la luz dañar a los ciegos...

Don Juan:

¡Más nos daña a los que vemos!

(*La criada, saliendo de la casa y dirigiéndose a la señora Eugenia.*)

Criada:

¿Ha visto a mi señorita, señora Eugenia?

Señora Eugenia:

Sí; por allá abajo va. Debe de estar ya en la calle del Crucero.

Criada:

¡Qué compromiso, Dios mío, qué compromiso!

Don Pedro:

(A la criada.) Pero dime, muchacha: ¿tu señora está ciega?

Criada:

No, señor; lo estaba.

Don Pedro:

¿Cómo que lo estaba?

Criada:

Sí; ahora ve ya.

Señora Eugenia:

¿Qué ve?... ¿Cómo..., cómo es eso? ¿Qué es eso de que ve ahora? Cuenta, cuenta.

Criada:

Sí, ve.

Don Juan:

A ver, a ver eso.

Criada:

Mi señorita era ciega, ciega de nacimiento, cuando se casó con mi amo, hará cosa de un año; pero hace cosa de un mes vino un médico que dijo podía dársele la vista, y le operó y le hizo ver. Y ahora ve.

Señora Eugenia:

Pues nada de eso sabía yo...

Criada:

Y está aprendiendo a ver y conocer las cosas. Las toca cerrando los ojos y después los abre y vuelve a tocarlas y las mira. Le mandó el médico que no saliera a la calle hasta conocer bien la casa y lo de la casa, y que no saliera sola, claro está. Y ahora ha venido no sé quién a decirle que su padre está muy malo, muy malo, muriéndose, y se empeñaba° en ir [se empeñaba persisted] a verle. Quería que le acompañase yo, y es natural, me he negado a ello. He querido impedírselo, pero se me ha escapado. ¡Vaya un compromiso!

Don Juan:

(A don Pedro.) Mira, mira lo de la venda; ahora me
lo explico. Se encontró en un mundo que no conocía
de vista. Para ir a su padre no sabía otro camino que
el de las tinieblas. ¡Qué razón tenía al decir que se
vendaba los ojos para mejor ver su camino! Y ahora

volvamos a lo de la ilusión y la verdad pura, a lo de
la razón y la fe. *(Se van.)*

Don Pedro:
(Al irse.) A pesar de todo, Juan, a pesar de todo...
(No se les oye.)

Señora Eugenia:

Qué cosas tan raras dicen estos señores, y dime: ¿y qué va a pasar?

Criada:

¡Yo qué sé! A mí me dejó encargado el amo, cuando salió a ver al abuelo —me parece que de ésta se muere— que no se le dijese a ella nada, y no sé por quién lo ha sabido...

Señora Eugenia:

¿Conque dices que ve ya?

Criada:

Sí; ya ve.

Señora Eugenia:

¡Quién lo diría, mujer, quién lo diría, después que una la ha conocido así toda la vida, cieguecita la pobre! ¡Bendito sea Dios! Lo que somos, mujer, lo que somos. Nadie puede decir "de esta agua no beberé." Pero dime: ¿así que cobró° vista, qué fue lo primero que hizo?

cobró   recovered

Criada:

Lo primero, luego que se le pasó el primer mareo, pedir un espejo.

Señora Eugenia:

Es natural...

Criada:

Y estando mirándose en el espejo, como una boba, sintió rebullir° al niño, y tirando el espejo se volvió a él, a verlo, a tocarlo...

rebullir   to move

Señora Eugenia:

Sí; me han dicho que tiene ya un hijo...

Criada:

Y hermosísimo... ¡Qué rico! Fue apenas se repuso del parto cuando le dieron vista. Y hay que verla con el niño. ¡Qué cosa hizo cuando le vio primero! Se quedó mirándole mucho, mucho, mucho tiempo y se echó a llorar.° "¿Es esto mi hijo?" decía. "¿Esto?" Y cuando le da a mamar le toca y cierra los ojos para tocarle, y luego los abre y le mira y le besa y le mira a los ojos para ver si le ve, y le dice: "¿Me ves, ángel? ¿Me ves, cielo?" Y así...

se echó a llorar started to cry

Señora Eugenia:

¡Pobrecilla! Bien merece la vista. Sí, bien la merece, cuando hay por ahí tantas pendengonas° que nada se perdería aunque ellas no viesen ni las viese nadie. Tan buena, tan guapa... ¡Bendito sea Dios!

pendengonas busybodies

Criada:

Sí, como buena, no puede ser mejor...

Señora Eugenia:

¡Dios se la conserve! ¿Y no ha visto aún a su padre?

Criada:

¿Al abuelo? ¡Ella no! Al que lo ha llevado a que lo vea es al niño. Y cuando volvió le llenó de besos, y le decía: "¡Tú, tú le has visto, y yo no! ¡Yo no he visto nunca a mi padre!"

Señora Eugenia:

¡Qué cosas pasan en el mundo!... ¿Qué le vamos a hacer, hija?... Dejarlo.

Criada:

Sí, así es. Pero ahora, ¿qué hago yo?

Señora Eugenia:

Pues dejarlo.

Criada:

Es verdad.

Señora Eugenia:

¡Qué mundo, hija, qué mundo!

CUADRO SEGUNDO

Interior de casa de familia clase media.

El padre:

Esto se acaba. Siento que la vida se me va por momentos. He vivido bastante y poca guerra os daré ya.

Marta:

¿Quién habla de dar guerras,° padre? No diga esas cosas; cualquiera creería...

dar guerra   to bother people

El padre:

Ahora estoy bien; pero cuando menos lo espere volverá el ahogo° y en una de éstas...

ahogo   tightness, pain

Marta:

Dios aprieta, pero no ahoga, padre.

El padre:

¡Así dicen!... Pero ésos son dichos, hija. Los hombres se pasan la vida inventando dichos. Pero muero tranquilo, porque os veo a vosotras, a mis hijas, amparadas° ya en la vida. Y Dios ha oído mis ruegos y me ha concedido que mi María, cuya ceguera fue la constante espina de mi corazón, cobre la vista antes de yo morirme. Ahora puedo morir en paz.

amparadas   protected by marriage

Marta:

(Llevándole una taza de caldo.) Vamos, padre, tome, que hoy está muy débil; tome.

El padre:

No se cura con caldos mi debilidad, Marta. Es incurable. Pero trae, te daré gusto. *(Toma el caldo.)* Todo esto es inútil ya.

Marta:

¿Inútil? No tal. Esas son aprensiones,° padre, nada

aprensiones   fears

más que aprensiones. No es sino debilidad. El médico
dice que se ha iniciado una franca mejoría.

El padre:

Sí, es la frase consagrada. ¿El médico? El médico y
tú, Marta, no hacéis sino tratar de engañarme. Sí, sí,
ya sé que es con buena intención, por piedad, hija,
por piedad; pero ochenta años resisten a todo engaño.

Marta:

¿Ochenta? ¡Bah! ¡Hay quien vive ciento!

El padre:

Sí, y quien se muere de veinte.

Marta:

¿Quién habla de morirse, padre?

El padre:

Yo, hija; yo hablo de morirme.

Marta:

Hay que ser razonable...

El padre:

Sí, te entiendo, Marta. Y dime: tu marido, ¿dónde
anda tu marido?

Marta:

Hoy le tocan trabajos de campo. Salió muy de mañana.

El padre:

¿Y volverá hoy?

Marta:

¿Hoy? ¡Lo dudo! Tiene mucho que hacer, tarea para
unos días.

El padre:

¿Y si no vuelvo a verle?

Marta:

¿Pues no ha de volver a verle, padre?

El padre:

¿Y si no vuelvo a verle? Digo...

Marta:

¿Qué le vamos a hacer?... Está ganándose nuestro pan.

El padre:

Y no puedes decir el pan de nuestros hijos, Marta.

Marta:

¿Es un reproche, padre?

El padre:

¿Un reproche? No..., no..., no...

Marta:

Sí; con frecuencia habla de un modo que parece como si me inculpara nuestra falta de hijos... Y acaso debería regocijarse por ello...

El padre:

¿Regocijarme? ¿Por qué, por qué, Marta?...

Marta:

Porque así puedo yo atenderle mejor.

El padre:

Vamos sí, que yo, tu padre, hago para ti las veces° de hijo... Claro, estoy en la segunda infancia..., cada vez más niño...; pronto voy a desnacer...

° **hago las veces** I play the role

Marta:

(*Dándole un beso.*) Vamos, padre, déjese de esas cosas...

El padre:

Sí, mis cosas, las que me dieron fama de raro... Tú siempre tan razonable, tan juiciosa, Marta. No creas que me molestan tus reprimendas...

Marta:

¿Reprimendas, yo? ¿Y a usted, padre?

El padre:

Sí, Marta, sí; aunque con respeto, me tratas como a
un chiquillo antojadizo.° Es natural... *(Aparte.)* Lo   **antojadizo**   capricious
mismo hice con mi padre yo. Mira: que Dios os dé
ventura, y si ha de seros para bien, que os dé también hijos. Siento morirme sin haber conocido un
nieto que me venga de ti.

Marta:

Ahí está el de mi hermana María.

El padre:

¡Hijo mío! ¡Qué encanto de chiquillo! ¡Qué flor de
carne! ¡Tiene los ojos mismos de su madre..., los mismos! Pero el niño ve, ¿no es verdad, Marta? El niño
ve...

Marta:

Sí, ve...; parece que ve...

El padre:

Parece...

Marta:

Es tan pequeñito, aún...

El padre:

¡Y ve ella, ve ya ella, ve mi María! ¡Gracias, Dios mío, gracias! Ve mi María... Cuando yo ya había perdido toda esperanza... No debe desesperarse nunca, nunca...

Marta:

Y progresa de día en día. Maravillas hace hoy la ciencia...

El padre:

¡Milagro eterno es la obra de Dios!

Marta:

Ella está deseando venir a verle, pero...

El padre:

Pues yo quiero que venga, que venga en seguida, en seguida, que la vea yo, que me vea ella, y que le vea como me ve. Quiero tener antes de morirme el consuelo de que mi hija ciega me vea por primera, tal vez por última vez...

Marta:

Pero, padre, eso no puede ser ahora. Ya la verá usted y le verá ella cuando se ponga mejor...

El padre:

¿Quién? ¿Yo? ¿Cuándo me ponga yo mejor?

Marta:

Sí, y cuando ella pueda salir de casa.

El padre:

¿Es que no puede salir ahora?

Marta:

No, todavía no; se lo ha prohibido el médico.

El padre:

El médico..., el médico..., siempre el médico... Pues yo quiero que venga. Ya que he visto, aunque sólo sea

un momento, a su hijo, a mi nietecillo, quiero antes
de morir ver que ella me ve con sus hermosos ojos...

(Entra José.)

El padre:

Hola, José, ¿tu mujer?

José:

María, padre, no puede venir. Ya se la traeré cuando
pasen unos días.

El padre:

Es que cuando pasen unos días habré yo ya pasado.

Marta:

No le hagas caso; ahora le ha entrado la manía de
que tiene que morirse.

El padre:

¿Manía?

José:

(Tomándole el pulso.) Hoy está mejor el pulso, parece.

Marta:

(A José, aparte.) Así; hay que engañarle.

José:

Sí, que se muera sin saberlo.

Marta:

Lo cual no es morir.

El padre:

¿Y el niño, José?

José:

Bien, muy bien, viviendo.

El padre:

¡Pobrecillo! Y ella loca de contenta con eso de ver a
su hijo...

José:

Figúrese, padre.

El padre:

Tenéis que traérmelo otra vez, pero pronto, muy pronto. Quiero volver a verle. Como que me rejuvenece. Si le viese aquí, en mis brazos, tal vez todavía resistiese para algún tiempo más.

José:

Pero no puede separársele mucho tiempo de su madre.

El padre:

Pues que me le traiga ella.

José:

¿Ella?

El padre:

Ella, sí; que venga con el niño. Quiero verla con el niño y con vista y que me vean los dos...

José:

Pero es que ella...

(El padre sufre un ahogo.)

José:

(A Marta.) ¿Cómo va?

Marta:

Mal, muy mal. Cosas del corazón...

José:

Sí, muere por lo que ha vivido; muere de haber vivido.

Marta:

Está, como ves, a ratos tal cual. Estos ahogos se le pasan pronto, y luego está tranquilo, sosegado, habla bien, discurre bien... El médico dice que cuando menos lo pensemos se nos quedará muerto, y que sobre todo hay que evitarle las emociones fuertes. Por eso creo que no debe venir tu mujer; sería matarle...

José:

¡Claro está!

El padre:

Pues, sí, yo quiero que venga.

(Entra María vendada.)

José:

Pero mujer, ¿qué es esto?

Marta:

(Intentando detenerla.) ¿Te has vuelto loca, hermana?

María:

Déjame, Marta.

Marta:

Pero, ¿a qué vienes?

María:

¿A qué? ¿Y me lo preguntas, tú, tú, Marta? A ver al padre antes que se muera...

Marta:

¿Morirse?

María:

Sí; sé que se está muriendo. No trates de engañarme.

Marta:

¿Engañarte yo?

María:

Sí, tú. No temo a la verdad.

Marta:

Pero no es por ti, es por él, por nuestro padre. Esto puede precipitarle su fin...

María:

Ya que ha de morir, que muera conmigo.

Marta:

Pero... ¿qué es eso? *(Señalando la venda.)* ¡Quítatela!

María:

No, no, no me la quito; dejadme. Yo sé lo que me hago.

Marta:

(Aparte.) ¡Siempre lo mismo!

El padre:

(Observando la presencia de María.) ¿Qué es eso? ¿Quién anda ahí? ¿Con quién hablas? ¿Es María? ¡Sí, es María! ¡María! ¡María! ¡Gracias a Dios que has venido!

(Se adelanta María, deja el bastón y sin desvendarse se arrodilla al pie de su padre, a quien acaricia.)

María:

Padre, padre; ya me tienes aquí, contigo.

El padre:

¡Gracias a Dios, hija! Por fin tengo el consuelo de verte antes de morirme. Porque yo me muero...

María:

No, todavía no, que estoy yo aquí.

El padre:

Sí, me muero.

María:

No; tú no puedes morirte, padre.

El padre:

Todo nacido muere...

María:
> ¡No, tú no! Tú...

El padre:
> ¿Qué? ¿Que no nací? No me viste tú nacer, de cierto, hija. Pero nací... y muero...

María:
> ¡Pues yo no quiero que te mueras, padre!

Marta:
> No digáis bobadas. *(A José.)* No se debe hablar de la muerte, y menos a moribundos.

José:
> Sí, con el silencio de la conjura.°   **conjura**   conspiracy

El padre:
> *(A María.)* Acércate, hija, que no te veo bien; quiero que me veas antes de yo morirme, quiero tener el consuelo de morir después de haber visto que tus hermosos ojos me vieron. Pero, ¿qué es eso? ¿Qué es eso que tienes, ahí, María?

María:
> Ha sido para ver el camino.

El padre:
> ¿Para ver el camino?

María:
> Sí; no lo conocía.

El padre:
> *(Recapacitando.)* Es verdad; pero ahora que has llegado a mí, quítatelo. Quítate eso. Quiero verte los ojos; quiero que me veas; quiero que me conozcas...

María:
> ¿Conocerte? Te conozco bien, muy bien, padre. *(Acariciándole.)* Este es mi padre, éste, éste y no otro. Este es el que sembró de besos mis ojos ciegos,

besos que al fin, gracias a Dios, han florecido; el que
me enseñó a ver lo invisible y me llenó de Dios el
alma. *(Le besa en los ojos.)* Tú viste por mí, padre, y
mejor que yo. Tus ojos fueron míos. *(Besándole en
la mano.)* Esta mano, esta santa mano, me guió por
los caminos de tinieblas de mi vida. *(Besándole en la
boca.)* De esta boca partieron a mi corazón las palabras que enseñan lo que en la vida no vemos. Te
conozco, padre, te conozco; te veo, te veo muy
bien, te veo con el corazón. *(Le abraza.)* ¡Este, éste
es mi padre y no otro! Este, éste, éste...

José:

¡María!

María:

(Volviéndose.) ¿Qué?

Marta:

Sí, con esas cosas le estás haciendo daño. Así se le
excita...

María:

¡Bueno, dejadnos! ¿No nos dejaréis aprovechar la
vida que nos resta? ¿No nos dejaréis vivir?

José:

Es que eso...

María:

Sí, esto es vivir, eso. *(Volviéndose a su padre.)* Esto
es vivir, padre, esto es vivir.

El padre:

Sí, esto es vivir; tienes razón, hija mía.

Marta:

(Llevando una medicina.) Vamos, padre, es la hora;
a tomar esto. Es la medicina...

El padre:

¿Medicina? ¿Para qué?

Marta:

Para sanarse.

El padre:

Mi medicina *(Señalando a María.)* es ésta. María, hija mía, hija de mis entrañas...

Marta:

Sí, ¿y la otra?

El padre:

Tú viste siempre, Marta. No seas envidiosa.

Marta:

(Aparte.) Sí, ella ha explotado su desgracia.

El padre:

¿Qué rezongas° ahí tú, la juiciosa?   **rezongas** grumbling

María:

No la reprendas,° padre. Marta es muy buena. Sin   **reprendas** reprimands
ella, ¿qué hubiéramos hecho nosotros? ¿Vivir de
besos? Ven, hermana, ven. *(Marta se acerca, y las
dos hermanas se abrazan y besan.)* Tú, Marta, na-
ciste con vista; has gozado siempre de la luz. Pero
déjame a mí, que no tuve otro consuelo que las
caricias de mi padre.

Marta:

Sí, sí, es verdad.

María:

¿Lo ves, Marta, lo ves? Si tú tienes que compren-
derlo... *(La acaricia.)*

Marta:

Sí, sí; pero...

María:

Deja los peros, hermana. Tú eres la de los peros...
¿Y qué tal? ¿Cómo va padre?

Marta:

Acabando...

María:

Pero...

Marta:

No hay pero que valga. Se le va la vida por momentos...

María:

Pero con la alegría de mi curación, con la de ver al nieto. Yo creo...

Marta:

Tú siempre tan crédula y confiada, María. Pero no, se muere, y acaso sea mejor. Porque esto no es vida. Sufre y nos hace sufrir a todos. Sea lo que haya de ser, pero que no sufra...

María:

Tú siempre tan razonable, Marta.

Marta:

Vaya, hermana, conformémonos con lo inevitable. *(Abrázanse.)* Pero quítate eso por Dios. *(Intenta quitárselo.)*

María:

No, no, déjamela... Conformémonos, hermana.

Marta:

(A José.) Así acaban siempre estas trifulcas° entre nosotras.   **trifulcas** disputes

José:

Para volver a empezar.

Marta:

¡Es claro! Es nuestra manera de querernos...

El padre:

(Llamando.) María, ven. ¡Y quítate esa venda, quítatela! ¿Por qué te la has puesto? ¿Es que la luz te daña?

María:

Ya te he dicho que fue para ver el camino al venir a verte.

El padre:

Quítatela; quiero que me veas a mí, que no soy el camino.

María:

Es que te veo. Mi padre es éste y no otro. *(El padre intenta quitársela y ella le retiene las manos.)* No, no; así, así.

El padre:

Por lo menos que te vea los ojos, esos hermosos ojos que nadaban en tinieblas, esos ojos en los que tantas veces me vi mientras tú no me veías con ellos. Cuántas veces me quedé extasiado° contemplándotelos, mirándome dolorosamente en ellos y diciendo: "¿Para qué tan hermosos si no ven?"

extasiado enraptured

María:

Para que tú, padre, te vieras en ellos; para ser tu espejo, un espejo vivo.

El padre:

¡Hija mía! ¡Hija mía! Más de una vez mirando así yo tus ojos sin vista, cayeron a ellos desde los míos lágrimas de dolorosa resignación...

María:

Y yo las lloré luego, tus lágrimas, padre.

El padre:

Por esas lágrimas, hija, por esas lágrimas, mírame ahora con tus ojos; quiero que me veas...

María:

(Arrodillada al pie de su padre.) Pero sí te veo, padre, sí te veo...

Criada:

(Desde dentro, llamando.) ¡Señorito!

José:

(Yendo a su encuentro.) ¿Qué hay?

Criada:

(Entra llevando al niño.) Suponiendo que no volverían y como empezó a llorar, lo he traído; pero ahora está dormido...

José:

Mejor; déjalo; llévalo.

María:

(Reparando.) ¡Ah! ¡Es el niño! Tráelo, tráelo José.

El padre:

¿El niño? ¡Sí, traédmelo!

Marta:

¡Pero, por Dios!...

(La criada trae al niño; lo toma María, lo besa y se lo pone delante al abuelo.)

María:

Aquí lo tienes, padre. (Se lo pone en el regazo.°)   regazo lap

El padre:

¡Hijo mío! Mira cómo sonríe en sueños. Dicen que es que está conversando con los ángeles... ¿Y ve, María, ve?

María:

Ve sí, padre, ve.

El padre:

Y tiene tus ojos, tus mismos ojos... A ver, a ver, que los abra...

María:

No, padre, no; déjale que duerma. No se debe des-

pertar a los niños cuando duermen. Ahora está en el
cielo. Está mejor dormido.

El padre:

Pero tú ábrelos..., quítate eso..., mírame...; quiero que
me veas y que te veas aquí, ahora, quiero ver que me
ves..., quítate eso. Tú me ves acaso, pero yo no veo
que me ves, y quiero ver que me ves; quítate eso...

Marta:

¡Bueno, basta de estas cosas! ¡Ha de ser el último!
¡Hay que dar ese consuelo al padre! *(Quitándole la
venda.)* ¡Ahí tienes a nuestro padre, hermana!

María:

¡Padre! *(Se queda como despavorida mirándole. Se
frota° los ojos, los cierra, etc. El padre lo mismo.)*   **se frota**   rubs

José:

(A Marta.) Me parece demasiado fuerte la emoción.
Temo que su corazón no la resista.

Marta:

Fue una locura esta venida de tu mujer...

José:

Estuviste algo brutal...

Marta:

¡Hay que ser así con ella!

*(El padre coge la mano de Marta y se deja caer en el sillón,
exánime.° Marta le besa en la frente y se enjuga los ojos.*   **exánime**   dead
Al poco rato, María le toca la otra mano, la siente fría.)

María:

¡Oh, fría, fría!... Ha muerto... ¡Padre! ¡Padre! No me
oye... ni me ve... ¡Padre! ¡Hijo, voy, no llores!...
¡Padre!... ¡La venda, la venda otra vez! ¡No quiero
volver a ver!

                              Miguel de Unamuno

I.   Ejercicios

A.   Para discusión

1.   Cuadro primero

1. ¿Qué pensaban don Pedro y don Juan de María al principio?
2. Al recibir su vista, ¿qué es lo primero que pidió María?
3. ¿Por qué se puso María una venda en sus ojos?
4. ¿Qué es necesario decirle al pueblo siempre?
5. ¿Qué desacuerdo discuten don Pedro y don Juan?
6. Según don Juan, ¿qué es lo que nos da la vida? ¿Según don Pedro?
7. Dé usted un ejemplo de una paradoja.

2.   Cuadro segundo

1. ¿Cuál fue la mortificación o preocupación en la vida del padre?
2. ¿Qué consuelo quiere tener el padre antes de morirse?
3. ¿De qué dice José que muere el padre?
4. ¿Por qué dice María que ve al padre con el corazón en vez de con los ojos?
5. ¿Cuál es la medicina del padre en realidad?
6. ¿Cuál fue el único consuelo que tuvo María?
7. ¿Cuál es la actitud de Marta hacia la muerte del padre?
8. ¿Cuál es la respuesta de María a la siguiente pregunta del padre: "¿Para qué tan hermosos si no ven?"?
9. ¿Por qué no quería quitarse la venda María cuando su padre se lo pedía?
10. ¿Por qué al final dice María: "¡No quiero volver a ver!"?

B.   Complete usted según el drama.

1. Se vive por la razón porque la razón revela _____ ____.

2. María usaba el bastón para _____.

3. María va casi todos los días a ver a su padre que vive en _____.

4. María era ciega de _____.

5. El único mundo que María conocía para ir a ver a su padre era _____.

6. María le pregunta a su hijo que _____.

7. Al hablar, la señora Eugenia siempre acaba diciendo _____
   _____.

8. El padre presiente que pronto morirá y ya no _____
   _____.

9. Los hombres se pasan la vida _____.

10. El padre piensa que Marta y el médico lo _____
    aunque le digan que va mejorando.

11. Al padre le molesta que Marta no _____.

12. Si el padre viera a su nieto, él _____.

13. Todo el que nace, _____.

14. Marta es juzgada, _____ y _____
    por el padre y María respectivamente.

15. El corazón del padre no aguantó la emoción tan fuerte de
    _____.

II. Ejercicios creativos

A. Oral

1. Si usted fuera María, ¿se hubiera quitado usted la venda?
   ¿Sí o no? Explíquese.
2. ¿Podría haber tenido lugar este drama en otros países del
   mundo? ¿Cuáles? ¿Por qué? ¿Qué aspecto es muy español y
   a la vez latinoamericano también?
3. En los países latinoamericanos y en España se acostumbra
   tener criada en las clases media y alta o élite. ¿Por qué es
   posible que la clase media tenga criada en diversos países del
   mundo no solamente España e hispanoamérica? ¿Por qué no
   es posible esto en los Estados Unidos generalmente?
4. Los padres llegan a una edad en que necesitan la ayuda de los
   hijos. Pero los padres no quieren dar guerra ni molestias. Pre-
   fieren seguir siendo independientes. ¿Cree Ud. que los hijos
   deban hacerse cargo de los padres en su vejez o deban llevar-
   los a vivir en un asilo de ancianos? ¿Por qué?

B. Escrito

1. ¿Por qué razón le quitó Marta la venda a María? ¿Fue esta acción un error?
2. Miguel de Unamuno exalta la gran necesidad de la fe para vivir. ¿Qué es la fe? ¿La conoce usted? ¿Dónde podría ir uno para ver personas que de veras tienen fe?
3. Unamuno se preocupa mucho por la muerte, el final de todo ser humano. ¿Cree Ud. que llegue el día en que se invente algo contra la muerte? ¿Qué efecto produciría tal invención en el mundo?
4. ¿Por qué es tan importante el niño de María? ¿Qué simboliza el niño para el autor?
5. Dé usted un resumen de la filosofía de Unamuno que se demuestra en este drama.

la Poesía

modernismo

José Martí

José Martí **(1853-1895)** Nació José Martí en La Habana el 28 de enero de 1853. Sus padres eran españoles. Asistió al Colegio de San Anacleto y luego pasó en 1865 a la Escuela Municipal de Varones, dirigida por Rafael María Mendive, que descubrió el gran talento del joven Martí y se hizo amigo y mecenas suyo. Martí le correspondió con gran afecto y gratitud. En 1869 Martí colaboró en *El Diablo Cojuelo* y a los diecisiete años fundó *La Patria Libre*. Se le condenó por seis años a la Isla de Pinos. Fue trasladado a España y allí conoció a distinguidos cubanos y españoles. Se matriculó en la Universidad Central para cursar Derecho pero trasladó la matrícula a Zaragoza, en cuya Universidad se graduó bachiller, licenciado en Leyes y en Filosofía y Letras. En 1875 se fue a México por dos años. Allí se enamoró de Rosario de la Peña, pero resultó mal correspondido. En 1877 pasó a Guatemala, donde se le nombró profesor de la Escuela Normal y de la Facultad de Letras. Allí, María García Granados se enamoró de él. En 1878 regresó a Cuba. Además de sorprender a sus compatriotas con su fino talento de orador y poeta, se casó con Carmen Zayas Bazán, de distinguida familia camagüeyana. Fue deportado a España por sus actividades políticas clandestinas. En 1880 se embarcó para Nueva York a dedicarse al periodismo con *The Hour* y *The Sun*. Fue enviado a Caracas por *The Sun,* pero regresó a Nueva York en cinco meses al tener dificultades con el presidente de la República venezolana. Colaboró en *La Nación* de Buenos Aires y *El Latino Americano* de Nueva York. Creó periódicos políticos como *Patria* y continuó su incesante lucha por la independencia de Cuba. Murió el 19 de mayo de 1895 luchando por su patria querida.

Además de ser un ferviente patriota y símbolo de la lucha por la independencia de Cuba, es José Martí uno de los escritores más importantes de la lengua castellana. Como escritor, sobresale José Martí en la prosa y en la poesía. Creó un estilo sumamente original que influyó a distinguidos poetas modernistas, entre ellos Rubén Darío.

Es asombrante su producción literaria al ser tan copiosa, teniéndose en cuenta lo breve y agitado que fue su vida. No pulía por carecer de tiempo. Sus obras alcanzan setenta volúmenes, la mayor parte en prosa: teatro, oratoria, crítica, periodismo, epistolario.

Versos sencillos

I.

Yo soy un hombre sincero
de donde crece la palma;
y antes de morirme quiero
echar° mis versos del alma.

echar to cast

Yo vengo de todas partes,
y hacia todas partes voy;
arte soy entre las artes;
en los montes, monte soy.

Si dicen que del joyero
tomé la joya mejor,
tomo a un amigo sincero
y pongo a un lado el amor.

Todo es hermoso y constante,
todo es música y razón,
y todo, como el diamante,
antes que luz es carbón.

I.   Para discusión

1. ¿Qué símbolo representa "la palma"?
2. ¿Qué prefiere más el poeta, la amistad o el amor?
3. ¿Cuál es la verdad humana en la estrofa número cuatro?

IX.

Quiero, a la sombra de un ala,
contar este cuento en flor:
la niña de Guatemala,°
la que se murió de amor.

niña de Guatemala
María García Granados,
who fell in love with
Martí

Eran de lirios los ramos,
y las orlas° de reseda
y de jazmín; la enterramos
en una caja de seda...

orlas edges

Ella dio al desmemoriado
una almohadilla de olor;
él volvió, volvió casado;
ella se murió de amor.

Iban cargándola en andas
obispos y embajadores;
detrás iba el pueblo en tandas,
todo cargado de flores...

Ella, por volverlo a ver,
salió a verlo al mirador;
él volvió con su mujer;
ella se murió de amor.

Como de bronce candente,
al beso de despedida,
era su frente ¡la frente
que más he amado en mi vida!...

Se entró de tarde en el río,
la sacó muerta el doctor:
dicen que murió de frío,
yo sé que murió de amor.

Allí, en la bóveda helada,
la pusieron en dos bancos:
besé su mano afilada,
besé sus zapatos blancos.

Callado, al oscurecer,
me llamó el enterrador:
nunca más he vuelto a ver
a la que murió de amor.

I.   Para discusión

   1.   ¿De qué murió la niña de Guatemala?
   2.   ¿Cómo fue su funeral?
   3.   ¿Cuál de las dos amaba más José Martí?

Penachos vívidos

Como taza en que hierve
de transparente vino
en doradas burbujas °   **burbujas** bubbles
el generoso espíritu;

Como inquieto mar joven
del cauce ° nuevo henchido   **cauce** river bed
rebosa, ° y por las playas   **rebosa** overflows
bulle y muere tranquilo;

Como manada alegre
de bellos potros vivos
que en la mañana clara
muestran su regocijo, °   **regocijo** joy
ora en carreras locas,
o en sonoros relinchos, °   **relinchos** neighs
o sacudiendo el aire
el crinaje ° magnífico;   **crinaje** mane

Así mis pensamientos
rebosan en mí vívidos,
y en crespa ° espuma de oro   **en crespa** curly
besan tus pies sumisos,
o en fúlgidos ° penachos   **fúlgidos** bright
de varios tintes ricos,
se mecen y se inclinan
cuando tú pasas—hijo!

I. Para discusión

1. ¿En qué estado emocional se encuentra el poeta?
2. ¿Con qué compara el poeta el efecto de sus pensamientos?

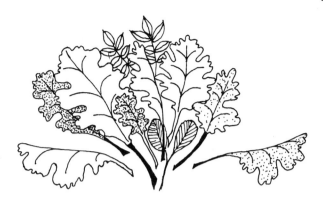

Canto de otoño

Bien; ¡ya lo sé! La Muerte está sentada
a mis umbrales:° cautelosa viene,   **umbrales** threshold
porque sus llantos y su amor no apronten
en mi defensa, cuando lejos viven
padres e hijo. Al retorno ceñudo
de mi estéril labor, triste y oscura,
con que a mi casa del invierno abrigo,
de pie sobre las hojas amarillas,
en la mano fatal la flor del sueño,
la negra toca en alas rematada,°   **rematada** finished
ávido el rostro, trémulo la miro
cada tarde aguardándome a mi puerta.
¡En mi hijo pienso, y de la dama oscura
huyo sin fuerzas, devorado el pecho
de un frenético amor! ¡Mujer más bella
no hay que la Muerte! ¡Por un beso suyo
bosques espesos de laureles varios,
y las adelfas° del amor, y el gozo   **adelfas** rosebay
de remembrarme mis niñeces diera!
...Pienso en aquel a quien mi amor culpable
trajo a vivir, y, sollozando, esquivo°   **esquivo** withdraw
de mi amada los brazos; mas ya gozo

de la aurora perenne el bien seguro.
¡Oh, vida, adiós! Quien va a morir, va muerto.

¡Oh, duelos con la sombra! ¡Oh, pobladores
ocultos del espacio! ¡Oh, formidables
gigantes que a los vivos azorados°   **azorados** terrified
mueven, dirigen, postran,° precipitan!   **postran** frustrate
¡Oh, cónclave de jueces, blandos sólo
a la virtud, que en nube tenebrosa,°   **tenebrosa** gloomy
en grueso manto de oro recogidos,
y duros como peña, aguardan torvos
a que al volver de la batalla rindan
—como el frutal sus frutos—
de sus obras de paz los hombres cuenta,
de sus divinas alas!... de los nuevos
árboles que sembraron, de las tristes
lágrimas que enjugaron,° de las fosas°   **enjugaron** shed
que a los tigres y víboras abrieron,   **fosas** graves
y de las fortalezas eminentes
que al amor de los hombres levantaron!
¡Esta es la dama, el rey, la patria, el premio
apetecido,° la arrogante mora   **apetecido** desired
que a su brusco señor cautiva espera
llorando en la desierta barbacana!°   **barbacana** defense
este el santo Salem, éste el Sepulcro   structure
de los hombres modernos. ¡No se vierta
más sangre que la propia! ¡No se bata°   **se bata** demolish
sino al que odie al amor! ¡Unjanse presto
soldados del amor los hombres todos!
¡La tierra entera marcha a la conquista
de este rey y señor, que guarda el cielo!
...¡Viles! ¡El que es traidor a sus deberes,
muere como un traidor, del golpe propio
de su arma ociosa° el pecho atravesado!   **ociosa** useless
¡Ved que no acaba el drama de la vida
en esta parte oscura! ¡Ved que luego
tras la losa de mármol o la blanda
cortina de humo y césped se reanuda
el drama portentoso! ¡y ved, oh viles,
que los buenos, los tristes, los burlados,
serán en la otra parte burladores!

Otros de lirio y sangre se alimenten:
¡yo no! ¡yo no! Los lóbregos° espacios   **lóbregos**   dark
rasgué desde mi infancia con los tristes
penetradores ojos: el misterio
en una hora feliz de sueño acaso
de los jueces así, y amé la vida
porque del doloroso mal me salva
de volverla a vivir. Alegremente
el peso eché del infortunio al hombro:
porque el que en huelga y regocijo vive
y huye el dolor, y esquiva las sabrosas
penas de la virtud, irá confuso
del frío y torvo juez a la sentencia,
cual soldado cobarde que en herrumbre°   **herrumbre**   rust
dejó las nobles armas; ¡y los jueces
no en su dosel le ampararán, no en brazos
lo encumbrarán, mas lo echarán altivos
a odiar, a amar y batallar de nuevo
en la fogosa° sofocante arena!   **fogosa**   fiery
¡Oh!¿qué mortal que se asomó a la vida
vivir de nuevo quiere?...

            Puede ansiosa
la Muerte, pues, de pie en las hojas secas,
esperarme a mi umbral con cada turbia
tarde de Otoño, y silenciosa puede
irme tejiendo con helados copos°   **copos**   fibers
mi manto funeral.
            No di al olvido
las armas del amor: no de otra púrpura°   **púrpura**   purple
vestí que de mi sangre. Abre los brazos,
listo estoy, madre Muerte: ¡al juez me lleva!

    ¡Hijo!... ¿Qué imagen miro?,¿qué llorosa
visión rompe la sombra, y blandamente
como con luz de estrella la ilumina?
¡Hijo!... ¿qué me demandan tus abiertos
brazos? ¿A qué descubres tu afligido
pecho? ¿Por qué me muestras tus desnudos
pies, aun no heridos, y las blancas manos
vuelves a mí, tristísimo gimiendo?...

¡Cesa! ¡calla! ¡reposa! ¡vive! ¡El padre
no ha de morir hasta que a la ardua lucha
rico de todas armas lance al hijo!
¡Ven, oh mi hijuelo, y que tus alas blancas
de los abrazos de la muerte oscura
y de su manto funeral me libren!

I.   Para discusion

1.   ¿Dónde ve a la Muerte el poeta?
2.   ¿Cómo estima el poeta a la Muerte?
3.   ¿De quién se despide el poeta?
4.   ¿Qué elemento revela el poeta al mencionar
     "pobladores ocultos del espacio" en 1882?
5.   ¿Bajo qué se deben unir todos los hombres?
6.   ¿Cómo debe morir el que traiciona sus de-
     beres?
7.   ¿Quiénes resultarán burladores después de
     la muerte?
8.   ¿Quiere volver a vivir la vida el poeta?
9.   ¿De qué será el manto funeral del poeta?
10.   ¿Qué simbolizan las "alas blancas"?

Dos patrias

Dos patrias tengo yo: Cuba y la noche.
¿O son una las dos? No bien retira
su majestad el sol, con largos velos
y un clavel en la mano, silenciosa
Cuba cual viuda triste me aparece.
¡Yo sé cuál es ese clavel sangriento
que en la mano le tiembla! Está vacío
mi pecho, destrozado está y vacío
en donde estaba el corazón. Ya es hora
de empezar a morir. La noche es buena
para decir adiós. La luz estorba
y la palabra humana. El universo
habla mejor que el hombre.
                Cual bandera
que invita a batallar, la llama roja
de la vela flamea. Las ventanas
abro, ya estrecho en mí. Muda, rompiendo
las hojas del clavel, como una nube
que enturbia el cielo, Cuba, viuda, pasa...

José Martí

I.   Para discusión

1.   ¿En qué sentido puede ser la noche una patria del poeta?
2.   ¿Cómo se siente el poeta?
3.   ¿A qué se parece Cuba?

Amado Nervo

Amado Nervo **(1870-1919)** Nació en Tepic, México, en 1870 y murió en Montevideo, Uruguay, en 1919. Desde que empezó a escribir adoptó el nombre de su padre. A los dieciocho años fundó y dirigió *La Revista Moderna*. Fue enviado por *El Imparcial* en 1900 a la Exposición Internacional de París, donde conoció a su futura esposa, Ana Cecilia Luisa Daillez. Sirvió en el servicio diplomático mexicano en España, la Argentina, el Uruguay y el Paraguay.

Se destaca Amado Nervo como un poeta místico comparable a Sor Juana Inés de la Cruz. Desde niño tuvo una tendencia al misticismo. Fue influido indudablemente por su carrera eclesiástica en el Seminario de Zamora. Pero su temperamento amoroso se interpuso al conocer a Ana Luisa Cecilia Daillez, su fiel compañera por más de diez años. La muerte de este gran amor conmovió al poeta a escribir su libro lírico más emocionado, *La amada inmóvil*. Su amor se espiritualiza. El verso es sencillo y depurado.

Aunque es un hombre sumamente religioso, el latir del amor físico es tan poderoso que no se encuentra capaz para rechazarlo. Se da cuenta de que también así se llega a Dios.

Toda su vida fue una de amor y de constante duda. Se preocupaba por "el más allá," el enigma de la vida y de las cosas. Además del tema constante del amor, se preocupa Amado Nervo por el destino del hombre. Mira el vivir humano sin odio y sin disgusto. Pero siempre se encuentra en él la tristeza del recuerdo.

Es Amado Nervo, al igual que Rubén Darío, el poeta más querido y leído en España, donde pasó los años de la Revolución Mexicana de 1910. Es un poeta admirable y aristocrático. También fue un cuentista fino.

Sus obras incluyen *Místicas* (1895), *Perlas negras* (1896), *Jardines interiores* (1906), *En voz baja* (1909) y *Serenidad* (1912).

Hoy he nacido

Cada día que pase, has de decirte:
"¡Hoy he nacido!
El mundo es nuevo para mí; la luz
esta que miro,
hiere sin duda por la vez primera
mis ojos límpidos;
¡la lluvia que hoy desfleca°sus cristales   **desfleca** unfolds
es mi bautismo!
"Vamos, pues, a vivir un vivir puro,
un vivir nítido.°   **nítido** clear, bright
Ayer, ya se perdió: ¿fui malo? ¿bueno?
...Venga el olvido,
y quede sólo de ese ayer, la esencia,
el oro íntimo
de lo que amé y sufrí mientras marchaba
por el camino...
"Hoy, cada instante, al bien y a la alegría
será propicio,
y la esencial razón de mi existencia,
mi decidido
afán,° volcar la dicha sobre el mundo,   **afán** eagerness
verter el vino
de la bondad sobre las bocas ávidas
en redor mío...
"¡Será mi sola paz la de los otros;
su regocijo
mi regocijo, su soñar mi ensueño;
mi cristalino
llanto el que tiemble en los ajenos párpados,
y mis latidos°   **latidos** beat
los latidos de cuantos corazones
palpiten en los orbes infinitos!"
Cada día que pase, has de decirte:
"¡Hoy he nacido!"

I.   Para discusión

1.   ¿Cómo debemos ver cada día de vida?
2.   ¿Qué debemos recordar del pasado?
3.   ¿Cuándo estará en paz el poeta?

En paz

Artifex vitae, artifex sui

Muy cerca de mi ocaso,° yo te bendigo, Vida,
porque nunca me diste ni esperanza fallida
ni trabajos injustos, ni pena inmerecida;

ocaso death

porque veo al final de mi rudo camino
que yo fui el arquitecto de mi propio destino;
que si extraje las mieles o la hiel de las cosas,
fue porque en ellas puse hiel o mieles sabrosas:
cuando planté rosales, coseché siempre rosas.

...Cierto, a mis lozanías° va a seguir el
invierno:
¡mas tú no me dijiste que mayo fuese eterno!
Hallé sin duda largas las noches de mis
penas;
mas no me prometiste tú sólo noches buenas;
y en cambio tuve algunas santamente sere-
nas...

lozanías vigor

Amé, fui amado, el sol acarició mi faz.
¡Vida, nada me debes! ¡Vida, estamos en paz!

Amado Nervo

I.   Para discusión

1.   ¿Cómo sabemos que la vida no trató mal al poeta?
2.   ¿Quién es culpable de lo que le pase a uno en la vida?
3.   ¿Cómo ve el poeta las cosas de la vida?
4.   ¿Está contento el poeta con la vida que ha vivido?
5.   Indique usted la rima del poema.

posmodernismo

Porfirio Barba Jacob

Porfirio Barba Jacob (1880-1942) Este poeta colombiano nació en Santa Rosa de Osos en 1880. Su nombre verdadero fue Miguel Angel Osorio pero es más conocido por el seudónimo "Porfirio Barba Jacob." Muestra de su vida inquieta era el gran cambio de nombre que tuvo: Maín Ximénez, Ricardo Arenales, Porfirio Barba Jacob. Parece haber sido poseído de un desasosiego prodigioso que lo llevó de errante por las Antillas, Centroamérica, los Estados Unidos, el Perú y México, siempre ejerciendo el periodismo. Su existencia fue totalmente bohemia y turbulenta. Murió en 1942 en México convertido a la fe católica.

Su poesía es muy personal y original, a la vez, porque en ella proyecta él su misma vida con todos sus cambiantes estados emocionales. Su poema "Canción de la vida profunda" es testigo y fiel espejo de sí mismo y de toda su obra: móvil, fértil, plácido, sórdido, lúbrico y lúgubre. Su obra refleja su actitud desesperada ante el misterio de la vida y la muerte.

Algunas de sus obras son *Canciones y elegías* (1932), *Rosas negras* (1933), *Canción de la vida profunda y otros poemas* (1935), *Poemas intemporales* (1944), y *Antorchas contra el viento* (1944).

Lamentación de octubre

Yo no sabía que el azul mañana
es vago espectro del brumoso ayer;
que agitado por soplos de centurias
el corazón anhela arder, arder.
Siento su influjo, y su lactancia,° y cuándo
quiere sus luminarias encender.

lactancia　nursing

Pero la vida está llamando,
y ya no es hora de aprender.

Yo no sabía que tu sol, ternura,
da al cielo de los niños rosicler,°
y que, bajo el laurel, el héroe rudo
algo de niño tiene que tener.
¡Oh, quién pudiera, de niñez temblando,
a una alba de inocencia renacer!

rosicler　rosepink

Pero la vida está pasando,
y ya no es hora de aprender.

Yo no sabía que la paz profunda
del afecto, los lirios del placer,
la magnolia de luz de la energía
lleva en su seno blanco la mujer.
Mi sien rendida en ese seno blando,
un hombre de verdad pudiera ser...

¡Pero la vida está acabando,
y ya no es hora de aprender!

I.　Para discusión

1.　¿Qué es el mañana?
2.　¿Por qué está desesperanzado el poeta?
3.　¿Qué quiere el poeta pero es imposible?

Canción de la vida profunda

*El hombre es una cosa vana, variable y on-
deante...*

—Montaigne

Hay días en que somos tan móviles, tan
    móviles,
como las leves° briznas al viento y al azar.   **leves** light
Tal vez bajo otro cielo la gloria nos sonríe.
La vida es clara, undívaga° y abierta como   **undívaga** wave-like
    el mar.   motion

Y hay días en que somos tan fértiles, tan
    fértiles,
como en abril el campo, que tiembla de pa-
    sión:
bajo el influjo próvido de espirituales lluvias,
el alma está brotando florestas de ilusión.

Y hay días en que somos tan plácidos, tan
    plácidos...
—¡niñez en el crepúsculo! ¡lagunas de zafir!—°   **zafir** sapphire
que un verso, un trino, un monte, un pájaro
    que cruza,
y hasta las propias penas nos hacen sonreír.

Y hay días en que somos tan sórdidos, tan
sórdidos,
como la entraña oscura de oscuro pedernal:
la noche nos sorprende con sus profundas lám-
paras,
en rútiles° monedas tasando el Bien y el Mal.

rútiles sparkling

Y hay días en que somos tan lúbricos,°
tan lúbricos,
que nos depara° en vano su carne la mujer:
tras de ceñir un talle° y acariciar un seno,
la redondez de un fruto nos vuelve a estreme-
cer.

lúbricos lascivious

depara offers

talle waist

Y hay días en que somos tan lúgubres, tan
lúgubres,
como en las noches lúgubres el canto del pinar.
El alma gime entonces bajo el dolor del mundo,
y acaso ni Dios mismo nos pueda consolar.

Mas hay también, ¡oh Tierra!, un día... un
día... un día
en que levamos anclas° para jamás volver...
Un día en que discurren vientos ineluctables.°
¡Un día en que ya nadie nos puede retener!

levamos anclas
weighing anchors
ineluctables inevitable

I. Para discusión

1. ¿Cuáles son los diversos estados emocionales que podemos experimentar?
2. ¿Cómo es la vida?
3. ¿Qué nos hacen reír?
4. ¿Cuándo gime el alma?
5. ¿De qué no nos podrá retener nadie algún
día?

Futuro

Decid cuando yo muera... (¡y el día esté
lejano!):
Soberbio y desdeñoso, pródigo y turbulento,
en el vital deliquio° por siempre insaciado,
era una llama al viento...

deliquio   faint

Vagó, sensual y triste, por islas de su
América;
en un pinar de Honduras vigorizó su aliento;
la tierra mexicana le dio su rebeldía,
su libertad, sus ímpetus°... Y era una llama
al viento.

ímpetus   violence

De simas° no sondadas° subía a las estrellas:
un gran dolor incógnito vibraba por su
acento;
fue sabio en sus abismos—y humilde, humilde, humilde—,
porque no es nada una llamita al viento...

simas   chasms
sondadas   explored

Y supo cosas lúgubres, tan hondas y leta-
les,
que nunca humana lira jamás esclareció,
y nadie ha comprendido su trémulo lamento...
Era una llama al viento y el viento la apagó.

Porfirio Barba Jacob

I.   Para discusión

1.   ¿Quiere morir el poeta pronto?
2.   ¿Cuáles son sus cualidades?
3.   ¿A qué se compara el poeta y cómo se ve él
     mismo hacia esto?
4.   ¿Por qué países anduvo errante?
5.   ¿Cuál es el fin del poeta?

Rafael Arévalo Martínez

Rafael Arévalo Martínez **(1884)** Nació en 1884 en Guatemala. Desde niño había sido de una salud delicada al extremo, así no pudiendo gozar de una vida normal. Esta desventaja le había permitido penetrar muy hondamente en su estudio del hombre en ambos niveles, el animal y el de la imagen de Dios. Siendo víctima él mismo de las fuerzas carnales y espirituales, humilladamente acudió a Dios para resolver su desequilibrio. Este es el mensaje de su poesía. La aspiración de su destino es emular o alcanzar el estado del hombre en la imagen de Dios: "Yo di aquel paso y se cumplió un destino." (De *Ananké.*)

Rafael Arévalo Martínez fue director de la Biblioteca Nacional de su país y miembro correspondiente de la Real Academia Española. Colaboró en *El Imparcial, La República* y *Nuestro Diario,* todos de Guatemala. Ha viajado por Europa y ha vivido en España. También fue Catedrático de gramática castellana y presidente del Ateneo.

Sus obras incluyen poesía, *Los atormentados* (1916), y varias novelas como *El hombre que parecía un caballo, Una vida* y *El trovador colombiano.*

Ananké°

Ananké   Fate, destiny

Cuando llegué a la parte en que el camino
se dividía en dos, la sombra vino
a doblar el horror de mi agonía.
¡Hora de los destinos! Cuando llegas
es inútil luchar. Y yo sentía
que me solicitaban fuerzas ciegas.

Desde la cumbre en que disforme lava
escondía la frente de granito
mi vida como un péndulo oscilaba
con la fatalidad de un "está escrito."

Un paso nada más y definía
para mí la existencia o la agonía,
para mí la razón o el desatino°...
Yo di aquel paso y se cumplió un destino.

desatino   blunder

I. Para discusión

1. ¿En qué momento de su vida se encuentra el
   poeta?
2. ¿Qué complicó más su decisión?
3. ¿Qué actitud hacia la vida expresa el poeta?
4. ¿Cuáles eran las dos divisiones en el camino?

Oración al Señor

Ha sido tal vez mi suerte
ser una rama encendida
que se apaga consumida
por su deseo de verte.

La cosa que arde, Señor,
es tal vez cosa que ama;
tal vez, Señor, una llama
no sea más que un amor,

la llama de este dolor
que siento que me consume
y en que es mi verso el perfume
de alguna mirra° interior.

mirra sadness

Y quién sabe si el dolor
no sea más que una llama
que arde tan dentro en la rama
que no se mira el fulgor.°

fulgor shine

Tal vez, Señor, el perfume
de la cándida azucena°
no sea más que la pena
de un fuego que la consume,

azucena water lily

que va tan bajo y profundo
que no sentimos calor;
tal vez, Señor, este mundo
no sea más que tu amor.

Y tal vez nos disgregamos°
del fuego de interno hogar
y el mismo amor con que amamos
después nos vuelve a integrar.

disgregamos
disintegrate

Y son tal vez muerte y vida
proceso del mismo amor
de una lámpara encendida
en el fuego del Creador.

I. Para discusión

1. ¿Cuál es la suerte del poeta?
2. ¿Qué es la llama que siente el poeta?
3. ¿Qué es su verso y de dónde viene?
4. ¿Qué comparación hace de lo que siente?
5. ¿De qué testimonio sirven la muerte y la vida?

Entrégate por entero

Vuela papalotes° con tus niños,
cultiva tus filosofías;
da a las mujeres tus cariños
y a los hombres tus energías.

papalotes   kites

Y en cada momento, valiente, sincero,
en cada momento de todos tus días,
¡entrégate por entero!

Di: —"Siempre laboro
con igual esmero°
mi barro° o mi oro."
Y al medio del día, cuando el sol más arde,
como buen obrero; ¡como buen obrero!
Y al caer la tarde
juega con tus hijos, siéntete ligero;
y al llegar la noche
¡duerme por entero!

esmero   effort

barro   clay

Entrégate por entero
hasta que caigas inerte
en el momento postrero,
y cuando venga la muerte
¡entrégate por entero!

I.   Para discusión

1.   ¿A qué debe uno "entregarse por entero"?
2.   ¿Debe trabajar uno igual cosas de mucho
     y poco valor?

Los hombres-lobos

Primero dije "hermanos" y les tendí las
manos;
después en mis corderos° hicieron mal sus
robos;
y entonces en mi alma murió la voz de hermanos
y me acerqué a mirarlos: ¡y todos eran
lobos!

¿Qué sucedía en mi alma que así marchaba a ciegas,
en mi alma pobre y triste que sueña y se
encariña?°
¿Cómo no vi en sus trancos las bestias
andariegas?°
¿Cómo no vi en sus ojos instintos de
rapiña?°

Después yo, también lobo, dejé el sendero
sano;
después yo, también lobo, caí no sé en qué
lodos;
y entonces en cada uno de ellos tuve un
hermano
y me acerqué a mirarlos: ¡y eran hombres
todos!

Rafael Arévalo Martínez

corderos   lambs

se encariña   inspires
love

andariegas   restless

rapiña   prey

I.   Para discusión

1.   ¿Por qué ahora son lobos los hombres?
2.   ¿Cómo podía haber sabido el poeta que eran
animales?
3.   ¿Qué hizo el poeta y por qué?

Juana de Ibarbourou

Juana de Ibarbourou   (1895)   La poetisa nació en Melo, Uruguay, en 1895. De joven escribió bajo los siguientes seudónimos, Jeanette d'Ibar y Juana de América, por su excelsa labor.

Surgió a la fama en todo el mundo en 1918 al publicar su primer libro de versos, *Las lenguas del diamante*. En él, quedan expuestos claramente los principales temas de ella: su amor a la naturaleza, su amor de los sentidos, su amor a la vida. Era optimista en su manera de ver la vida y el amor. En "Vida-garfio" vemos que comprendía que la muerte llegaría algún día y esto le causaba cierta melancolía porque ya no podría gozar la vida. Ella misma pide ser enterrada "a flor de tierra" porque así puede volver a vivir, al amor más pronto. Veía la vida como una manifestación de la naturaleza. Para ella, la vida era hermosa, sensual y sin trabas o achaques de inmoralidad. Juana de Ibarbourou encuentra en la vida un pagano deleite o gozo. El amor era la expresión de la felicidad. Ella era la poetisa del amor con naturalidad juvenil y de la carne limpia. Poseía una gran intuición y sabiduría de los sentidos.

Su segundo volumen de poesía es *La rosa de los vientos*, publicado en 1930. Su primer libro representa su primavera; éste, su verano. En él, se nota que ha llegado una amargura, una tristeza en la vida de la joven boyante de antes. Ella siente "el peso de cada hora" y quisiera "volver a tener los días rojos."

En 1955 aparece *Perdida*, su otoño y su tercer volumen de poesía. Ahora ya se serena y empieza a meditar para seguir adelante a cumplir su inevitable ciclo.

Su poesía atrae definitivamente porque es demasiado amorosa y femenina. Es íntima, espontánea, llena de imágenes originales y de ritmo lento. Es totalmente distinta a toda la poesía de su tiempo. Perdura por su amor a la naturaleza y de los sentidos.

La higuera

Porque es áspera y fea,
porque todas sus ramas son grises,
yo le tengo piedad a la higuera.
En mi quinta hay cien árboles bellos:
ciruelos redondos,
limoneros rectos
y naranjos de brotes lustrosos.

En las primaveras,
todos ellos se cubren de flores
en torno a la higuera.

Y la pobre parece tan triste
con sus gajos° torcidos, que nunca   **gajos** branches
de apretados capullos° se viste.   **capullos** flower buds

Por eso,
cada vez que yo paso a su lado,
digo, procurando
hacer dulce y alegre mi acento:
Es la higuera el más bello
de los árboles todos del huerto.

Si ella escucha,
si comprende el idioma en que hablo,
¡qué dulzura tan honda hará nido°   **nido** nest
en su alma sensible de árbol!

Y tal vez, a la noche,
cuando el viento abanique° su copa°   **abanique** fans
embriagada de gozo le cuente: **copa** top
—Hoy a mí me dijeron hermosa.

I.   Para discusión

1.   ¿Cuál es la diferencia entre los demás árboles
     y la higuera en la primavera?
2.   Explique usted los sentimientos de la poetisa
     hacia la higuera.
3.   ¿Por qué se encuentra gozosa la higuera?

Rebelde

Caronte:° yo seré un escándalo en tu barca.
Mientras las otras sombras recen, giman, o
    lloren,
y bajo tus miradas de siniestro patriarca
las tímidas y tristes, en bajo acento, oren,

yo iré como una alondra° cantando por el
    río
y llevaré a tu barca mi perfume salvaje,
e irradiaré en las ondas del arroyo sombrío
como una azul linterna que alumbrará en el
    viaje.

Por más que tú no quieras, por más guiños°
    siniestros
que me hagan tus dos ojos, en el terror
    maestros,
Caronte, yo en tu barca seré como un
    escándalo.

Y extenuada° de sombra, de valor y de
    frío,
cuando quieras dejarme a la orilla del río
me bajarán tus brazos cual conquista de
    vándalo.

Caronte Charon of Greek mythology crossed the souls of the dead over the Styx. He was paid an obol, an ancient Greek coin, which had been placed in the mouth of the dead.

alondra skylark

guiños winks

extenuada weakened

I. Para discusión

1. ¿Por qué es distinta una de tantas almas?
2. ¿En cuáles aspectos será distinta una de las almas de las demás?
3. ¿Qué requisito pone la poetisa antes de dejarla a la orilla del río?

Vida-garfio°

garfio hook

Amante, no me lleves, si muero, al campo-
santo.
A flor de tierra abre mi fosa,° junto al riente
alboroto° divino de alguna pajarera,
o junto a la encantada charla de alguna
fuente.

fosa grave
alboroto tumult

A flor de tierra, amante. Casi sobre la tierra,
donde el sol me caliente los huesos, y mis
ojos,
alargados en tallos,° suban a ver de nuevo
la lámpara salvaje de los ocasos° rojos.

tallos stalks
ocasos sunsets

A flor de tierra, amante. Que el tránsito
así sea
más breve. Yo presiento
la lucha de mi carne por volver hacia arriba,
por sentir en sus átomos la frescura del
viento.

Juana de Ibarbourou

I. Para discusión

1. ¿Cerca de qué quiere la poetisa que la entierren?
2. ¿Por qué quiere que la entierren a flor de
   tierra?

Jacinto Fombona Pachano

Jacinto Fombona Pachano **(1901-1951)** Nació en Caracas, Venezuela, en 1901. Sirvió en el cuerpo diplomático de Venezuela en Wáshington. También desempeñó varios cargos políticos en su país.

Hacia 1930 surgió un nuevo grupo de escritores cuyo anhelo era la renovación estética y política. Jacinto Fombona Pachano perteneció al distinguido grupo llamado *Viernes*. Se distinguió asombrosamente en los círculos literarios, logrando ser una de las figuras más destacadas de la "generación de 1918." También logró pertenecer a la Academia Venezolana de Letras.

Al perecer a la temprana edad de cuarenta años, Jacinto Fombona Pachano nos dejó tres libros de poesía. El primero, *Virajes,* se publicó en 1932. En 1940 publicó *Las torres desprevenidas.* Aquí el poeta refleja su inquietud por la guerra europea que amenazaba al mundo entero. "Sueño y muerte en el aire" divulga el conflicto emocional de dicho poeta. Su tercer libro, *Sonetos,* es de sentido religioso y se publicó póstumamente.

Muerte en el aire

Quiero un poema, quiero
una canción polaca,
un valse de París, pero las bombas,
las tenemos en casa.

Sí,
las tenemos en casa.
Apagad esa radio
para que pueda ser feliz América,
cortad el ala a esos aviones,
que ya hasta el rascacielo se siente roto y
    lívido,
que el miedo ya les amputó los ojos
a los pobres negros del Sur.

Ay, la Marina y el Ejército.
Qué haría la langosta con estos verdes cam-
    pos,
con tanto pensamiento
como nos vino por el mar...

Ay, la Marina y el Ejército.
La mandíbula y la tenaza.
Silenciad ese aire
de los vientres hendidos,
de las piernas cortadas,
de los rostros sin piel.
Quemad esa película
donde se mata a un mismo niño
más de un millón de veces.

Me está oliendo el mundo en el bolsillo,
en el limón para la cena,
en el dije del brazalete.
No hay salvación, no hay puesto para todos.

Busco un tango argentino,
un joropo° de Venezuela,   **joropo** a dance
un jazz de Norteamérica,
pero las bombas.

Un poniente de siglos se abrió las venas.
Y el aire está, señores,
en toda latitud lloviendo sangre.

Apagad esa radio
donde agonizan las colmenas
porque ha llegado el reino de las plagas,
donde se oyen caer heridas,
cazadas en su fuga, las campanas.

No quiero respirar brazos de nadie,
ojos saltados de palomas,
corazones aullantes de mujeres,
dedos, uñas, cabellos de los niños.

Quiero puro este aire,
aire libre de América,
para escribir la nueva ley.

Pero,
me despiertan las bombas.

I. Para discusión

1. ¿Qué tenemos en casa?
2. ¿Cuándo puede ser feliz América?
3. ¿Qué exhorta el poeta?
4. ¿Qué está lloviendo dondequiera?

Hoy

Del lado del cielo,
del lado del mar y de la tarde,
más allá de los árboles,
de los pájaros
y de la última ola,
me venían los muertos.

Donde la noche acaba,
donde las estrellas
moran cada día,
donde se curvan los vientos,
más allá de mis ojos,
me hablaban los muertos.

Inmóviles,
cada uno en su ayer
y en su mañana último,
me veían, me hablaban.

A mí, que aún estoy vivo
y en parte muerto,
allí, también inmóvil,
entre mi ayer de rostros y paisajes:
lienzo° de mi ademán,   **lienzo** canvas,
para ellos, con ellos,   painting
en el mañana último
que para mí no se detuvo
y es hoy aún,
más acá de los muertos.

I. Para discusión

1. ¿Quién hablaba con el poeta?
2. ¿Cómo se explica que el poeta esté vivo y
"en parte muerto" a la vez?

Preguntas

El camino se va lejos
orillas del pajonal.
—¿Adónde va este camino?
—No me preguntes, él va...

Un punto brilla en las frondas,°
sobre las frondas, allá...
—¿Será una luz o una estrella?
—Es una luz, no sé más...

frondas leaves

La brisa se va poniendo
las flores que ve al pasar.
¿De qué color es la brisa?
—Color de brisa, será.

Las espigas° por el monte
se echaron a caminar.
—¿Quién empuja las espigas?
—Nadie las empujará.

espigas ears of grain

—¡Adónde van por el monte?
—No preguntes, ellas van...
lo mismo que va el camino,
que yo voy y que tú vas...

Se oye un murmullo en el viento
que nos va dejando atrás.
—¿Quién habla cuando no hablamos?
—Sombras de voces, quizá.

Brilla la luz. —¿Quién enciende
la luz que se mueve allá?...
—Ella también va de marcha,
no puedo decirte más...

—¿Dices que no es una estrella?
—Estrella o luz, es igual.
—¿Y lo que se oye es el viento?
—Las sombras que sabes ya...

—¿Y a nosotros quién nos lleva,
quién nos impulsa al andar?...
—Será el camino, es hermoso...
nosotros vamos, él va...

I.   Para discusión

1.   ¿Incorpora este poema el método socrático?
2.   ¿Son buenas las respuestas del poeta?
3.   ¿Quiénes más van igual que el camino y las
espigas?
4.   ¿Cuándo va el camino?

Nocturno

Cuando la luna se desnuda
de la noche,
yo me desnudo
de mi cuerpo.

Allá los árboles,
allá todas las cosas,
emprenden caminos irreales
hacia ese mar desconocido
que canta, nunca visto,
por detrás de los cielos.

Aquí
mis espectros marchan también
hacia el lado del día,
del mes, del año,
del ayer sin edad,
ya declinado por detrás del mundo.

Entonces los paisajes
que vistieron mi corazón,
los pájaros
que cantaban en mis ventanas,

los árboles
que respiraba mi aliento,
se me vuelven pintados.
Y yo desnudo,
sin mis ojos verdaderos,
moro° entre imágenes,   **moro**   I live
entre lienzos de ausencia,
entre días, meses y años,
entre rostros
que mañana serán más viejos
o que no serán más.

Cuando la luna se desnuda
de la noche,
yo me desnudo
de mi cuerpo:

Soy de otro mundo,
de otro cielo, de otro paisaje,
ya que no puede
vestir mi corazón.

Donde mis ojos verdaderos
no ven,
donde mi tacto verdadero
no palpa,
donde soy apenas la estatua
que recoge las sombras
y los ecos.

Jacinto Fombona Pachano

I.   Para discusión

1. Explique usted la primera estrofa.
2. ¿Qué estado toman las cosas del poeta?
3. ¿Por qué dice el poeta que los paisajes, los pájaros y los árboles se le vuelven pintados?
4. ¿Por qué es de otro mundo?

vanguardismo

Eugenio Florit

Eugenio Florit **(1903)**   Nació en Madrid en 1903 de madre cubana y padre español. A los quince años se mudó a Cuba y en 1940 se trasladó a Nueva York a trabajar en el Consulado cubano. Más tarde se unió a la Facultad de Lengua y Literatura Española de la Universidad de Columbia.

En "Soneto" el poeta habla de sí mismo como un cadáver. Se ve él mismo en el futuro con una sola excepción en cual expresa su sufrimiento.

En "La noche," poema religioso, el poeta comunica una visión personal al estilo místico. Al clavar la vista en las estrellas, el poeta percibe un puente entre él y Dios y el cielo.

Sus poemas han aparecido en los siguientes volúmenes: *32 poemas breves* (1927), *Trópico* (1930), *Doble acento* (1937), *Reino* (1938), *Cuatro poemas* (1940), *Poema mío* (1946), *Asonante final y otros poemas* (1956).

Soneto

Habréis de conocer que estuve vivo
por una sombra que tendrá mi frente.
Sólo en mi frente la inquietud presente
que hoy guardo en mí, de mi dolor cautivo.

Blanca la faz, sin el ardor lascivo,
sin el sueño prendiéndose a la mente.
Ya sobre mí, callado eternamente,
la rosa de papel y el verde olivo.

Qué sueño sin ensueños torcedores,°
abierta el alma a trémulas caricias
y sobre el corazón fijas las manos.

Que... torcedores Such
sleep without disturbing
dreams

Qué lejana la voz de los amores.
Con qué sabor la boca a las delicias
de los altos serenos océanos.

I.   Para discusión

1. ¿Qué tiene el poeta en la frente? ¿Qué significa?
2. ¿Qué guarda en sí mismo?
3. ¿Qué simboliza la rosa sobre el cuerpo? ¿Y el olivo?
4. ¿Qué encuentra el poeta que tanto quería?

La noche

Ya, Señor, sé lo que dicen
las estrellas de tu cielo;
que sus puntas de diamante
me lo vienen escribiendo.

Ya, por páginas de aire,
las letras caen. Yo atiendo,
ojos altos, muda boca
y callado pensamiento.

Y qué clara la escritura
dentro de la noche, dentro
del corazón anheloso°   **anheloso** eager
de recibir este fuego

que baja de tus abismos,
va iluminando mi sueño
y mata la carne y deja
al alma en su puro hueso.

Lo que dicen tus estrellas
me tiene, Señor, despierto
a más altas claridades,°   **claridades** splendors,
                                    brilliances
a más disparados° vuelos,   **más disparados** swifter

a un no sé de cauteloso,°
a un sí sé de goce° trémulo,
(alas de una mariposa
agitadas° por el suelo).

    Y en el suelo desangrándose
se pierde la voz del cielo
hasta que se llega al alma
por la puerta del deseo.

    Paloma de las estrellas,
ala en aire, flecha, hierro°
en el blanco de la fragua°
de tu amor. En el desvelo

de tantas luces agudas°
todo va lejos, huyendo;
todo, menos Tú, Señor;
que ya sé cómo me hablas
por las estrellas del cielo.

cauteloso cautiousness
goce joy

agitadas fluttering

hierro brand
blanco de la fragua
    heat of the forge

agudas sharp

I. Para discusión

1. ¿Cómo se comunica el poeta con Dios?
2. ¿Cuál es el efecto del fuego en su cuerpo?
3. ¿Cómo sabemos que el poeta entra en más honda comprensión con Dios?
4. ¿Qué simboliza la mariposa?
5. ¿En qué forma vuelan las estrellas a la tierra?
6. ¿Es ésta una experiencia mística?

Pensamientos en un día de sol

Es cierto que hay basura por las calles;
que las palomas, a pesar de ello o por lo
mismo
—pobres animalitos— ensucian° las estatuas
y hay que ponerles púas °
para que se vayan a otra parte con la música
de sus amores.
Cierto que esas mujeres con sus ceñidos°
pantalones
están pidiendo a gritos que las fusilen°
por atentar contra el buen gusto y la elegancia y la decencia;
o que esos jovencitos con su absurdo peinado
y sus pelos rizados° como unas mujerzuelas
van degradando en su figura el más noble
atributo de ser hombres.
Cierto, sí, que dan ganas de gritar a veces
en el subway, o en las aceras, o al asomarse
a las ventanas
y ver todo lo triste y pegajoso° y negro de
la vida.
Cierto, sí, que la muerte más innoble nos
acecha°
y la estamos mirando en las páginas de los
diarios
junto a la desvergüenza de una artista de cine
y al capricho de un señorito millonario.
Cierto que muchas veces le dan ganas a uno
de irse bien lejos, a una playa tranquila,
a un pueblecito solitario, a un alto monte
para perder de vista lo vulgar y lo feo.
Cierto que... sí; pero a pesar de todo,
pero como la luz cae desde Dios,
y hace lo verde de las hojas nuevas,

ensucian get dirty

púas barbed wire

ceñidos tight

fusilen execute

rizados curled

pegajoso sticky

acecha awaits

y el azul de la fuente, o el del mar,
y el amarillo puro de la flor;
como que frente a mí, bajo el estrépito°   **estrépito** noise
del tren, alguien que lee se sonríe,
y levanta los ojos, y los cierra, y medita;
como que esta pareja va unida de las manos
y en inocencia y dignidad camina,
y como el aire está lleno de un oro plácido
en el bullir° de nueva primavera,   **bullir** bustle
y se tiene a la mano un pensamiento
claro, y un buen recuerdo,
y un deseo de ir hacia adelante
y de ver si es posible que, por el pensamiento,
vayamos todos, cada uno a su modo,
embelleciendo un poco nuestro rincón de
vida;
como que nos conformamos con todo lo
demás,
y, en fin, que damos gracias a Dios
porque este mayo nos ha dejado ver otra
vez la primavera.

Eugenio Florit

I. Para discusión

1. ¿Qué cosas ciertas hoy día le molestan al
   poeta?
2. ¿Por qué a veces sienten ganas de gritar las
   personas?
3. ¿Qué es lo que muy probablemente veamos
   en las páginas de los diarios?
4. ¿Por qué muchas veces sienten ganas las personas de irse lejos de todo?
5. ¿Por medio de qué, tal vez, podamos embe-
   llecer la vida?
6. ¿Qué actitud debemos aceptar todos?

Hugo Salazar Tamariz

Hugo Salazar Tamariz **(1930?)** H. S. Tamariz nació en el Ecuador. Es un escritor importante hoy día. Lo que hace el poeta en "Las raíces" es darnos una afirmación de la herencia del pasado. También hace hincapié en el vigor del pueblo hacia el presente.

Las raíces

Somos un pueblo antiguo,
                    viejo como la miel,
como la sombra,
                    como las altas hojas,
tan pegado a la áspera corteza que,
                    de lejos
nadie nos diría seres sino topografía.
Zurcidos° a la tierra hemos estado siglos   **zurcidos**   stitched
   azules
y amargos siglos,
                    hollando° la ya enterrada   **hollando**   trampling
edad de la montaña,
                    los sucesivos cauces° de   **cauces**   courses, beds
   los ríos
y comiendo del ácimo concepto de los frutos.
De jaguares,
            de sol
                    y hachas de piedra,
hemos ido viviendo
                    y falleciendo.
Regados° entre guerras   **Regados**   Strewn
                    y mujeres adelanta-
   mos nuestro rumor
y la intacta sangre que nos golpea entera.
Viejo pueblo no envejecido porque tiene millones de luz
y de hierba,
                    creciendo;
                    de puertas
                            y ventanas
                                    abiertas.
Hemos estado viniendo hasta ser tres millones,
una espiga° gigante,   **espiga**   wheat stalk
                    una inmensa mano,
                            una red,

un ramal,
        un pueblo entero.
Somos,
      terriblemente,
           un grito.
Un viejo pueblo definitivamente verde
                y rumoroso.
Un pueblo con tres millones de ventanas,
en voluntad de abrirse.
Nadie que nos viera,
         de lejos
              nos creyera,
ni acaso,°   **acaso** chance
      ni ocaso,°   **ocaso** sunset
          sino una audaz topografía.

              Hugo Salazar Tamariz

I.   Para discusión

1. ¿Qué quiere decir el poeta con "nadie nos diría seres sino topografía"?
2. ¿Cuál es el pasado de este pueblo?
3. ¿Por qué es un "viejo pueblo no envejecido"?
4. ¿Cómo se verán los tres millones de lejos?

Pablo Neruda

Pablo Neruda **(1904-1973)** Neftalí Ricardo Reyes fue su nombre verdadero. Representó a Chile como Cónsul en la China, Ceilán, España, etc. Desterrado, había viajado por Eurasia. Pero su patria latió constantemente en él. Fue expulsado de otros países capitalistas —Francia, Polonia, etc.— por su militancia encendida. Dijo la verdad y no huyó de la realidad. Le molestó la opresión del hombre por todo el mundo. El comunismo existió en él muy hondamente. Recibió el Premio Nobel de Literatura en 1972. Murió el 24 de septiembre de 1973.

El "Poema 20" forma parte de *Veinte poemas de amor y una canción desesperada,* una de sus primeras obras. Trata el amor con una gran intensidad romántica. El poeta expone las emociones confusas de un amor perdido. Reconoce que el amor es una cosa del pasado. Su soledad y nostalgia son ineludibles.

Era Pablo Neruda el poeta de la angustia y de la soledad. A pesar de tantas cosas que lo deprimieron, había cosas bonitas en la vida, como las violetas y las golondrinas. El poeta ruega que no sigan más adelante porque hay "tantas cosas que quiere olvidar," pero le es imposible.

Al principio Pablo Neruda era modernista. Más tarde se alejó y creó su propio estilo.

Algunas de sus obras son *Crepusculario, La canción de la fiesta, Residencia en la tierra,* escrita en dos volúmenes (1933 y 1935) y por la cual se destacó, y *Canto general de Chile.*

Puedo escribir los versos...
(Poema 20)

Puedo escribir los versos más tristes esta
noche.

Escribir, por ejemplo: "La noche está
estrellada,
y tiritan,° azules, los astros, a lo lejos."   **tiritan** shiver

El viento de la noche gira en el cielo y canta.

Puedo escribir los versos más tristes esta
noche.
Yo la quise, y a veces ella también me quiso.

En las noches como ésta la tuve entre mis
brazos.
La besé tantas veces bajo el cielo infinito.

Ella me quiso, a veces yo también la quería.
Cómo no haber amado sus grandes ojos fijos.

Puedo escribir los versos más tristes esta
noche.
Pensar que no la tengo. Sentir que la he
perdido.

Oír la noche inmensa, más inmensa sin ella.
Y el verso cae al alma como al pasto el rocío.°   **rocío** dew

Qué importa que mi amor no pudiera
guardarla.
La noche está estrellada y ella no está
conmigo.

Eso es todo. A lo lejos alguien canta. A lo
lejos.
Mi alma no se contenta con haberla perdido.

Como para acercarla mi mirada la busca.
Mi corazón la busca, y ella no está conmigo.

La misma noche que hace blanquear los
mismos árboles.
Nosotros, los de entonces, ya no somos los
mismos.

Ya no la quiero, es cierto, pero cuánto la quise.
Mi voz buscaba el viento para tocar su oído.

De otro. Será de otro. Como antes de mis besos.
Su voz, su cuerpo claro. Sus ojos infinitos.

Ya no la quiero, es cierto, pero tal vez la quiero.
Es tan corto el amor, y es tan largo el olvido.

Porque en noche como ésta la tuve entre mis
brazos,
mi alma no se contenta con haberla perdido.

Aunque éste sea el último dolor que ella me
causa,
y éstos sean los últimos versos que yo le
escribo.

                              Pablo Neruda

I. Para discusión

1. ¿Cuál es el propósito del poeta al repetir el
    primer verso varias veces?
2. ¿Qué es lo que importa al poeta?
3. ¿Cuál es la causa de la tristeza del poeta?
4. ¿Qué verso es el que tiene más significado
    para usted?
5. ¿Qué es lo que pelea el poeta?
6. ¿Se vence o se salva el poeta de su tristeza?

españa contemporánea

Federico García Lorca

Federico García Lorca **(1899-1936)** Nació el 5 de julio de 1899. Fue poeta desde niño. Poseía un gran amor por sus amigos, los campesinos y los animales del universo. Además de Derecho, estudió Filosofía y Letras en las Universidades de Granada y de Madrid. Alcanzó ser un pintor estimable y dio muchas conferencias sobre arte. Viajó por España con el teatro universitario La Barraca. Hacia 1926 su éxito en el teatro le exigió todo su tiempo y dedicación. Sus obras *Bodas de sangre* y *Yerma* fueron extraordinariamente recibidas por el público. Otros de sus dramas de fama internacional son *La casa de Bernarda Alba, Doña Rosita la soltera* y *La zapatera prodigiosa*. Colaboró en varias revistas y fundó una de ellas, *Gallo*. Viajó por Europa y América, gozando de mucha estimación y homenajes siempre. García Lorca cayó víctima a principios de la Guerra Civil de 1936.

Es García Lorca un poeta de primer orden. Logró alcanzar categoría universal.

Los aspectos más obvios en la poesía de Lorca son el ritmo popular, la metáfora inesperada y el misterio. El tema andaluz es persistente a lo largo de su obra. Estampas andaluzas en "Arbolé, arbolé son las ciudades y los colores. Es una personificación porque el viento abraza a la niña cogiendo aceitunas. Ella no escucha a nadie como si fueran presencias imaginarias. "El viento, galán de torres" es una bella imagen del viento que simboliza el amor, la muerte, fruto o extinción. En este romance García Lorca emplea lo real y lo fantástico con mucha sutileza. Empieza el poema con un estribillo.

En sus *Canciones,* a cual pertenece "Canción del jinete," Lorca desarrolla el tema básico de la muerte. El presentimiento sugiere la consumación final esperada. El jinete, símbolo de la vida, encuentra la muerte. La luna es signo de tristeza y de muerte.

El *Romancero gitano* es su obra máxima.

Canción del jinete

Córdoba,
lejana y sola.

Jaca° negra, luna grande,   **jaca**   small horse
y aceitunas en mi alforja.°   **alforja**   saddlebag
Aunque sepa los caminos
yo nunca llegaré a Córdoba.

Por el llano, por el viento,
jaca negra, luna roja.
La muerte me está mirando
desde las torres de Córdoba.

¡Ay, qué camino tan largo!
¡Ay, mi jaca valerosa!
¡Ay, que la muerte me espera
antes de llegar a Córdoba!

Córdoba,
lejana y sola.

I.   Para discusión

1. ¿Por qué no quiere llegar a Córdoba el poeta?
2. ¿Qué simbolizan los colores negro y rojo en
    este poema?
3. ¿Cuál es el propósito de los primeros dos
    versos?

Arbolé, arbolé

Arbolé, arbolé,
seco y verdé.

La niña del bello rostro
está cogiendo aceitunas.
El viento, galán de torres,
la prende por la cintura.
Pasaron cuatro jinetes °   **jinetes** horsemen
sobre jacas andaluzas
con trajes de azul y verde,
con largas capas oscuras.
"Vente a Córdoba, muchacha."
La niña no los escucha.
Pasaron tres torerillos
delgaditos de cintura, °   **cintura** waist
con trajes color naranja
y espadas de plata antigua.
"Vente a Sevilla, muchacha."
La niña no los escucha.
Cuando la tarde se puso
morada, con luz difusa,
pasó un joven que llevaba
rosas y mirtos de luna.
"Vente a Granada, muchacha."
Y la niña del bello rostro
sigue cogiendo aceitunas
con el brazo gris del viento
ceñido por la cintura.

Arbolé, arbolé,
seco y verdé.

Federico García Lorca

I. Para discusión

1. ¿Qué es lo que le proponen a la niña los distintos galanes?
2. ¿Con quién de todos se queda al final?
3. ¿Por qué no acepta la niña ninguna de las ofertas?

Juan Ramón Jiménez

Juan Ramón Jiménez (1881-1958) Nació en Moguer, Andalucía, en 1881. Desde niño era un gran amigo de la soledad. A los once años se fue al colegio de los jesuitas en el Puerto de Santa María. Estudió pintura y poesía en la Universidad de Sevilla de 1892 a 1896. Sus primeras publicaciones aparecieron en las revistas de Huelva y Sevilla. En su viaje a Madrid en 1898 conoció a Rubén Darío. En 1916 se casó con Zenobia Camprubí Aymar, española de extraordinaria cultura. Viajó por toda España en coche, haciéndose cada día más español y más universal. Por medio de revistas —*Ley, Indice, Sí*— trató de orientar a la juventud. De 1927 a 1930 cayó en una época de desaliento, cansancio. Viajó por España una vez más y sintió ánimo para empezar de nuevo. Emigró a América en 1936 durante la Guerra Civil. En 1957, siendo catedrático de la Universidad de Puerto Rico, fue sorprendido con el Premio Nobel. Murió el 29 de mayo de 1958 en San Juan de Puerto Rico.

Es Juan Ramón Jiménez uno de los poetas españoles más grandes de todas las épocas.

Su obra incluye más de cuarenta títulos y puede dividirse en dos etapas: la primera de 1898 a 1916 y la segunda de 1916 a 1949. Al principio es sobrio, exquisito e inimitable. Ama los jardines, la luna, la soledad, lo tierno, lo idílico, la vaguedad del ensueño y la música muy especialmente. Emplea el soneto, el endecasílabo y el alejandrino. En la segunda etapa elimina la musicalidad. Exalta la belleza de las formas sencillas del octasílabo y el romance. Más tarde ofrece una poesía más depurada, de más precisión; ofrece simplemente la imagen natural, limpia y sencilla. Es su poesía la más libre de elementos no poéticos.

"El viaje definitivo" refleja la intimidad del poeta. Es la expresión melancólica de la existencia del hombre en relación al resto del mundo.

Algunas de las obras que pertenecen a la primera etapa son *Rimas, Jardines lejanos, Elegías, Estío y Sonetos espirituales;* a la segunda etapa corresponden *Eternidades, Belleza, Unidad y Canción.*

El viaje definitivo

Y yo me iré. Y se quedarán los pájaros
    cantando;
y se quedará mi huerto, con su verde árbol,
y con su pozo° blanco.

pozo well

Todas las tardes el cielo será azul y plácido;
y tocarán, como esta tarde están tocando,
las campanas del campanario.°

campanario belfry

Se morirán aquellos que me amaron;
y el pueblo se hará nuevo cada año;
y en el rincón de aquél mi huerto florido y
    encalado,°
mi espíritu errará, nostálgico.

encalado limed, white

Y yo me iré; y estaré solo, sin hogar, sin
    árbol
verde, sin pozo blanco,
sin cielo azul y plácido...
Y se quedarán los pájaros cantando.

I.   Para discusión

1. ¿A qué viaje se refiere el poeta?
2. ¿Qué dejará el poeta?
3. ¿Cómo será el pueblo? ¿Por qué?

Los pájaros de yo sé dónde

Toda la noche,
los pájaros han estado
cantándome sus colores.

(No los colores
de sus alas matutinas°   **matutinas** morning
con el fresco de los soles.

No los colores
de sus pechos vespertinos°   **vespertinos** evening
al rescoldo° de los soles.   **rescoldo** embers, heat

No los colores
de sus picos° cotidianos   **picos** beaks
que se apagan por la noche,
como se apagan
los colores conocidos
de las hojas y las flores.)

Otros colores,
el paraíso primero
que perdió del todo el hombre,
el paraíso
que las flores y los pájaros
inmensamente conocen.

Flores y pájaros
que van y vienen oliendo,
volando por todo el orbe.

Otros colores,
el paraíso sin cambio
que el hombre en sueños recorre.

Toda la noche,
los pájaros han estado
cantándome los colores.

Otros colores
que tienen en su otro mundo
y que sacan por la noche.

Unos colores
que he visto bien ° despierto   **bien** quite
y que están yo sé bien dónde.

Yo sé de dónde
los pájaros han venido
a cantarme por la noche.

Yo sé de dónde
pasando vientos y olas,
a cantarme mis colores.

Juan Ramón Jiménez

I.   Para discusión

1. ¿Qué colores rechaza el poeta?
2. ¿Con qué se identifican los "otros colores"?
3. ¿De qué parte vienen los pájaros que le cantan al poeta?
4. ¿Cómo conoce o distingue los pájaros el poeta?

Jorge Guillén

Jorge Guillén **(1893)**   Nació en Valladolid en 1893. Estudió Filosofía y Letras en Granada y en Madrid. Obtuvo su Licenciatura en 1913.

La esencia de la poesía de Jorge Guillén es gozar de la vida, vivirla ahora. Este mensaje queda reiterado en "Sabor a vida" y "Muerte a lo lejos." En "Sabor a vida" Guillén celebra el gozo inmediato de vivir, de estar vivo. Encuentra la felicidad en las manifestaciones comunes de la naturaleza. En "Muerte a lo lejos" el poeta siente la muerte pero sabe que no ha de venir todavía. El gozo concreto de la vida es lo que le importa ahora. Acepta la ley del universo: nacer y morir.

Su estilo es similar al de Luis de Góngora, poeta barroco del siglo XVI. Emplea la forma clásica en combinación con metáfora.

Algunas de sus obras son *Cántico, Clamor, Fe de vida, Lenguaje y poesía,* y *Tiempos de historia.*

Sabor a vida

Hay ya cielo por el aire
  Que se respira.
Respiro, floto en venturas,°
  Por alegrías.

venturas hazards, chances

Las alegrías de un hombre
  Se ahondan fuera esparcidas.°
Yo soy feliz en los árboles,
  En el calor, en la umbría.°

fuera esparcidas scatter abroad

umbría shade

¿Aventuras? No las caza
  Mi cacería.
Tengo con el mismo sol
  La eterna cita.

¡Actualidad! Tan fugaz°
  En su cogollo° y su miga,°
Regala a mi lentitud°
  El sumo° sabor a vida.

fugaz elusive
cogollo pith
miga marrow
lentitud loitering
sumo uttermost

¡Lenta el alma, lentos pasos
  En compañía!
¡La gloria posible nunca,
  Nunca abolida!

I. Para discusión

1. ¿En qué encuentra la felicidad el poeta?
2. ¿Busca aventuras el poeta?
3. ¿En qué momento encuentra el poeta la felicidad?
4. ¿Perdurará la gloria para él?

Muerte a lo lejos

Je soutenais l'éclat de la mort toute pure.

        —VALÉRY

Alguna vez me angustia una certeza,°   **certeza** certainty
Y ante mí se estremece mi futuro.
Acechándole está de pronto un muro
Del arrabal° final en que tropieza   **arrabal** suburbs

La luz del campo. ¿Mas habrá tristeza
Si la desnuda el sol? No, no hay apuro
Todavía. Lo urgente es el maduro
Fruto. La mano ya lo descorteza.

...Y un día entre los días el más triste
Será. Tenderse° deberá la mano   **tenderse** offer
Sin afán.° Y acatando° el inminente   **afán** fear
                                     acatando revering

Poder diré sin lágrimas: embiste,
Justa fatalidad. El muro cano°   **cano** white
Va a imponerme su ley, no su accidente.

                    Jorge Guillén

I. Para discusión

1. ¿Qué angustia al poeta?
2. ¿Debe uno preocuparse por la muerte ahora?
3. ¿Qué es lo urgente por ahora?
4. ¿Cuál será el día más triste?
5. ¿Cómo aceptará la muerte el poeta? ¿Por qué?

La Novela

Ernesto Sábato

Ernesto Sábato **(1911)** Sobresale Ernesto Sábato entre los cultivadores de las últimas corrientes literarias en la Argentina. Se ha distinguido en el periodismo, el ensayo y sobre todo en la novela.

Nació en 1911 en la pequeña ciudad de Rojas. Estudió en la Universidad de La Plata, doctorándose en física en 1938 y luego siendo profesor en la misma. Fue asistente del Comité Ejecutivo de la UNESCO. En 1940 abandonó la ciencia y se dedicó a la literatura.

Ha colaborado en *Sur* y *La Nación* y fue director de la revista popular *Mundo Argentino*.

La primera obra, *Uno y el Universo,* fue una colección de ensayos filosóficos. Otros de sus ensayos son *Hombres y engranajes, Heterodoxia* y *El escritor y sus fantasmas.* Su gran preocupación fue el papel del hombre en el mundo.

En 1948 publicó la novela sicológica *El túnel.* Su aceptación fue internacional siendo traducida inmediatamente al francés, inglés, polaco, alemán, japonés y otros más. Lo que hace Sábato en esta novela es presentar algunos de los problemas que más angustian al hombre: la soledad, la falta de comunión de un hombre con el mundo exterior, el aislamiento y el dolor humano. El pintor Juan Pablo Castel cuenta su crimen: por qué mató a María Iribarne. Relata todo, desde que la conoce hasta que la asesina. El pintor muestra todos sus sufrimientos, sus dudas, sus anhelos y su amor. Todos los personajes están vistos a través del pintor Juan Pablo. La prosa es concreta, directa y llena de especulaciones.

Sábato empieza la novela con el desenlace "Yo la maté" en vez de ir contando los hechos poco a poco para mantener la atención del lector. Es decir, su técnica invierte el proceso tradicional. Con el desenlace el lector entra en la mente del protagonista, Juan Pablo Castel. Lo que importa es saber por qué la mató. *El túnel* simboliza el inescapable túnel mental que aprisiona o encierra al hombre. Castel se encuentra prisionero en la cárcel y también en las paredes de su mente.

El túnel

I

Bastará decir que soy Juan Pablo Castel, el pintor que
mató a María Iribarne; supongo que el proceso está en el
recuerdo de todos y que no se necesitan mayores explicaciones sobre mi persona.

Aunque ni el diablo sabe qué es lo que ha de recordar la
gente, ni por qué. En realidad, siempre he pensado que
no hay memoria colectiva, lo que quizá sea una forma de
defensa de la especie humana. La frase "todo tiempo
pasado fue mejor" no indica que antes sucedieran menos
cosas malas, sino que —felizmente— la gente las echa en
el olvido. Desde luego, semejante frase no tiene validez

universal; yo, por ejemplo, me caracterizo por recordar preferentemente los hechos° malos y, así, casi podría decir que "todo tiempo pasado fue peor," si no fuera porque el presente me parece tan horrible como el pasado; recuerdo tantas calamidades, tantos rostros cínicos y crueles, tantas malas acciones, que la memoria es para mí como la temerosa luz que alumbra° un sórdido museo de la vergüenza. ¡Cuántas veces he quedado aplastado° durante horas, en un rincón oscuro del taller,° después de leer una noticia en la sección policial! Pero la verdad es que no siempre lo más vergonzoso de la raza humana aparece allí; hasta cierto punto, los criminales son gente más limpia, más inofensiva; esta afirmación no la hago porque yo mismo haya matado a un ser humano: es una honesta y profunda convicción. ¿Un individuo es pernicioso? Pues se lo liquida y se acabó. Eso es lo que yo llamo una *buena acción*. Piensen cuánto peor es para la sociedad que ese individuo siga destilando su veneno y que en vez de eliminarlo se quiera contrarrestar° su acción recurriendo a anónimos, maledicencia y otras bajezas° semejantes. En lo que a mí se refiere, debo confesar que ahora lamento no haber aprovechado mejor el tiempo de mi libertad, liquidando a seis o siete tipos que conozco.

Que el mundo es horrible, es una verdad que no necesita demostración. Bastaría un hecho para probarlo, en todo caso: en un campo de concentración un ex-pianista se quejó de hambre y entonces lo obligaron a comerse una rata, *pero viva.*

No es de eso, sin embargo, de lo que quiero hablar ahora; ya diré más adelante, si hay ocasión, algo más sobre este asunto de la rata.

hechos deeds, experiences

alumbra illuminates

aplastado crushed

taller shop

contrarrestar to counteract, to resist

bajezas lowly things

II

Como decía, me llamo Juan Pablo Castel. Podrán preguntarse qué me mueve a escribir la historia de mi crimen (no sé si ya dije que voy a relatar mi crimen) y, sobre todo, a buscar un editor. Conozco bastante bien el alma humana para prever que pensarán en la vanidad. Piensen lo que quieran: me importa un bledo;° hace rato que me importan un bledo la opinión y la justicia de los hombres. Supongan, pues, que publico esta historia por vanidad. Al fin de cuentas estoy hecho de carne, huesos, pelo y uñas° como cualquier otro hombre y me parecería muy injusto que exigiesen de mí, precisamente de mí, cualidades especiales; uno se cree a veces un superhombre, hasta que advierte que también es mezquino,° sucio y pérfido. De la vanidad no digo nada: creo que nadie está desprovisto de este notable motor del Progreso Humano. Me hacen reír esos señores que salen con la modestia de Einstein o gente por el estilo; respuesta: *es fácil ser modesto cuando se es célebre;* quiero decir *parecer modesto.* Aun cuando se imagina que no existe en absoluto, se la descubre de pronto en su forma más sutil: la vanidad de la modestia. ¡Cuántas veces tropezamos con esa clase de individuos! Hasta un hombre, real o simbólico, como Cristo, pronunció palabras sugeridas por la vanidad o al menos por la soberbia. ¿Qué decir de Léon Bloy, que se defendía de la acusación de soberbia argumentando que se había pasado la vida sirviendo a individuos que no le llegaban a las rodillas? La vanidad se encuentra en los lugares más inesperados: al lado de la bondad, de la abnegación, de la generosidad. Cuando yo era chico y me desesperaba ante la idea de que mi madre debía morirse un día (con los años se llega a saber que la muerte no sólo es soportable sino hasta reconfortante), no imaginaba que mi madre pudiese tener defectos. Ahora que no existe, debo decir que fue tan buena como puede llegar a serlo un ser humano. Pero recuerdo, en sus últimos años, cuando yo era un hombre, cómo al comienzo me dolía descubrir debajo de sus mejores acciones un sutilísimo ingrediente de vanidad o de orgullo. Algo mucho más demostrativo me sucedió a mí mismo cuando la operaron de cáncer. Para llegar a tiempo tuve que viajar dos días enteros sin dormir. Cuando llegué al lado de su cama, su rostro de cadáver logró sonreírme levemente, con ternura, y murmuró unas palabras para compadecerme (¡ella se compadecía de mi cansancio!). Y yo sentí dentro de mí, oscuramente, el vanidoso orgullo de haber acudido tan pronto. Confieso este secreto para que vean hasta qué punto no me creo mejor que los demás.

me importa un bledo
I don't care

uñas   nails

mezquino   small

Sin embargo, no relato esta historia por vanidad. Quizá estaría dispuesto a aceptar que hay algo de orgullo o de soberbia. Pero, ¿por qué esa manía de querer encontrar explicación a todos los actos de la vida? Cuando comencé este relato estaba firmemente decidido a no dar explicaciones de ninguna especie. Tenía ganas de contar la historia de mi crimen, y se acabó: al que no le gustara, que no la leyese. Aunque no lo creo, porque precisamente esa gente que siempre anda detrás de las explicaciones es la más curiosa y pienso que ninguno de ellos se perderá la oportunidad de leer la historia de un crimen hasta el final.

Podría reservarme los motivos que me movieron a escribir estas páginas de confesión; pero como no tengo interés en pasar por excéntrico, diré la verdad, que de todos modos es bastante simple: pensé que podrían ser leídas por mucha gente, ya que ahora soy célebre; y aunque no me hago muchas ilusiones acerca de la humanidad en general y de los lectores de estas páginas en particular, me anima la débil esperanza de que alguna persona llegue a entenderme. AUNQUE SEA UNA SOLA PERSONA.

"¿Por qué —se podrá preguntar alguien— apenas una débil esperanza si el manuscrito ha de ser leído por tantas personas?" Este es el género de preguntas que considero inútiles. Y no obstante° hay que preverlas, porque la gente hace constantemente preguntas inútiles, preguntas que el análisis más superficial revela innecesarias. Puedo hablar hasta el cansancio y a gritos delante de una asamblea de cien mil rusos: nadie me entendería. ¿Se dan cuenta de lo que quiero decir?

Existió una persona que podría entenderme. *Pero fue, precisamente, la persona que maté.*

no obstante nevertheless

VIII

Mientras volvía a mi casa profundamente deprimido, trataba de pensar con claridad. Mi cerebro es un hervidero,° pero cuando me pongo nervioso las ideas se me suceden como en un vertiginoso° ballet; a pesar de lo cual, o quizá

hervidero hot spring

vertiginoso dizzy

por eso mismo, he ido acostumbrándome a gobernarlas y ordenarlas rigurosamente; de otro modo creo que no tardaría en volverme loco.

Como dije, volví a casa en un estado de profunda depresión, pero no por eso dejé de ordenar y clasificar las ideas, pues sentí que era necesario pensar con claridad si no quería perder para siempre a la única persona que evidentemente había comprendido mi pintura.

O ella entró en la oficina para hacer una gestión,° o trabajaba allí; no había otra posibilidad. Desde luego, esta última era la hipótesis más favorable. En este caso, al separarse de mí se habría sentido trastornada y decidiría volver a su casa: Era necesario esperarla, pues, al otro día, frente a la entrada.

  gestión negotiation

Analicé luego la otra posibilidad: la gestión. Podría haber sucedido que, trastornada por el encuentro, hubiera vuelto a la casa y decidido dejar la gestión para el otro día. También en este caso correspondía esperarla en la entrada.

Estas dos eran las posibilidades favorables. La otra era terrible: la gestión había sido hecha mientras yo llegaba al edificio y durante mi aventura de ida y vuelta en el ascensor.° Es decir, que nos habíamos cruzado sin vernos. El tiempo de todo este proceso era muy breve y era muy improbable que las cosas hubieran sucedido de este modo, pero era posible: bien podía consistir la famosa gestión en entregar una carta, por ejemplo. En tales condiciones creí inútil volver al otro día a esperar.

  ascensor elevator

Había, sin embargo, dos posibilidades favorables y me aferré a ellas con desesperación.

Llegué a mi casa con una mezcla de sentimientos: Por un lado, cada vez que pensaba en la frase que ella había dicho ("La recuerdo constantemente"), mi corazón latía° con violencia y sentí que se me abría una oscura pero vasta y poderosa perspectiva; intuí que una gran fuerza, hasta ese momento dormida, se desencadenaría° en mí. Por otro lado imaginé que podía pasar mucho tiempo antes de volver a encontrarla. Era necesario encontrarla. Me encontré diciendo en alta voz, varias veces: "¡Es necesario, es necesario!"

  latía beat

  desencadenaría would unwind

IX

Al otro día, temprano, estaba ya parado frente a la puerta de entrada de las oficinas de T. Entraron todos los empleados, pero ella no apareció: era claro que no trabajaba allí, aunque restaba la débil hipótesis de que hubiera enfermado y no fuese a la oficina por varios días.

Quedaba, además, la posiblidad de la gestión, de manera que decidí esperar toda la mañana en el café de la esquina.

Había ya perdido toda esperanza (serían alrededor de las once y media) cuando la vi salir de la boca del subterráneo. Terriblemente agitado, me levanté de un salto y fui a su encuentro. Cuando ella me vio, se detuvo como si de pronto se hubiera convertido en piedra: era evidente que no contaba con semejante aparición. Era curioso, pero la sensación de que mi mente había trabajado con un rigor férreo° me daba una energía inusitada:° me sentía fuerte, estaba poseído por una decisión viril y dispuesto a todo. Tanto que la tomé de un brazo casi con brutalidad y, sin decir una sola palabra, la arrastré° por la calle San Martín en dirección a la plaza. Parecía desprovista de voluntad; no dijo una sola palabra.

Cuando habíamos caminado unas dos cuadras, me preguntó:

—¿A dónde me lleva?

—A la plaza San Martín. Tengo mucho que hablar con usted— le respondí, mientras seguía caminando con decisión, siempre arrastrándola del brazo.

Murmuró algo referente a las oficinas de T., pero yo seguí arrastrándola y no oí nada de lo que me decía.

Agregué:

—Tengo muchas cosas que hablar con usted.

No ofrecía resistencia: yo me sentía como un río crecido que arrastra una rama. Llegamos a la plaza y busqué un banco aislado.

—¿Por qué huyó?— fue lo primero que le pregunté. Me miró con esa expresión que yo había notado el día anterior, cuando me dijo "la recuerdo constantemente":

férreo severe, harsh
inusitada unusual

arrastré I pulled, dragged

era una mirada extraña, fija, penetrante, parecía venir de atrás; esa mirada me recordaba algo, unos ojos parecidos, pero no podía recordar dónde los había visto.

—No sé— respondió finalmente. —También querría huir ahora.

Le apreté° el brazo.

apreté   I squeezed

—Prométame que no se irá nunca más. La necesito, la necesito mucho— le dije.

Volvió a mirarme como si me escrutara,° pero no hizo ningún comentario. Después fijó sus ojos en un árbol lejano.

escrutara
examining, scrutinizing

De perfil no me recordaba nada. Su rostro era hermoso pero tenía algo duro. El pelo era largo y castaño. Físicamente, no aparentaba mucho más de veintiséis años, pero existía en ella algo que sugería edad, algo típico de una persona que ha vivido mucho; no canas ni ninguno de esos indicios puramente materiales, sino algo indefinido y seguramente de orden espiritual; quizá la mirada, pero, ¿hasta qué punto se puede decir que la mirada de un ser humano es algo físico?; quizá la manera de apretar la boca, pues, aunque la boca y los labios son elementos físicos, la manera de apretarlos y ciertas arrugas son también elementos espirituales. No pude precisar en aquel momento, ni tampoco podría precisarlo ahora, qué era, en definitiva, lo que daba esa impresión de edad. Pienso que también podría ser el modo de hablar.

—Necesito mucho de usted— repetí.

No respondió: seguía mirando el árbol.

—¿Por qué no habla?— le pregunté.

Sin dejar de mirar el árbol, contestó:

—Yo no soy nadie. Usted es un gran artista. No veo para qué me puede necesitar.

Le grité brutalmente:

—¡Le digo que la necesito! ¿Me entiende?

Siempre mirando el árbol, musitó:°

musitó   mumbled

—¿Para qué?

No respondí en el instante. Dejé su brazo y quedé pensativo. ¿Para qué, en efecto? Hasta ese momento no me había hecho con claridad la pregunta y más bien había obedecido a una especie de instinto. Con una ramita comencé a trazar dibujos geométricos en la tierra.

—No sé— murmuré al cabo de un buen rato. —Todavía no lo sé.

Reflexionaba intensamente y con la ramita complicaba cada vez más los dibujos.

—Mi cabeza es un laberinto oscuro. A veces hay como relámpagos° que iluminan algunos corredores. Nunca termino de saber por qué hago ciertas cosas. No, no es eso... Me sentía bastante tonto: de ninguna manera era esa mi forma de ser. Hice un gran esfuerzo mental: ¿acaso yo no razonaba? Por el contrario, mi cerebro estaba constantemente razonando como una máquina de calcular; por ejemplo, en esta misma historia, ¿no me había pasado meses razonando y barajando° hipótesis y clasificándolas? Y, en cierto modo, ¿no había encontrado a María al fin, gracias a mi capacidad lógica? Sentí que estaba cerca de la verdad, muy cerca, y tuve miedo de perderla: hice un enorme esfuerzo.

Grité:

—¡No es que no sepa razonar! Al contrario, razono siempre. Pero imagine usted un capitán que en cada instante fija matemáticamente su posición y sigue su ruta hacia el objetivo con un rigor implacable. Pero que *no sabe por qué va hacia ese objetivo*, ¿entiende?

Me miró un instante con perplejidad; luego volvió nuevamente a mirar el árbol.

—Siento que usted será algo esencial para lo que tengo que hacer, aunque todavía no me doy cuenta de la razón.

Volví a dibujar con la ramita y seguí haciendo un gran esfuerzo mental. Al cabo de un tiempo, agregué:

—Por lo pronto sé que es algo vinculado° a la escena de la ventana: usted ha sido la única persona que le ha dado importancia.

—Yo no soy crítico de arte— murmuró.

Me enfurecí y grité:

—¡No me hable de esos cretinos!°

Se dio vuelta sorprendida. Yo bajé entonces la voz y le expliqué por qué no creía en los críticos de arte: en fin, la teoría del bisturí° y todo eso. Me escuchó siempre sin mirarme y cuando yo terminé comentó:

—Usted se queja, pero los críticos siempre lo han elogiado.

relámpagos   lightning

barajando   shuffling

vinculado   linked

cretinos   idiots

bisturí   surgeon's knife

Me indigné.

—¡Peor para mí! ¿No comprende? Es una de las cosas que me han amargado° y que me han hecho pensar que ando por mal camino. Fíjese por ejemplo lo que ha pasado en este salón: ni uno solo de esos charlatanes se dio cuenta de la importancia de esa escena. Hubo una sola persona que le ha dado importancia: usted. Y usted no es un crítico. No, en realidad hay otra persona que le ha dado importancia, pero negativa: me lo ha reprochado, le tiene aprensión, casi asco.° En cambio, usted...

me han amargado
have made me bitter

asco   disgust

Siempre mirando hacia adelante dijo, lentamente:

—¿Y no podría ser que yo tuviera la misma opinión?

—¿Qué opinión?

—La de esa persona.

La miré ansiosamente; pero su cara, de perfil, era inescrustable, con sus mandíbulas apretadas. Respondí con firmeza:

—Usted piensa como yo.

—¿Y qué es lo que piensa usted?

—No sé, tampoco podría responder a esa pregunta. Mejor podía decirle que usted *siente* como yo. Usted miraba aquella escena como la habría podido mirar yo en su lugar. No sé qué piensa y tampoco sé lo que pienso yo, pero sé que piensa como yo.

—¿Pero entonces usted no piensa sus cuadros?

—Antes los pensaba mucho, los construía como se construye una casa. Pero esa escena no: sentía que debía pintarla así, sin saber bien por qué. Y sigo sin saber. En realidad, no tiene nada que ver con el resto del cuadro y hasta creo que uno de esos idiotas me lo hizo notar. Estoy caminando a tientas,° y necesito su ayuda porque sé que siente como yo.

a tientas   groping

—No sé exactamente lo que piensa usted.

Comenzaba a impacientarme. Le respondí secamente:

—¿No le digo que no sé lo que pienso? Si pudiera decir con palabras claras lo que siento, sería casi como pensar claro. ¿No es cierto?

—Sí, es cierto.

Me callé un momento y pensé, tratando de ver claro. Después agregué:

—Podría decirse que toda mi obra anterior es más superficial.

—¿Qué obra anterior?

—La anterior a la ventana.

Me concentré nuevamente y luego dije:

—No, no es eso exactamente, no es eso. No es que fuera más superficial.

¿Qué era, verdaderamente? Nunca, hasta ese momento, me había puesto a pensar en este problema; ahora me daba cuenta hasta qué punto había pintado la escena de la ventana como un sonámbulo.

—No, no es que fuera más superficial— agregué, como hablando para mí mismo. —No sé, todo esto tiene algo que ver con la humanidad en general, ¿comprende? Recuerdo que días antes de pintarla había leído que en un campo de concentración alguien pidió de comer y lo obligaron a comerse una rata viva. A veces creo que nada tiene sentido. En un planeta minúsculo, que corre hacia la nada desde millones de años, nacemos en medio de dolores, crecemos, luchamos, nos enfermamos, sufrimos, hacemos sufrir, gritamos, morimos, mueren y otros están naciendo para volver a empezar la comedia inútil.

¿Sería eso, verdaderamente? Me quedé reflexionando en esa idea de la falta de sentido. ¿Toda nuestra vida sería una serie de gritos anónimos en un desierto de astros indiferentes?

Ella seguía en silencio.

—Esa escena de la playa me da miedo— agregué después de un largo rato, —aunque sé que es algo más profundo. No, más bien quiero decir que me representa más profundamente *a mí*... Eso es. No es un mensaje claro, todavía, no, pero me representa profundamente *a mí*.

Oí que ella decía:

—¿Un mensaje de desesperanza, quizá?

La miré ansiosamente:

—Sí— respondí, —me parece que un mensaje de desesperanza. ¿Ve cómo usted sentía como yo?

Después de un momento, preguntó:

—¿Y le parece elogiable° un mensaje de desesperanza?   **elogiable** praiseworthy

La observé con sorpresa.

—No— repuse, —me parece que no. ¿Y usted qué piensa?

Quedó un tiempo bastante largo sin responder; por fin volvió la cara y su mirada se clavó en mí.

—La palabra elogiable no tiene nada que hacer aquí— dijo, como contestando a su propia pregunta. —Lo que importa es la verdad.

—¿Y usted cree que esa escena es verdadera?— pregunté.

Casi con dureza, afirmó:

—Claro que es verdadera.

Miré ansiosamente su rostro duro, su mirada dura. "¿Por qué esa dureza?," me preguntaba, "¿por qué?" Quizá sintió mi ansiedad, mi necesidad de comunión, porque por un instante su mirada se ablandó° y pareció ofrecerme un puente; pero sentí que era un puente transitorio y frágil colgado sobre un abismo. Con una voz también indiferente, agregó:

se ablandó softened

—Pero no sé qué ganará con verme. Hago mal a todos los que se me acercan.

X

Quedamos en vernos pronto. Me dio vergüenza decirle que deseaba verla al otro día o que deseaba seguir viéndola allí mismo y que ella no debería separarse ya nunca de mí. A pesar de que mi memoria es sorprendente, tengo, de pronto, lagunas inexplicables. No sé ahora qué le dije en aquel momento, pero recuerdo que ella me respondió que debía irse.

Esa misma noche le hablé por teléfono. Me atendió una mujer; cuando le dije que quería hablar con la señorita María Iribarne pareció vacilar un segundo, pero luego dijo que iría a ver si estaba. Casi instantáneamente oí la voz de María, pero con un tono casi oficinesco, que me produjo un vuelco.°

vuelco overturning

—Necesito verla, María— le dije. —Desde que nos separamos he pensado constantemente en usted, cada segundo.

Me detuve temblando. Ella no contestaba.

—¿Por qué no contesta?— le dije con nerviosidad creciente.

—Espere un momento— respondió.

Oí que dejaba el tubo. A los pocos instantes oí de nuevo su voz, pero esta vez su voz verdadera; ahora también ella parecía estar temblando.

—No podía hablar— me explicó.

—¿Por qué?

—Acá entra y sale mucha gente.

—¿Y ahora cómo puede hablar?

—Porque cerré la puerta. Cuando cierro la puerta saben que no deben molestarme.

—Necesito verla, María— repetí con violencia. —No he hecho otra cosa que pensar en usted desde el mediodía.

Ella no respondió.

—¿Por qué no responde?

—Castel...— comenzó con indecisión.

—¡No me diga Castel!— grité indignado.

—Juan Pablo...— dijo entonces, con timidez.

Sentí que una interminable felicidad comenzaba con esas dos palabras.

Pero María se había detenido nuevamente.

—¿Qué pasa?— pregunté. —¿Por qué no habla?

—Yo también— musitó.

—¿Yo también qué?— pregunté con ansiedad.

—Que yo también no he hecho más que pensar.

—¿Pero pensar en qué?— seguí preguntando, insaciable.

—En todo.

—¿Cómo en todo? ¿En qué?

—En lo extraño que es todo esto... lo de su cuadro... el encuentro de ayer... lo de hoy... qué sé yo...

La imprecisión siempre me ha irritado.

—Sí, pero yo le he dicho que no he dejado de pensar en *usted*— respondí. —Usted no me dice que haya pensado en mí.

Pasó un instante. Luego respondió:

—Le digo que he pensado en *todo*.

—No ha dado detalles.

—Es que todo es tan extraño, ha sido tan extraño... estoy tan perturbada... Claro que pensé en usted...

Mi corazón golpeó. Necesitaba detalles: me emocionan los detalles, no las generalidades.

—¿Pero, cómo, cómo?...— preguntó con creciente ansiedad. —Yo he pensado en cada uno de sus rasgos, en su perfil, cuando miraba el árbol, en su pelo castaño, en sus ojos duros y cómo de pronto se hacen blandos, en su forma de caminar...

—Tengo que cortar— me interrumpió de pronto. —Viene gente.

—La llamaré mañana temprano— alcancé a decir, con desesperación.

—Bueno— respondió rápidamente.

XI

Pasé una noche agitada. No pude dibujar ni pintar, aunque intenté muchas veces empezar algo. Salí a caminar y de pronto me encontré en la calle Corrientes. Me pasaba algo muy extraño: miraba con simpatía a todo el mundo. Creo haber dicho que me he propuesto hacer este relato en forma totalmente imparcial y ahora daré la primera prueba, confesando uno de mis peores defectos: siempre he mirado con antipatía y hasta con asco a la gente, sobre todo a la gente amontonada; nunca he soportado las playas en verano. Algunos hombres, algunas mujeres aisladas me fueron muy queridos, por otros sentí admiración (no soy envidioso), por otros tuve verdadera simpatía; por los chicos siempre tuve ternura y compasión (sobre todo cuando, mediante un esfuerzo mental, trataba de olvidar que al fin serían hombres como los demás); pero *en general,* la humanidad me pareció siempre detestable. No tengo inconvenientes en manifestar que a veces me impedía comer en todo el día o me impedía pintar durante una semana el haber observado un rasgo; es increíble hasta qué punto la codicia, la envidia, la petulancia, la grosería, la avidez y, en general, todo ese conjunto de atributos que forman la condición humana pueden verse en una cara, en una manera de caminar, en una mirada. Me parece natural que después de un encuentro así uno no tenga ganas de comer, de pintar, ni aun de vivir. Sin embargo, quiero hacer constar° que no me enorgullezco de esta característica; sé que es una muestra de soberbia y sé, también, que mi alma ha albergado muchas veces la codicia, la petulancia, la avidez y la grosería. Pero he dicho que me propongo narrar esta historia con entera imparcialidad, y así lo haré.

°**constar** known

Esa noche, pues, mi desprecio por la humanidad parecía abolido o, por lo menos transitoriamente ausente. Entré en el café Marzotto. Supongo que ustedes saben que la gente va allí a oír tangos, pero a oírlos como un creyente en Dios oye *La pasión según San Mateo.*

XII

A la mañana siguiente, a eso de las diez, llamé por teléfono. Me atendió la misma mujer del día anterior. Cuando pregunté por la señorita María Iribarne me dijo que esa misma mañana había salido para el campo. Me quedé frío.

—¿Para el campo?— pregunté.

—Sí, señor. ¿Usted es el señor Castel?

—Sí, soy Castel.

—Dejó una carta para usted, acá. Que perdone, pero no tenía su dirección.

Me había hecho tanto a la idea de verla ese mismo día y esperaba cosas tan importantes de ese encuentro que este anuncio me dejó anonadado.° Se me ocurrieron una serie de preguntas: ¿Por qué había resuelto ir al campo? Evidentemente, esta resolución había sido tomada después de nuestra conversación telefónica, porque, si no, me habría dicho algo acerca del viaje y, sobre todo, no habría aceptado mi sugestión de hablar por teléfono a la mañana siguiente. Ahora bien, si esa resolución era posterior a la conversación por teléfono, ¿sería también *consecuencia de esa conversación?* Y si era consecuencia, ¿por qué?, ¿quería huir de mí una vez más?, ¿temía el inevitable encuentro del otro día?

      anonadado
      overwhelmed

Este inesperado viaje al campo despertó la primera duda. Como sucede siempre, empecé a encontrar sospechosos detalles anteriores a los que antes no había dado importancia. ¿Por qué esos cambios de voz en el teléfono el día anterior? ¿Quiénes eran esas gentes que "entraban y salían" y que le impedían hablar con naturalidad? Además, *eso probaba que ella era capaz de simular.* ¿Y por qué vaciló esa mujer cuando pregunté por la señorita Iribarne? Pero una frase sobre todo se me había grabado como con ácido: "Cuando cierro la puerta saben que no deben molestarme." Pensé que alrededor de María existían muchas sombras.

Estas reflexiones me las hice por primera vez mientras corría a su casa. Era curioso que ella no hubiera averiguado mi dirección; yo, en cambio, conocía ya su dirección y su teléfono. Vivía en la calle Posadas, casi en la esquina de Seaver.

Cuando llegué al quinto piso y toqué el timbre, sentí una gran emoción.

Abrió la puerta un mucamo° que debía de ser polaco o algo por el estilo y cuando di mi nombre me hizo pasar a una salita llena de libros: las paredes estaban cubiertas de estantes hasta el techo, pero también había montones de libros encima de dos mesitas y hasta de un sillón. Me llamó la atención el tamaño excesivo de muchos volúmenes.

      mucamo   servant

Me levanté para echar un vistazo a la biblioteca. De pronto tuve la impresión de que alguien me observaba en silencio a mis espaldas. Me di vuelta y vi a un hombre en el extremo opuesto de la salita: era alto, flaco, tenía una hermosa cabeza. Sonreía mirando hacia donde yo estaba, pero *en general,* sin precisión. A pesar de que tenía los ojos abiertos, me di cuenta de que era ciego. Entonces me expliqué el tamaño anormal de los libros.

—¿Usted es Castel, no?— me dijo con cordialidad, extendiéndome la mano.

—Sí, señor Iribarne— respondí, entregándole mi mano con perplejidad, mientras pensaba qué clase de vinculación familiar podía haber entre María y él.

Al mismo tiempo que me hacía señas de tomar asiento, sonrió con una ligera expresión de ironía y agregó:

—No me llamó Iribarne y no me diga señor. Soy Allende, marido de María.

Acostumbrado a valorizar y quizá a interpretar los silencios, añadió inmediatamente:

—María usa siempre su apellido de soltera.

Yo estaba como una estatua.

—María me ha hablado mucho de su pintura. Como quedé ciego hace pocos años, todavía puedo imaginar bastante bien las cosas.

Parecía como si quisiera disculparse de su ceguera. Yo no sabía qué decir. ¡Cómo ansiaba estar solo, en la calle, para pensar en todo!

Sacó una carta de un bolsillo y me la alcanzó.

—Acá está la carta— dijo con sencillez, como si no tuviera nada de extraordinario.

Tomé la carta e iba a guardarla cuando el ciego agregó, como si hubiera visto mi actitud:

—Léala, no más. Aunque siendo de María no debe de ser nada urgente.

Yo temblaba. Abrí el sobre, mientras él encendía un cigarrillo, después de haberme ofrecido uno. Saqué la carta; decía una sola frase:

Yo también pienso en usted.

María

Cuando el ciego oyó doblar el papel, preguntó:

—Nada urgente, supongo.

Hice un gran esfuerzo y respondí:

—No, nada urgente.

Me sentí una especie de monstruo, viendo sonreír al ciego, que me miraba con los ojos bien abiertos.° **bien abiertos** wide open

—Así es María— dijo, como pensando para sí. —Muchos confunden sus impulsos con urgencias, María hace, efectivamente, con rapidez, cosas que no cambian la situación. ¿Cómo le explicaré?

Miró abstraído hacia el suelo, como buscando una explicación más clara. Al rato, dijo:

—Como alguien que estuviera parado en un desierto y de pronto cambiase de lugar con gran rapidez. ¿Comprende? La velocidad no importa, siempre se está en el mismo paisaje.

Fumó y pensó un instante más, como si yo no estuviera. Luego agregó:

—Aunque no sé si es esto, exactamente. No tengo mucha habilidad para las metáforas.

No veía el momento de huir de aquella sala maldita. Pero el ciego no parecía tener apuro. "¿Qué abominable comedia es ésta?" pensé.

—Ahora, por ejemplo— prosiguió Allende, —se levanta temprano y me dice que se va a la estancia.

—¿A la estancia?— pregunté inconscientemente.

—Sí, a la estancia nuestra. Es decir, a la estancia de mi abuelo. Pero ahora está en manos de mi primo Hunter. Supongo que lo conoce.

Esta nueva revelación me llenó de zozobra y al mismo tiempo de despecho:° ¿qué podría encontrar María en ese **despecho** despair imbécil mujeriego y cínico? Traté de tranquilizarme, pensando que ella no iría a la estancia por Hunter sino, simplemente, porque podría gustarle la soledad del campo y porque la· estancia era de la familia. Pero quedé muy triste.

—He oído hablar de él— dije, con amargura.

Antes de que el ciego pudiese hablar agregué, con brusquedad:

—Tengo que irme.

—Caramba, cómo lo lamento— comentó Allende.

—Espero que volvamos a vernos.

—Sí, sí, naturalmente— dije.

Me acompañó hasta la puerta. Le di la mano y salí corriendo. Mientras bajaba en el ascensor, me repetía con rabia: "¿Qué abominable comedia es ésta?"

XIII

Necesitaba despejarme° y pensar con tranquilidad. Cami- **despejarme** to clea. up
né por Posadas hacia el lado de la Recoleta.

Mi cabeza era un pandemonio: una cantidad de ideas, sentimientos de amor y de odio, preguntas, resentimientos y recuerdos se mezclaban y aparecían sucesivamente.

¿Qué idea era esta, por ejemplo, de hacerme ir a la casa a buscar una carta y hacérmela entregar por el marido? ¿Y cómo no me había advertido que era casada? ¿Y qué diablos tenía que hacer en la estancia con el sinvergüenza de Hunter? ¿Y por qué no había esperado mi llamado telefónico? Y ese ciego, ¿qué clase de bicho era? Dije ya que tengo una idea desagradable de la humanidad; debo confesar ahora que los ciegos *no me gustan nada* y que siento delante de ellos una impresión semejante a la que me producen ciertos animales, fríos, húmedos y silenciosos, como las víboras. Si se agrega el hecho de leer delante de él una carta de la mujer que decía *Yo también pienso en usted,* no es difícil adivinar la sensación de asco que tuve en aquellos momentos.

Traté de ordenar un poco el caos de mis ideas y sentimientos y proceder con método, como acostumbro. Había que empezar por el principio, y el principio (por lo menos el inmediato) era, evidentemente, la conversación por teléfono. En esa conversación había varios puntos oscuros.

En primer término, si en esa casa era tan natural que ella tuviera relaciones con hombres, como lo probaba el hecho de la carta a través del marido, ¿por qué emplear una voz neutra y oficinesca hasta que la puerta estuvo cerrada? Luego, ¿qué significaba esa aclaración de que "cuando está la puerta cerrada saben que no deben molestarme"? Por lo visto, era frecuente que ella se encerrara para hablar por teléfono. Pero no era creíble que se encerrase para tener conversaciones triviales con personas amigas de la casa; había que suponer que era para tener conversaciones semejantes a la nuestra. Pero entonces había en su vida otras personas como yo. ¿Cuántas eran? ¿Y quiénes eran?

Primero pensé en Hunter, pero le excluí en seguida: ¿a qué hablar por teléfono si podía verlo en la estancia cuando quisiera? ¿Quiénes eran los otros, en ese caso?

Pensé si con esto liquidaba el asunto telefónico. No, no quedaba terminado; subsistía el problema de su contestación a mi pregunta precisa. Observé con amargura que cuando yo le pregunté si había pensado en mí, después de tantas vaguedades sólo contestó: "¿no le he dicho que he pensado en todo?" Esto de contestar con una pregunta no compromete mucho. En fin, la prueba de que esa respuesta no fue clara era que ella misma, al otro día (o esa misma noche) creyó necesario responder en forma bien precisa con una carta.

"Pasemos a la carta," me dije. Saqué la carta del bolsillo y la volví a leer:

Yo también pienso en usted.

María

La letra era nerviosa o por lo menos era la letra de una persona nerviosa. No es lo mismo, porque, de ser cierto lo primero, manifestaba una emoción actual y, por lo tanto, un indicio favorable a mi problema. Sea como sea, me emocionó muchísimo la firma; *María.* Simplemente *María.* Esa simplicidad me daba una vaga idea de pertenencia, una vaga idea de que la muchacha estaba ya en mi vida y de que, en cierto modo, me pertenecía.

¡Ay! Mis sentimientos de felicidad son tan poco duraderos... Esa impresión, por ejemplo, no resistía el menor análisis: ¿acaso el marido no la llamaba también María? Y seguramente Hunter también la llamaría así, ¿de qué otra manera podía llamarla? ¿Y las otras personas con las que hablaba a puertas cerradas? Me imagino que nadie habla a puertas cerradas a alguien que respetuosamente dice "señorita Iribarne."

"¡Señorita Iribarne!" Ahora caía en la cuenta de la vacilación que había tenido la mucama la primera vez que hablé por teléfono; ¡Qué grotesco! Pensándolo bien, era una prueba más de que ese tipo de llamado no era totalmente novedoso:° evidentemente, la primera vez que alguien preguntó por la "señorita Iribarne" la mucama, extrañada, debió forzosamente haber corregido, recalcando° lo de *señora*. Pero, naturalmente, a fuerza de repeticiones, la mucama había terminado por encogerse de hombros y pensar que era preferible no meterse en rectificaciones. Vaciló, era natural; pero no me corrigió.

novedoso new, surprising
recalcando emphasizing, stressing

Volviendo a la carta, reflexioné que había motivo para una cantidad de deducciones. Empecé por el hecho más extraordinario: la forma de hacerme llegar la carta. Recordé el argumento que me transmitió la mucama: "Que perdone, pero no tenía la dirección." Era cierto: ni ella me había pedido la dirección ni a mí se me había ocurrido dársela; pero lo primero que yo había hecho en su lugar era buscarla en la guía de teléfonos. No era posible atribuir su actitud a una inconcebible pereza,° y entonces era inevitable una conclusión: *María deseaba que yo fuera a la casa y me enfrentase con el marido*. Pero, ¿por qué?

pereza laziness

En este punto se llegaba a una situación sumamente complicada: podía ser que ella experimentara placer en usar al marido de intermediario; podía ser el marido el que experimentase placer; podían ser los dos. Fuera de estas posibilidades patológicas quedaba una natural: María había querido hacerme saber que era casada para que yo viera la inconveniencia de seguir adelante.

Estoy seguro de que muchos de los que ahora están leyendo estas páginas se pronunciarán por esta última hipótesis y juzgarán que sólo un hombre como yo puede elegir alguna de las otras. En la época en que yo tenía amigos, muchas veces se han reído de mi manía de elegir siempre los caminos más enrevesados:° Yo me pregunto *por qué la realidad ha de ser simple*. Mi experiencia me ha enseñado que, por el contrario, casi nunca lo es y que cuando hay algo que parece extraordinariamente claro, una acción que al parecer obedece a una causa sencilla, casi

enrevesados intricate

siempre hay debajo móviles más complejos. Un ejemplo de todos los días: la gente que da limosnas; en general, se considera que es más generosa y mejor que la gente que no las da. Me permitiré tratar con el mayor desdén esta teoría simplista. Cualquiera sabe que no se resuelve el problema de un mendigo (de un mendigo auténtico) con un peso o un pedazo de pan: solamente se resuelve el problema psicológico del señor que compra así, por casi nada, su tranquilidad espiritual y su título de generoso. Júzguese hasta qué punto esa gente es mezquina cuando no se decide a gastar más de un peso por día para asegurar su tranquilidad espiritual y la idea reconfortante y vanidosa de su bondad. ¡Cuánta más pureza de espíritu y cuánto más valor se requiere para sobrellevar la existencia de la miseria humana sin esta hipócrita (y usuraria) operación!

Pero volvamos a la carta.

Solamente un espíritu superficial podría quedarse con la misma hipótesis, pues se derrumba al menor análisis. "María quería hacerme saber que era casada para que yo viese la inconveniencia de seguir adelante." Muy bonito. Pero, ¿por qué en ese caso recurrir a un procedimiento tan engorroso° y cruel? ¿No podría habérmelo dicho personalmente y hasta por teléfono? ¿No podría haberme escrito, de no tener valor para decírmelo? Quedaba todavía un argumento tremendo: ¿por qué la carta, en ese caso, no decía que era casada, como yo lo podía ver, y no rogaba que tomara nuestras relaciones en un sentido más tranquilo? No, señores. Por el contrario, la carta era una carta destinada a consolidar nuestras relaciones, a alentarlas y a conducirlas por el camino más peligroso.

engorroso embarrassing

Quedaban, al parecer, las hipótesis patológicas. ¿Era posible que María sintiera placer en emplear a Allende de intermediario? ¿O era él quien buscaba esas oportunidades? ¿O el destino se había divertido juntando dos seres semejantes?

De pronto me arrepentí de haber llegado a esos extremos, con mi costumbre de analizar indefinidamente hechos y palabras. Recordé la mirada de María fija en el árbol de la plaza, mientras oía mis opiniones; recordé su timidez, su primera huida. Y una desbordante° ternura hacia ella comenzó a invadirme. Me pareció que era una frágil

desbordante
overflowing

criatura en medio de un mundo cruel, lleno de fealdad y miseria. Sentí lo que muchas veces había sentido desde aquel momento del salón: que era un ser semejante a mí. Olvidé mis áridos razonamientos, mis deducciones feroces. Me dediqué a imaginar su rostro, su mirada —esa mirada que me recordaba algo que no podía precisar—, su forma profunda y melancólica de razonar. Sentí que el amor anónimo que yo había alimentado durante años de soledad se había concentrado en María. ¿Cómo podía pensar cosas tan absurdas?

Traté de olvidar, pues, todas mis estúpidas deducciones acerca del teléfono, la carta, la estancia, Hunter.

Pero no pude.

XIV

Los días siguientes fueron agitados. En mi precipitación no había preguntado cuándo volvería María de la estancia; el mismo día de mi visita volví a hablar por teléfono para averiguarlo; la mucama me dijo que no sabía nada; entonces le pedí la dirección de la estancia.

Esa misma noche escribí una carta desesperada, preguntándole la fecha de su regreso y pidiéndole que me hablara por teléfono en cuanto llegase a Buenos Aires o que me escribiese. Fui hasta el Correo Central y la hice certificar, para disminuir al mínimo los riesgos.

Como decía, pasé unos días muy agitados y mil veces volvieron a mi cabeza las ideas oscuras que me atormentaban después de la visita a la calle Posadas. Tuve este sueño: visitaba de noche una vieja casa solitaria. Era una casa en cierto modo conocida e infinitamente ansiada por mí desde la infancia, de manera que al entrar en ella me guiaban algunos recuerdos. Pero a veces me encontraba perdido en la oscuridad o tenía la impresión de enemigos escondidos que podían asaltarme por detrás o de gentes que cuchicheaban° y se burlaban de mí, de mi ingenuidad. ¿Quiénes eran esas gentes y qué querían? Y sin embargo, y a pesar de todo, sentía que en esa casa renacían en mí los antiguos amores de la adolescencia, con los mismos

cuchicheaban
were whispering

temblores y esa sensación de suave locura, de temor y de alegría. Cuando me desperté, comprendí que la casa del sueño era María.

XV

En los días que precedieron a la llegada de su carta, mi pensamiento era como un explorador perdido en un paisaje neblinoso: acá y allá, con gran esfuerzo, lograba vislumbrar vagas siluetas de hombres y cosas, indecisos perfiles de peligros y abismos. La llegada de la carta fue como la salida del sol.

Pero este sol era un sol negro, un sol nocturno. No sé si se puede decir esto, pero aunque no soy escritor y aunque no estoy seguro de mi precisión, no retiraría la palabra nocturno; esta palabra era, quizá, la más apropiada para María, entre todas las que forman nuestro imperfecto lenguaje.

Esta es la carta que me envió:

He pasado tres días extraños: el mar, la playa, los caminos me fueron trayendo recuerdos de otros tiempos. No sólo imágenes: también voces, gritos y largos silencios de otros días. Es curioso, pero vivir consiste en construir futuros recuerdos; ahora mismo, aquí frente al mar, sé que estoy preparando recuerdos minuciosos, que alguna vez me traerán la melancolía y la desesperanza.

El mar está ahí, permanente y rabioso.° Mi llanto de   rabioso mad
entonces, inútil; también inútiles mis esperas en la playa solitaria, mirando tenazmente al mar. ¿Has adivinado y pintado este recuerdo mío o has pintado el recuerdo de muchos seres como vos y yo?

Pero ahora tu figura se interpone: estás entre el mar y yo. Mis ojos encuentran tus ojos. Estás quieto y un poco desconsolado, me miras como pidiendo ayuda.

María

¡Cuánto la comprendía y qué maravillosos sentimientos crecieron en mí con esta carta! Hasta el hecho de tutearme de pronto me dio una certeza de que María era mía. Y solamente mía: "estás entre el mar y yo"; allí no existía otro, estábamos solos nosotros dos, como lo intuí desde el momento en que ella miró la escena de la ventana. En verdad, ¿cómo podía no tutearme si nos conocíamos desde siempre, desde mil años atrás? Si cuando ella se detuvo frente a mi cuadro y miró aquella pequeña escena sin oír ni ver la multitud que nos rodeaba, ya era como si nos hubiésemos tuteado y en seguida supe cómo era y quién era, cómo yo la necesitaba y cómo, también, yo le era necesario.

¡Ah, y sin embargo te maté! ¡Y he sido yo quien te ha matado, yo, que veía como a través de un muro de vidrio, sin poder tocarlo, tu rostro mudo y ansioso! ¡Yo, tan estúpido, tan ciego, tan egoísta, tan cruel!

Basta de efusiones. Dije que relataría esta historia en forma escueta° y así lo haré.

escueta simple, plain

XVI

Amaba desesperadamente a María y no obstante la palabra *amor* no se había pronunciado entre nosotros. Esperé con ansiedad su retorno de la estancia para decírsela.

Pero ella no volvía. A medida que fueron pasando los días, creció en mí una especie de locura. Le escribí una segunda carta que simplemente decía: "¡Te quiero, María, te quiero, te quiero!"

A los dos días recibí, por fin, una respuesta que decía estas únicas palabras: "Tengo miedo de hacerte mucho mal." Le contesté en el mismo instante: "No me importa lo que puedas hacerme. Si no pudiera amarte me moriría. Cada segundo que paso sin verte es una interminable tortura."

Pasaron días atroces, pero la contestación de María no llegó. Desesperado, escribí: "Estás pisoteando este amor."

Al otro día, por teléfono, oí su voz, remota y temblorosa. Excepto la palabra *María,* pronunciada repetidamente, no atiné° a decir nada, ni tampoco me habría sido posible: mi garganta estaba contraída de tal modo que no podía hablar distintamente. Ella me dijo:

atiné was able

—Vuelvo mañana a Buenos Aires. Te hablaré apenas llegue.

Al otro día, a la tarde, me habló desde su casa.

—Te quiero ver en seguida— dije.

—Sí, nos veremos hoy mismo— respondió.

—Te espero en la plaza San Martín— le dije.

María pareció vacilar. Luego respondió:

—Preferiría la Recoleta. Estaré a las ocho.

¡Cómo esperé aquel momento, cómo caminé sin rumbo por las calles para que el tiempo pasara más rápido! ¡Qué ternura sentía en mi alma, qué hermosos me parecían el mundo, la tarde de verano, los chicos que jugaban en la vereda! Pienso ahora hasta qué punto el amor enceguece y qué mágico poder de transformación tiene. ¡La hermosura del mundo! ¡Si es para morirse de risa!

Habían pasado pocos minutos de las ocho cuando vi a María que se acercaba, buscándome en la oscuridad. Era ya muy tarde para ver su cara, pero reconocí su manera de caminar.

Nos sentamos. Le apreté un brazo y repetí su nombre insensatamente, muchas veces; no acertaba a decir otra cosa, mientras ella permanecía en silencio.

—¿Por qué te fuiste a la estancia?— pregunté por fin, con violencia. —¿Por qué me dejaste solo? ¿Por qué dejaste esa carta en tu casa? ¿Por qué no me dijiste que eras casada?

Ella no respondía. Le estrujé° el brazo. Gimió.   **estrujé** squeezed

—Me hacés mal, Juan Pablo —dijo suavemente.

—¿Por qué no me decís nada? ¿Por qué no respondés? No decía nada.

—¿Por qué? ¿Por qué?

Por fin respondió:

—¿Por qué todo ha de tener respuesta? No hablemos de mí: hablemos de vos, de tus trabajos, de tus preocupaciones. Pensé constantemente en tu pintura, en lo que me dijiste en la plaza San Martín. Quiero saber qué hacés ahora, qué pensás, si has pintado o no.

Le volví a estrujar el brazo con rabia.

—No— le respondí. —No es de mí que deseo hablar: deseo hablar de nosotros dos, necesito saber si me querés. Nada más que eso: saber si me querés.

No respondió. Desesperado por el silencio y por la oscuridad que no me permitía adivinar sus pensamientos a través de sus ojos, encendí un fósforo. Ella dio vuelta rápidamente la cara, escondiéndola. Le tomé la cara con mi otra mano y la obligué a mirarme: estaba llorando silenciosamente.

—Ah... entonces no me querés— dije con amargura.

Mientras el fósforo se apagaba vi, sin embargo, cómo me miraba con ternura. Luego, ya en plena oscuridad, sentí que su mano acariciaba mi cabeza. Me dijo suavemente:

—Claro que te quiero..., ¿por qué hay que decir ciertas cosas?

—Sí— le respondí, —¿pero cómo me querés? Hay muchas maneras de querer. Se puede querer también a un perro, a un chico. Yo quiero decir *amor, verdadero amor, ¿entendés?*

Tuve una rara intuición: encendí rápidamente otro fósforo. Tal como lo había intuido, el rostro de María sonreía. Es decir, ya no sonreía, pero había estado sonriendo un décimo de segundo antes. Me ha sucedido a veces darme vuelta de pronto con la sensación de que me espiaban, no encontrar a nadie y, sin embargo, sentir que la soledad que me rodeaba era reciente y que algo fugaz había desaparecido, como si un leve temblor quedara vibrando en el ambiente. Era algo así.

—Has estado sonriendo— dije con rabia.

—¿Sonriendo?— preguntó asombrada.

—Sí, sonriendo: a mí no se me engaña tan fácilmente. Me fijo mucho en los detalles.

—¿En qué detalles te has fijado?— preguntó.

—Quedaba algo en tu cara. Rastros de una sonrisa.

—¿Y de qué podía sonreír?— volvió a decir con dureza.

—De mi ingenuidad, de mi pregunta si me querías verdaderamente o como a un chico, qué sé yo... Pero habías estado sonriendo. De eso no tengo ninguna duda.

María se levantó de golpe.

—¿Qué pasa?— pregunté asombrado.

—Me voy— repuso secamente.

Me levanté como un resorte.°

resorte   spring

—¿Cómo, que te vas?

—Sí, me voy.

—¿Cómo, que te vas? ¿Por qué?

No respondió. Casi la sacudí con los dos brazos.

—¿Por qué te vas?

—Temo que tampoco vos me entiendas.

Me dio rabia.°

me dio rabia | became angry

—¿Cómo? Te pregunto algo que para mí es cosa de vida o muerte, en vez de responderme sonreís y además te enojás. Claro que es para no entenderte.

—Imaginás que he sonreído— comentó con sequedad.

—Estoy seguro.

—Pues te equivocás. Y me duele infinitamente que hayas pensado eso.

No sabía qué pensar. En rigor, yo no había visto la sonrisa sino algo así como un rastro en una cara ya seria.

—No sé, María, perdóname— dije abatido. —Pero tuve la seguridad de que habías sonreído.

Me quedé en silencio; estaba muy abatido. Al rato sentí que su mano tomaba mi brazo con ternura. Oí en seguida su voz, ahora débil y dolorida:

—¿Pero cómo pudiste pensarlo?

—No sé, no sé— repuse casi llorando.

Me hizo sentar nuevamente y me acarició la cabeza como lo había hecho al comienzo.

—Te advertí que te haría mucho mal— me dijo al cabo de unos instantes de silencio. —Ya ves como tenía razón.

—Ha sido culpa mía— respondí.

—No, quizá ha sido culpa mía— comentó pensativamente, como si hablase consigo misma.

"Qué extraño," pensé.

—¿Qué es lo extraño?— preguntó María.

Me quedé asombrado y hasta pensé (muchos días después) que era capaz de leer los pensamientos. Hoy mismo no estoy seguro de que yo haya dicho aquellas palabras en voz alta, sin darme cuenta.

—¿Qué es lo extraño?— volvió a preguntarme, porque yo, en mi asombro, no había respondido.

—Qué extraño lo de tu edad.

—¿De mi edad?

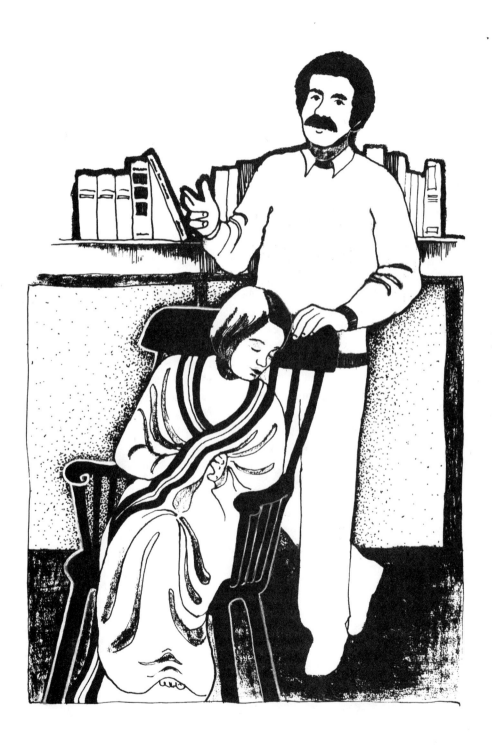

—Sí, de tu edad. ¿Qué edad tenés?

Rió.

—¿Qué edad creés que tengo?

—Eso es precisamente lo extraño— respondí. —La primera vez que te vi me pareciste una muchacha de unos veintiséis años.

—¿Y ahora?

—No, no. Ya al comienzo estaba perplejo, porque algo no físico me hacía pensar...

—¿Qué te hacía pensar?

—Me hacía pensar en muchos años. A veces siento como si yo fuera un niño a tu lado.

—¿Qué edad tenés vos?

—Treinta y ocho años.

—Sos muy joven, realmente.

Me quedé perplejo. No porque creyera que mi edad fuese excesiva sino porque, a pesar de todo, yo debía de tener muchos más años que ella; porque, de cualquier modo, no era posible que tuviese más de veintiséis años.

—Muy joven— repitió, adivinando quizá mi asombro.

—Y vos, ¿qué edad tenés?— insistí.

—¿Qué importancia tiene eso?— respondió seriamente.

—¿Y por qué has preguntado mi edad?— dije, casi irritado.

—Esta conversación es absurda— replicó. —Todo esto es una tontería. Me asombra que te preocupés de cosas así.

¿Yo preocupándome de cosas así? ¿Nosotros teniendo semejante conversación? En verdad, ¿cómo podía pasar todo eso? Estaba tan perplejo que había olvidado la causa de la pregunta inicial. No, mejor dicho, no había *investigado* la causa de la pregunta inicial. Sólo en mi casa, horas después, llegué a darme cuenta del significado profundo de esta conversación aparentemente tan trivial.

XVII

Durante más de un mes nos vimos casi todos los días. No quiero rememorar en detalle todo lo que sucedió en ese tiempo a la vez maravilloso y horrible. Hubo demasiadas cosas tristes para que desee rehacerlas en el recuerdo. María comenzó a venir al taller. La escena de los fósforos, con pequeñas variaciones, se había reproducido dos o tres veces y yo vivía obsesionado con la idea de que su amor era, en el mejor de los casos, amor de madre o hermana. De modo que la unión física se me aparecía como una garantía de verdadero amor.

Diré desde ahora que esa idea fue una de las tantas ingenuidades mías, una de esas ingenuidades que seguramente hacían sonreír a María a mis espaldas. Lejos de tranquilizarme, el amor físico me perturbó más, trajo nuevas y torturantes dudas, dolorosas escenas de incomprensión, crueles experimentos con María. Las horas que pasamos en el taller son horas que nunca olvidaré. Mis sentimientos, durante todo ese período, oscilaron entre el amor más puro y el odio más desenfrenado, ante las contradicciones y las inexplicables actitudes de María; de pronto me acometía la duda de que todo era fingido. Por momentos parecía una adolescente púdica° y de pronto se me ocurría que era una mujer cualquiera, y entonces un largo cortejo de dudas desfilaba° por mi mente: ¿dónde? ¿cómo? ¿quiénes? ¿cuándo?

En tales ocasiones, no podía evitar la idea de que María representaba la más sutil y atroz de las comedias y de que yo era, entre sus manos, como un ingenuo chiquillo al que se engaña con cuentos fáciles para que coma o duerma. A veces me acometía un frenético pudor,° corría a vestirme y luego me lanzaba a la calle, a tomar fresco y a rumiar° mis dudas y aprensiones. Otros días, en cambio, mi reacción era positiva y brutal: me echaba sobre ella, le agarraba los brazos como con tenazas,° se los retorcía y le clavaba° la mirada en sus ojos, tratando de forzarle garantías de amor, de *verdadero* amor.

Pero nada de todo esto es exactamente lo que quiero decir. Debo confesar que yo mismo no sé lo que quiero decir con eso del "amor verdadero," y lo curioso es que, aunque empleé muchas veces esa expresión en los interrogatorios, nunca hasta hoy me puse a analizar a fondo su ɩentido. ¿Qué quería decir? ¿Un amor que incluyera la

púdica modest, shy

desfilaba went through

pudor bashfulness, modesty

rumiar to meditate, to ponder

tenazas tweezers

clavaba fixed

pasión física? Quizá la buscaba en mi desesperación de comunicarme más firmemente con María. Yo tenía la certeza° de que, en ciertas ocasiones, lográbamos comunicarnos, pero en forma tan sutil, tan pasajera, tan tenue, que luego quedaba más desesperadamente solo que antes, con esa imprecisa insatisfacción que experimentamos al querer reconstruir ciertos amores de un sueño. Sé que, de pronto, lográbamos algunos momentos de comunión. Y el estar juntos atenuaba la melancolía que siempre acompaña a esas sensaciones, seguramente causada por la esencial incomunicabilidad de esas fugaces bellezas. Bastaba que nos miráramos para saber que estábamos pensando o, mejor dicho, sintiendo lo mismo.

certeza certainty

Claro que pagábamos cruelmente esos instantes, porque todo lo que sucedía después parecía grosero° o torpe. Cualquier cosa que hiciéramos (hablar, tomar café) era doloroso, pues señalaba hasta qué punto eran fugaces esos instantes de comunidad. Y, lo que era mucho peor, causaban nuevos distanciamientos porque yo la forzaba, en la desesperación de consolidar de algún modo esa fusión, a unirnos corporalmente; sólo lográbamos confirmar la imposibilidad de prolongarla o consolidarla mediante un acto material. Pero ella agravaba las cosas porque, quizá en su deseo de borrarme esa idea fija, aparentaba sentir un verdadero y casi increíble placer; y entonces venían las escenas de vestirme rápidamente y huir a la calle, o de apretarle brutalmente los brazos y querer forzarle confesiones sobre la veracidad de sus sentimientos y sensaciones.Y todo era tan atroz que cuando ella intuía que nos acercábamos al amor físico, trataba de rehuirlo. Al final había llegado a un completo escepticismo y trataba de hacerme comprender que no solamente era inútil para nuestro amor sino hasta pernicioso.

grosero nasty

Con esta actitud sólo lograba aumentar mis dudas acerca de la naturaleza de su amor, puesto que yo me preguntaba si ella no habría estado haciendo la comedia y entonces poder ella argüir que el vínculo físico era pernicioso y de ese modo evitarlo en el futuro; siendo la verdad que lo detestaba desde el comienzo y, por lo tanto, que era fingido su placer. Naturalmente, sobrevenían otras peleas y era inútil que ella tratara de convencerme: sólo conseguía enloquecerme con nuevas y más sutiles dudas, y así recomenzaban nuevos y más complicados interrogatorios.

Los que más me indignaba, ante el hipotético engaño, era el haberme entregado a ella completamente indefenso, como una criatura.

—Si alguna vez sospecho que me has engañado— le decía con rabia,—te mataré como a un perro.

Le retorcía los brazos y la miraba fijamente en los ojos, por si podía advertir algún indicio, algún brillo sospechoso, algún fugaz destello° de ironía. Pero en esas ocasiones me miraba asustada como un niño, o tristemente, con resignación, mientras comenzaba a vestirse en silencio.

Un día la discusión fue más violenta que de costumbre y llegué a gritarle puta. María quedó muda y paralizada. Luego, lentamente, en silencio, fue a vestirse detrás del biombo° de las modelos; y cuando yo, después de luchar entre mi odio y mi arrepentimiento, corrí a pedirle perdón, vi que su rostro estaba empapado en lágrimas. No supe qué hacer: la besé tiernamente en los ojos, le pedí perdón con humildad, lloré ante ella, me acusé de ser un monstruo cruel, injusto y vengativo. Y eso duró mientras ella mostró algún resto de desconsuelo, pero apenas se calmó y comenzó a sonreír con felicidad, empezó a parecerme poco natural que ella no siguiera triste: podía tranquilizarse, pero era sumamente sospechoso que se entregase a la alegría después de haberle gritado una palabra semejante y comenzó a parecerme que cualquier mujer debe sentirse humillada al ser calificada así, hasta las propias prostitutas, pero ninguna mujer podría volver tan pronto a la alegría, *a menos de haber cierta verdad en aquella calificación.*

Escenas semejantes se repetían casi todos los días. A veces terminaban en una calma relativa y salíamos a caminar por la Plaza Francia como dos adolescentes enamorados. Pero esos momentos de ternura se fueron haciendo más raros y cortos, como inestables momentos de sol en un cielo cada vez más tempestuoso y sombrío. Mis dudas y mis interrogatorios fueron envolviéndolo todo, como una liana° que fuera enredando° y ahogando los árboles de un parque en una monstruosa trama.

destello flash

biombo folding screen

liana rattan, reed, cane
enredando entangling

XVIII

Mis interrogatorios, cada día más frecuentes y retorcidos, eran a propósito de sus silencios, sus miradas, sus palabras perdidas, algún viaje a la estancia, sus amores. Una vez le pregunté por qué se hacía llamar "señorita Iribarne," en vez de "señora de Allende." Sonrió y me dijo:

—¡Qué niño sos! ¿Qué importancia puede tener eso?

—Para mí tiene mucha importancia— respondí examinandos sus ojos.

—Es una costumbre de familia— me respondió, abandonando la sonrisa.

—Sin embargo— aduje, —la primera vez que hablé a tu casa y pregunté por la "señorita Iribarne" la mucama vaciló un instante antes de responderme.

—Te habrá parecido.

—Puede ser. Pero, ¿por qué no me corrigió?

María volvió a sonreír, esta vez con mayor intensidad.

—Te acabo de explicar— dijo, —que es costumbre nuestra, de manera que la mucama también lo sabe. Todos me llaman María Iribarne.

—María Iribarne me parece natural, pero menos natural me parece que la mucama se extrañe tan poco cuando te llaman "señorita."

—Ah... no me di cuenta de que era eso lo que te sorprendía. Bueno, no es lo acostumbrado y quizá eso explica la vacilación de la mucama.

Se quedó pensativa, como si por primera vez advirtiese el problema.

—Y sin embargo no me corrigió— insistí.

—¿Quién?— preguntó ella, como volviendo a la conciencia.

—La mucama. No me corrigió lo de señorita.

—Pero, Juan Pablo, todo eso no tiene absolutamente ninguna importancia y no sé qué querés demostrar.

—Quiero demostrar que probablemente no era la primera vez que se te llamaba señorita. La primera vez la mucama habría corregido.

María se echó a reír.

—Sos completamente fantástico— dijo casi con alegría, acariciándome con ternura.

Permanecí serio.

—Además— proseguí, —cuando me atendiste por primera vez tu voz era neutra, casi oficinesca, hasta que cerraste la puerta. Luego seguiste hablando con voz tierna. ¿Por qué ese cambio?

—Pero, Juan Pablo— respondió, poniéndose seria, —¿cómo podía hablarte así delante de la mucama?

—Sí, eso es razonable; pero dijiste: "cuando cierro la puerta saben que no deben molestarme." Esa frase no podía referirse a mí, puesto que era la primera vez que te hablaba. Tampoco se podía referir a Hunter, puesto que lo podés ver cuantas veces quieras en la estancia. Me parece evidente que debe de haber otras personas que te hablan o que te hablaban. ¿No es así?

María me miró con tristeza.

—En vez de mirarme con tristeza podrías contestar— comenté con irritación.

—Pero, Juan Pablo, todo lo que estás diciendo es una puerilidad. Claro que hablan otras personas: primos, amigos de la familia, mi madre, qué sé yo...

—Pero me parece que para conversaciones de ese tipo no hay necesidad de esconderse.

—¡Y quién te autoriza a decir que yo me escondo!— respondió con violencia.

—No te excites. Vos misma me has hablado en una oportunidad de un tal Richard, que no era ni primo, ni amigo de la familia, ni tu madre.

María quedó muy abatida.°   **abatida** abjected

—Pobre Richard— comentó dulcemente.

—¿Por qué pobre?

—Sabés bien que se suicidó y que en cierto modo yo tengo algo de culpa. Me escribía cartas terribles, pero nunca pude hacer nada por él. Pobre, pobre Richard.

—Me gustaría que me mostrases alguna de esas cartas.

—¿Para qué, si ya ha muerto?

—No importa, me gustaría lo mismo.

—Las quemé todas.

—Podías haber dicho de entrada que las habías quemado. En cambio me dijiste "¿para qué, si ya ha muerto?" Siempre lo mismo. Además, ¿por qué las quemaste, si es que verdaderamente lo has hecho? La otra vez me confesaste que guardás todas tus cartas de amor. Las cartas de ese Richard debían de ser muy comprometedoras para que hayas hecho eso. ¿O no?

—No las quemé porque fueran comprometedoras, sino porque eran tristes. Me deprimían.

—¿Por qué te deprimían?

—No sé... Richard era un hombre depresivo. Se parecía mucho a vos.

—¿Estuviste enamorada de él?

—Por favor...

—¿Por favor qué?

—Pero no, Juan Pablo. Tenés cada idea...

—No veo que sea descabellada.° Se enamora, te escribe cartas tan tremendas que juzgás mejor quemarlas, se suicida y pensás que mi idea es descabellada. ¿Por qué?

—Porque a pesar de todo nunca estuve enamorada de él.

—¿Por qué no?

—No sé, verdaderamente. Quizá porque no era mi tipo.

—Dijiste que se parecía a mí.

—Por Dios, quise decir que se parecía a vos en cierto sentido, pero no que fuera *idéntico*. Era un hombre incapaz de crear nada, era destructivo, tenía una inteligencia mortal, era un nihilista. Algo así como tu parte negativa.

—Está bien. Pero sigo sin comprender la necesidad de quemar las cartas.

—Te repito que las quemé porque me deprimían.

—Pero podías tenerlas guardadas sin leerlas. Eso sólo prueba que las releíste hasta quemarlas. Y si las releías sería por algo, por algo que debería atraerte en él.

—Yo no he dicho que no me atrajese.

—Dijiste que no era tu tipo.

—Dios mío, Dios mío. La muerte tampoco es mi tipo y no obstante muchas veces me atrae. Richard me atraía casi como me atrae la muerte o la nada. Pero creo que uno no debe entregarse pasivamente a esos sentimientos. Por eso tal vez no lo quise. Por eso quemé sus cartas. Cuando murió, decidí destruir todo lo que prolongaba su existencia.

Quedó deprimida y no pude lograr una palabra más acerca de Richard. Pero debo agregar que no era ese hom-

descabellada disheveled

bre el que más me torturó, porque al fin y al cabo de él llegué a saber bastante. Eran las personas desconocidas, las sombras que jamás mencionó y que, sin embargo, yo sentía moverse silenciosa y oscuramente en su vida. Las peores cosas de María las imaginaba precisamente con esas sombras anónimas. Me torturaba y aún hoy me tortura una palabra que se escapó de sus labios en un momento de placer físico.

Pero de todos aquellos complejos interrogatorios, hubo uno que echó tremenda luz acerca de María y su amor.

XIX

Naturalmente, puesto que se había casado con Allende, era lógico pensar que alguna vez debió sentir algo por ese hombre. Debo decir que este problema, que podríamos llamar "el problema Allende," fue uno de los que más me obsesionaron. Eran varios los enigmas que quería dilucidar, pero sobre todo estos dos: ¿lo había querido en alguna oportunidad?, ¿lo quería todavía? Estas dos preguntas no se podían tomar en forma aislada; estaban vinculadas a otras: si no quería a Allende, ¿a quién quería? ¿A mí? ¿A Hunter? ¿A alguno de esos misteriosos personajes del teléfono? ¿O bien era posible que quisiera a distintos seres de manera diferente, como pasa en ciertos hombres? Pero también *era posible que no quisiera a nadie* y que sucesivamente nos dijese a cada uno de nosotros, pobres diablos, chiquilines, que éramos *el único* y que los demás eran simples sombras, seres con quienes mantenía una relación superficial o aparente.

Un día decidí aclarar el problema Allende. Comencé preguntándole por qué se había casado con él.

—Lo quería— me respondió.

—Entonces ahora no lo querés.

—Yo no he dicho que haya dejado de quererlo— respondió.

—Dijiste "lo quería." No dijiste "lo quiero."

—Hacés siempre cuestiones de palabras y retorcés todo hasta lo increíble— protestó María. —Cuando dije que me había casado porque lo quería no quise decir que ahora no lo quiera.

—Ah, entonces lo querés a él— dije rápidamente, como queriendo encontrarla en falta respecto a declaraciones hechas en interrogatorios anteriores.

Calló. Parecía abatida.

—¿Por qué no respondés?— pregunté.

—Porque me parece inútil. Este diálogo lo hemos tenido muchas veces en forma casi idéntica.

—No, no es lo mismo que otras veces. Te he preguntado si ahora lo querés a Allende y me has dicho que sí. Me parece recordar que en otra oportunidad, en el puerto, me dijiste que yo era la primera persona que habías querido.

María volvió a quedar callada. Me irritaba en ella que no solamente era contradictoria sino que costaba un enorme esfuerzo sacarle una declaración cualquiera.

—¿Qué contestás a eso?— volví a interrogar.

—Hay muchas maneras de amar y de querer— respondió cansada. —Te imaginarás que ahora no puedo seguir queriendo a Allende como hace años, cuando nos casamos, de la misma manera.

—¿De qué manera?

—¿Cómo, de qué manera? Sabés lo que quiero decir.

—No sé nada.

—Te lo he dicho muchas veces.

—Lo has dicho, pero no lo has explicado nunca.

—¡Explicado!— exclamó con amargura. —Vos has dicho mil veces que hay muchas cosas que no admiten explicación y ahora me decís que explique algo tan complejo. Te he dicho mil veces que Allende es un gran compañero mío, que lo quiero como a un hermano, que lo cuido, que tengo una gran ternura por él, una gran admiración por la serenidad de su espíritu, que me parece muy superior a mí en todo sentido, que a su lado me siento un ser mezquino y culpable. ¿Cómo podés imaginar, pues, que no lo quiera?

—No soy yo el que ha dicho que no lo quieras. Vos misma me has dicho que ahora no es como cuando te casaste. Quizá debo concluir que cuando te casaste lo querías como decís que ahora me querés a mí. Por otro lado, hace unos días, en el puerto, me dijiste que yo era la primera persona a la que habías querido verdaderamente.

María me miró tristemente.

—Bueno, dejemos de lado esta contradicción— proseguí. —Pero volvamos a Allende. Decís que lo querés como a un hermano. Ahora necesito que me respondás a una sola pregunta: ¿te acostás con él?

María me miró con mayor tristeza. Estuvo un rato callada y al cabo me preguntó con voz muy dolorida:

—¿Es necesario que responda también a eso?

—Sí, es absolutamente necesario— le dije con dureza.

—Me parece horrible que me interrogués de este modo.

—Es muy sencillo: tenés que decir *sí* o *no*.

—La respuesta no es tan simple: se puede hacer y no hacer.

—Muy bien— concluí fríamente. —Eso quiere decir que sí.

—Muy bien: sí.

—Entonces lo deseás.

Hice esta afirmación mirando cuidadosamente sus ojos; la hacía con mala intención; era óptima para sacar una serie de conclusiones. No es que yo creyera que lo desease realmente (aunque también eso era posible dado el temperamento de María), sino que quería forzarle a aclarar eso de "cariño de hermano." María, tal como yo lo esperaba, tardó en responder. Seguramente, estuvo pensando las palabras. Al fin dijo:

—He dicho que me acuesto con él, no que lo desee.

—¡Ah!— exclamé triunfalmente. —¡Eso quiere decir que lo hacés sin desearlo pero *haciéndole creer que lo deseas!*

María quedó demudada.° Por su rostro comenzaron a caer lágrimas silenciosas. Su mirada era como de vidrio triturado.°

—Yo no he dicho eso— murmuró lentamente.

—Porque es evidente— proseguí implacable, —que si demostrases no sentir nada, no desearlo, si demostrases que la unión física es un sacrificio que hacés en honor a su cariño, a tu admiración por su espíritu superior, etcétera, Allende no volvería a acostarse jamás con vos. En otras palabras: el hecho de que siga haciéndolo demuestra que sos capaz de engañarlo no sólo acerca de tus sentimientos sino hasta de tus sensaciones. Y que sos capaz de una imitación perfecta del placer.

demudada   pale

triturado   crushed

María lloraba en silencio y miraba hacia el suelo.

—Sos increíblemente cruel— pudo decir, al fin.

—Dejemos de lado las consideraciones de formas: me interesa el fondo. El fondo es que sos capaz de engañar a tu marido durante años, no sólo acerca de tus sentimientos sino también de tus sensaciones. La conclusión podría inferirla un aprendiz: ¿por qué no has de engañarme a mí también? Ahora comprenderás por qué muchas veces te he indagado° la veracidad de tus sensaciones. Siempre recuerdo cómo el padre de Desdémona advirtió a Otelo que una mujer que había engañado al padre podía engañar a otro hombre. Y a mí nada me ha podido sacar de la cabeza este hecho: el que has estado engañando constantemente a Allende, durante años.

indagado investigated

Por un instante, sentí el deseo de llevar la crueldad hasta el máximo y agregué, aunque me daba cuenta de su vulgaridad y torpeza:

—Engañando a un ciego.

XX

Ya antes de decir esa frase estaba un poco arrepentido: debajo del que quería decirla y experimentar una perversa satisfacción, un ser más puro y más tierno se disponía a tomar la iniciativa en cuanto la crueldad de la frase hiciese su efecto y, en cierto modo, ya silenciosamente, había tomado el partido de María antes de pronunciar esas palabras estúpidas e inútiles (¿qué podría lograr, en efecto, con ellas?). De manera que, apenas comenzaron a salir de mis labios, ya ese ser de abajo las oía con estupor, como si a pesar de todo no hubiera creído seriamente en la posibilidad de que el otro las pronunciase. Y a medida que salieron, comenzó a tomar el mando de mi conciencia y de mi voluntad y casi llega su decisión a tiempo para impedir que la frase saliera completa. Apenas terminada (porque a pesar de todo terminé la frase), era totalmente dueño de mí y ya ordenaba pedir perdón, humillarme delante de María, reconocer mi torpeza y mi crueldad. ¡Cuántas veces esta maldita división de mi conciencia ha sido la culpable de hechos atroces! Mientras una parte me lleva a tomar una hermosa actitud, la otra denuncia el fraude, la hipocresía y la falsa generosidad; mientras una me lleva a insultar a un ser humano, la otra se conduele de él y me acusa a mí mismo de lo que denuncio en los otros; mientras una me hace ver la belleza del mundo, la otra me señala su fealdad y la ridiculez de todo sentimiento de felicidad. En fin, ya era tarde, de todos modos, para cerrar la herida abierta en el alma de María (y esto me lo aseguraba sordamente, con remota, satisfecha malevolencia el otro yo que ahora estaba hundido allá, en una especie de inmunda cueva), ya era irremediablemente tarde. María se incorporó en silenco, con infinito cansancio, mientras su mirada (¡cómo la conocía!) levantaba el puente levadizo° **puente levadizo** / drawbridge que a veces tendía entre nuestros espíritus: ya era la mirada dura de unos ojos impenetrables. De pronto me acometió la idea de que ese puente se había levantado para siempre y en la repentina desesperación no vacilé en someterme a las humillaciones más grandes: besar sus pies, por ejemplo. Sólo logré que me mirara con piedad y que sus ojos se ablandasen por un instante. Pero de piedad, sólo de piedad.

Mientras salía del taller y me aseguraba, una vez más, que no me guardaba rencor, yo me hundí en una aniquilación total de la voluntad. Quedé sin atinar a nada, en medio del taller, mirando como un alelado° un punto **alelado** / stupified fijo. Hasta que, de pronto, tuve conciencia de que debía hacer una serie de cosas.

Corrí a la calle, pero María ya no se veía por ningún lado. Corrí a su casa en un taxi, porque supe que ella no iría directamente, y por lo tanto, esperaba encontrarla a su llegada. Esperé en vano durante más de una hora. Hablé por teléfono desde un café: me dijeron que no estaba y que no había vuelto desde las cuatro (la hora en que había salido para mi taller). Esperé varias horas más. Luego volví a hablar por teléfono: me dijeron que María no iría a la casa hasta la noche.

Desesperado, salí a buscarla por todas partes, es decir, por los lugares en que habitualmente nos encontrábamos o caminábamos: la Recoleta, la Avenida Centenario, la Plaza Francia, Puerto Nuevo. No la vi por ningún lado, hasta que comprendí que lo más probable era, precisamente, que caminara por cualquier parte menos por los lugares que le recordasen nuestros mejores momentos. Corrí de nuevo hasta su casa, pero era muy tarde y probablemente ya hubiera entrado. Telefoneé nuevamente: en efecto, había vuelto; pero me dijeron que estaba en cama y que le era imposible atender el teléfono. Había dado mi nombre, sin embargo.

Algo se había roto entre nosotros.

XXI

Volví a casa con la sensación de una absoluta soledad.

Generalmente, esa sensación de estar solo en el mundo aparece mezclada a un orgulloso sentimiento de superioridad: desprecio a los hombres, los veo sucios, feos, incapaces, ávidos, groseros, mezquinos; mi soledad no me asusta, es casi olímpica.

Pero en aquel momento, como en otros semejantes, me encontraba solo como consecuencia de mis peores atributos, de mis bajas acciones. En esos casos siento que el mundo es despreciable, pero comprendo que yo también formo parte de él; en esos instantes me invade una furia de aniquilación, me dejo acariciar por la tentación del suicidio, me emborracho, busco a las prostitutas. Y siento cierta satisfacción en probar mi propia bajeza y en verificar que no soy mejor que los sucios monstruos que me rodean.

Esa noche me emborraché en un cafetín del bajo. Estaba en lo peor de mi borrachera cuando sentí tanto asco de la mujer que estaba conmigo y de los marineros que me rodeaban que salí corriendo a la calle. Caminé por Viamonte y descendí hasta los muelles. Me senté por ahí y lloré. El agua sucia, abajo, me tentaba constantemente: ¿para qué sufrir? El suicidio seduce por su facilidad de aniquilación: en un segundo, todo este absurdo universo se derrumba como un gigantesco simulacro, como si la solidez de sus rascacielos, de sus acorazados,° de sus tanques, de sus prisiones no fuera más que una fantasmagoría,° sin más solidez que los rascacielos, acorazados, tanques y prisiones de una pesadilla.

acorazados battleships

fantasmagoría fantasy

La vida aparece a la luz de este razonamiento como una larga pesadilla, de la que sin embargo, uno puede liberarse con la muerte, que sería, así, una especie de despertar. ¿Pero despertar a qué? Esa irresolución de arrojarse a la nada absoluta y eterna me ha detenido en todos los proyectos de suicidio. A pesar de todo, el hombre tiene tanto apego a lo que existe, que prefiere finalmente soportar su imperfección y el dolor que causa su fealdad, antes que aniquilar la fantasmagoría con un acto de propia voluntad. Y suele resultar, también, que cuando hemos llegado hasta ese borde de la desesperación que precede al suicidio, por haber agotado el inventario de todo lo que es malo y haber llegado a punto en que el mal es insuperable, cualquier elemento bueno, por pequeño que sea, adquiere un desproporcionado valor, termina por hacerse decisivo y nos aferramos a él como nos agarraríamos desesperadamente de cualquier hierba ante el peligro de rodar en un abismo.

Era casi de madrugada cuando decidí volver a casa. No recuerdo cómo, pero a pesar de esa decisión (que recuerdo perfectamente), me encontré de pronto frente a la casa de Allende. Lo curioso es que no recuerdo los hechos intermedios. Me veo sentado en los muelles, mirando el agua sucia y pensando: "Ahora tengo que acostarme" y luego me veo frente a la casa de Allende, observando el quinto piso. ¿Para qué miraría? Era absurdo imaginar que a esas horas pudiera verla de algún modo. Estuve largo rato, estupefacto, hasta que se me ocurrió una idea: bajé hasta la avenida, busqué un café y llamé por teléfono. Lo hice sin pensar qué diría para justificar un llamado a semejante hora. Cuando me atendieron, después de haber llamado durante unos cinco minutos, me quedé paralizado, sin abrir la boca. Colgué el tubo, despavorido,° salí del café y comencé a caminar al azar.° De pronto me encontré nuevamente en el café. Para no llamar la atención, pedí una ginebra y mientras la bebía me propuse volver a mi casa.

Al cabo de un tiempo bastante largo me encontré por fin en el taller. Me eché, vestido, sobre la cama y me dormí.

Ernesto Sábato

despavorido frightened

azar unexpected disaster

I. Ejercicios

A. Para discusión

1. ¿Por qué le parece el presente tan horrible como el pasado a Juan Pablo?
2. ¿Cómo sugiere Juan Pablo que se le castigue al individuo que mata?
3. ¿En quién existe la vanidad?
4. Concerniente a la modestia, ¿cuál es la opinión de Juan Pablo?
5. ¿Qué hace la gente que molesta tanto a Juan Pablo?
6. ¿Dónde busca Juan Pablo a María?
7. ¿Por qué representaba María más edad?
8. ¿En qué estado mental se encuentra Juan Pablo?
9. ¿Qué ha hecho María de suma importancia para Juan Pablo?
10. ¿Cómo sabe Juan Pablo que María siente como él?
11. ¿Por qué es diferente esta escena que ha pintado Juan Pablo?
12. ¿Por qué razón cree Juan Pablo que pintó la escena de la ventana?
13. ¿Cómo interpreta María la pintura?
14. ¿Por qué cree usted que Juan Pablo está de acuerdo con la interpretación de María?
15. ¿Por qué no quiere María hacer serias sus relaciones con Juan Pablo?
16. Cuando María le dijo que pensaba en todo, ¿qué detalle quería Juan Pablo que le dijera?
17. ¿Por qué le parecía detestable la humanidad a Juan Pablo?
18. ¿Por qué creía Juan Pablo que María se había ido al campo sin decirle a él?
19. ¿Cómo se explicó Juan Pablo el tamaño excesivo y anormal de los libros de casa de María?
20. ¿Cuál era el contenido de la carta que le había dejado María a Juan Pablo?
21. ¿Cree usted que sospeche Allende de María y sus relaciones con Juan Pablo? (¿De Hunter?)
22. ¿Por qué razón acabó creyendo Juan Pablo que María iba a la estancia?
23. ¿Por qué sospechaba Juan Pablo que había otros hombres como él en la vida de María?
24. En busca de una respuesta al por qué le había dejado la carta María en casa de su marido, ¿qué razón le pareció natural a Juan Pablo?
25. ¿Cuáles eran las hipótesis patológicas?
26. ¿Qué trataba de olvidar Juan Pablo?
27. En vez de ir a la estancia, ¿qué decidió hacer Juan Pablo para comunicarse con María?

28. ¿Qué simbolismo tiene la palabra "nocturno" al aplicarse a María?
29. Para María, ¿en qué consiste "vivir"?
30. ¿Hubo alguna transformación en la personalidad de Juan Pablo? ¿Por qué?
31. Para Juan Pablo, ¿cómo era el amor de María?
32. ¿Entre qué dos sentimientos concerniente a María se encuentra confuso Juan Pablo?
33. ¿Qué clase de amor busca Juan Pablo?
34. Más que nada, ¿qué era lo que buscaba Juan Pablo en María?
35. ¿Qué le haría Juan Pablo a María si ésta llegara a engañarlo?
36. Después de llamar mal o insultar Juan Pablo a María, ¿cómo supo Juan Pablo que existía cierta verdad en aquel insulto?
37. ¿Qué es lo que discute o alega tanto Juan Pablo tocante al nombre de María?
38. ¿Por qué quemó María las cartas de Richard?
39. ¿En qué aspecto se parecía Juan Pablo a Richard?
40. ¿Quiénes eran las personas que más torturaban a Juan Pablo?
41. ¿Qué le urgía saber a Juan Pablo acerca del matrimonio Allende?
42. ¿Cómo quiere María a su marido?
43. ¿Cómo sabe Juan Pablo que María ha engañado a Allende?
44. ¿Cómo ve Juan Pablo al resto de los hombres?
45. ¿Qué siente Juan Pablo en su soledad?
46. ¿Qué es lo que detenía a Juan Pablo de suicidarse? ¿A todo hombre?

B.   Complete usted según la novela.

1. "Todo tiempo pasado fue mejor" indica simplemente _____
   _____.
2. Que el mundo es _____ es una verdad que no necesita demostración.
3. La vanidad se encuentra al lado de _____.
4. Juan Pablo se dio cuenta de que María no trabajaba en la oficina porque no _____.
5. A Juan Pablo le molesta que los críticos de arte siempre lo _____.
6. Juan Pablo pensaba los cuadros antes de pintarlos como _____.
7. Lo que importa en la pintura para Juan Pablo no es el elogio sino _____.
8. Juan Pablo siempre había mirado _____ a la gente.

9. Mientras Juan Pablo hasta tenía el teléfono de María, ésta ni siquiera había averiguado _____.

10. La palabra _____ nunca se había pronunciado aunque Juan Pablo adoraba desesperadamente a María.

11. Juan Pablo buscaba en María _____ amor.

12. A veces Juan Pablo se siente como _____ al lado de María.

13. _____ le parecía a Juan Pablo como una garantía de verdadero amor.

14. Entre más peleas tenía Juan Pablo con María concerniente al amor, eran más _____ que surgían.

15. _____ se suicidó, tal vez, porque estaba enamorado de María.

C. Escoja usted.

1. Al ver a María salir de la boca del subterráneo, Juan Pablo _____.
   a. no hizo nada
   b. se puso triste
   c. se sintió fuerte

2. María aparentaba tener más edad por _____.
   a. su mirada
   b. sus canas
   c. sus arrugas

3. _____ había (n) dado importancia a la escena de la ventana en cual una mujer en su soledad contemplaba el mar desde la playa.
   a. Solamente María
   b. María y otra persona
   c. Varios charlatanes

4. María tenía _____ años.
   a. treinta y seis
   b. veinte y seis
   c. treinta y ocho

5. Juan Pablo se siente superior a todos los hombres por _____.
   a. su interés en detalles
   b. el amor de María
   c. su soledad

II. Ejercicios creativos

A. Oral

1. ¿Cómo es posible que una persona tenga amor y odio para otra a la misma vez?

2. ¿Qué haría usted si su esposa (esposo) tuviera relaciones con otros hombres (otras mujeres)?

3. ¿Puede un hombre (una mujer) querer o amar a distintas mujeres (distintos hombres) al mismo tiempo?

4. Escoja usted algún incidente o aspecto de la novela de interés para usted y represéntelo a la clase. (Se puede hacer este ejercicio con otro compañero de clase.)

5. ¿Qué piensa usted de la actitud de María de usar su apellido de soltera? ¿Permitiría usted este arreglo al casarse?

6. ¿Cree usted que la unión física sea una garantía o requisito para un amor verdadero y sincero? ¿Por qué?

B. Escrito

1. ¿Por qué cree usted que existen los celos en las personas? Al casarse usted con un esposo celoso (una esposa celosa), como lo (la) sobrellevaría usted? ¿Qué definitiva tomaría usted al no poder sobrellevarlo (sobrellevarla)?

2. La muerte atraía a María a veces. ¿Qué es la muerte? ¿Ha pensado usted en la muerte alguna vez? ¿Cree usted en la vida después de la muerte?

3. ¿Cree usted que sea bueno y justo someter a los asesinos a los programas de rehabilitación o apoya usted el castigo de pena de muerte? ¿Por qué?

4. ¿Es usted el tipo de persona que busca explicación a todos los actos de la vida? ¿Por qué?

el
Ensayo

Octavio Paz

Octavio Paz (1914) Nació en la Ciudad de México en 1914. Allí se educó, recibiendo el doctorado en Leyes de la Universidad Nacional Autónoma. Ha viajado extensivamente desempeñando puestos diplomáticos en Suiza, Francia, el Japón y la India. También participó en las Naciones Unidas con la delegación mexicana. Actualmente se encuentra como invitado conferencista en la Universidad de Harvard.

Es Octavio Paz una de las figuras más destacadas del momento de la literatura hispanoamericana. Es Paz un perito en el ensayo y también ha gozado de mucho éxito en el cuento y la poesía. Los círculos intelectuales de Europa lo respetan y lo estiman por sus ideas filosóficas y su destreza literaria.

La identidad del hombre y su comunicación con sus compatriotas han sido la gran preocupación de Octavio Paz. Con sus innumerables símbolos nos manifiesta al hombre preso en su soledad: "murallas," "espejos," "orilla," "ríos," "máscaras," "hermetismo," etc. El propósito principal de toda su prosa y de su poesía es desvanecer el espejismo de la inseguridad del hombre y así poder liberarlo totalmente. Todas las "máscaras" tienen que desaparecer definitivamente en su intención de "cambiar el hombre... cambiar la sociedad."

Octavio Paz se dedica a meditar sobre asuntos de suma importancia para el hombre como lo son el tiempo, la existencia, el ser, el destino, la angustia y la soledad sobre todo.

"Máscaras mexicanas" proviene de su famosa colección de ensayos *El laberinto de la soledad* (1950), obra que, siendo traducida a varias lenguas, le trajo fama internacional inmediatamente.

Máscaras mexicanas

Corazón apasionado,
disimula tu tristeza.

—Canción popular

Viejo o adolescente, criollo o mestizo, general, obrero o licenciado, el mexicano se me aparece como un ser que se encierra y se preserva: máscara el rostro y máscara la sonrisa. Plantado en su arisca° soledad, espinoso° y cortés a un tiempo, todo le sirve para defenderse: el silencio y la palabra, la cortesía y el desprecio, la ironía y la resignación. Tan celoso de su intimidad como de la ajena, ni siquiera se atreve a rozar con los ojos al vecino: una mirada puede desencadenar la cólera de esas almas cargadas de electricidad. Atraviesa la vida como desollado;° todo puede herirle, palabras y sospecha de palabras. Su lenguaje está lleno de reticencias, de figuras y alusiones, de puntos suspensivos; en su silencio hay repliegues,° matices,° nubarrones, arcoíris° súbitos, amenazas indescifrables. Aun en la disputa prefiere la expresión velada a la injuria: "al buen entendedor pocas palabras." En suma, entre la realidad y su persona establece una muralla, no por invisible menos infranqueable, de impasibilidad y lejanía. El mexicano siempre está lejos, lejos del mundo y de los demás. Lejos, también de sí mismo.

El lenguaje popular refleja hasta qué punto nos defendemos del exterior: el ideal de la "hombría"° consiste en no "rajarse"° nunca. Los que se "abren" son cobardes. Para nosotros, contrariamente a lo que ocurre con otros pueblos, abrirse es una debilidad o una traición. El mexicano puede doblarse, humillarse, "agacharse,"° pero no

arisca shy
espinoso thorny

desollado impudent

repliegues orderly retreats
matices color mixtures
arcoíris rainbow

"hombría" manliness

"rajarse" to back down

"agacharse" to squat

"rajarse," esto es, permitir que el mundo exterior penetre en su intimidad. El "rajado" es de poco fiar, un traidor o un hombre de dudosa fidelidad, que cuenta los secretos y es incapaz de afrontar los peligros como se debe...

El hermetismo° es un recurso de nuestro recelo y desconfianza. Muestra que instintivamente consideramos peligroso al medio que nos rodea. Esta reacción se justifica si se piensa en lo que ha sido nuestra historia y en el carácter de la sociedad que hemos creado. La dureza y hostilidad del ambiente —y esa amenaza, escondida e indefinible, que siempre flota en el aire— nos obligan a cerrarnos al exterior, como esas plantas de la meseta que acumulan sus jugos tras una cáscara° espinosa. Pero esta conducta, legítima en su origen, se ha convertido en su mecanismo que funciona solo, automáticamente. Ante la simpatía y la dulzura nuestra respuesta es la reserva, pues no sabemos si esos sentimientos son verdaderos o simulados. Y además, nuestra integridad masculina corre tanto peligro ante la benevolencia como ante la hostilidad. Toda abertura de nuestro ser entraña° una dimisión de nuestra hombría.

Nuestras relaciones con los otros hombres también están teñidas de recelo. Cada vez que el mexicano se confía a un amigo o a un conocido, cada vez que se "abre," abdica. Y teme que el desprecio° del confidente siga a su entrega. Por eso la confidencia deshonra y es tan peligrosa para el que la hace como para el que la escucha; no nos ahogamos en la fuente que nos refleja, como Narciso, sino que la cegamos. Nuestra cólera no se nutre° nada más del temor de ser utilizados por nuestros confidentes —temor general a todos los hombres— sino de la vergüenza de haber renunciado a nuestra soledad. El que se confía, se enajena;° "me he vendido con Fulano," decimos cuando nos confiamos a alguien que no lo merece. Esto es, nos hemos "rajado," alguien ha penetrado en el castillo fuerte. La distancia entre hombre y hombre, creadora del mutuo respeto y la mutua seguridad, ha desaparecido. No solamente estamos a merced del intruso, sino que hemos abdicado.

Todas estas expresiones revelan que el mexicano considera la vida como lucha, concepción que no lo distingue del resto de los hombres modernos. El ideal de hombría para

hermetismo complete silence

cáscara peeling

entraña contains

desprecio contempt

se nutre nourishes

se enajena becomes estranged

otros pueblos consiste en una abierta y agresiva disposición al combate; nosotros acentuamos el carácter defensivo, listos a repeler el ataque. El "macho" es un ser hermético, encerrado en sí mismo, capaz de guardarse y guardar lo que se le confía. La hombría se mide por la invulnerabilidad ante las armas enemigas o ante los impactos del mundo exterior. El estoicismo es la más alta de nuestras virtudes guerreras y políticas. Nuestra historia está llena de frases y episodios que revelan la indiferencia de nuestros héroes ante el dolor o el peligro. Desde niños nos enseñan a sufrir con dignidad las derrotas, concepción que no carece de grandeza. Y si no todos somos estoicos e impasibles —como Juárez y Cauhtémoc— al menos procuramos ser resignados, pacientes y sufridos. La resignación es una de nuestras virtudes populares. Más que el brillo de la victoria nos conmueve la entereza ante la adversidad.

La preeminencia de lo cerrado frente a lo abierto no se manifiesta sólo como impasibilidad y desconfianza, ironía y recelo, sino como amor a la Forma. Esta contiene y encierra la intimidad, impide sus excesos, reprime sus explosiones, la separa y aísla, la preserva. La doble influencia indígena y española se conjugan en nuestra predilección por la ceremonia, las fórmulas y el orden. El mexicano, contra lo que supone una superficial interpretación de nuestra historia, aspira a crear un mundo ordenado conforme a los principios claros. La agitación y encono° de nuestras luchas políticas prueba hasta qué punto las nociones jurídicas juegan un papel importante en nuestra vida pública. Y en la de todos los días el mexicano es un hombre que se esfuerza por ser formal y que muy fácilmente se convierte en formulista. Y es explicable. El orden —jurídico, social, religioso o artístico— constituye una esfera segura y estable. En su ámbito basta con ajustarse a los modelos y principios que regulan la vida; nadie, para manifestarse, necesita recurrir a la continua invención que exige una sociedad libre. Quizá nuestro tradicionalismo —que es una de las constantes de nuestro ser y lo que da coherencia y antigüedad a nuestro pueblo— parte del amor que profesamos a la Forma.

Las complicaciones rituales de la cortesía, la persistencia del humanismo clásico, el gusto por las formas cerradas

encono rancor

en la poesía (el soneto y la décima, por ejemplo), nuestro amor por la geometría en las artes decorativas, por el dibujo y la composición en la pintura, la pobreza de nuestro Romanticismo frente a la excelencia de nuestro arte barroco, el formalismo de nuestras instituciones políticas y, en fin, la peligrosa inclinación que mostramos por las fórmulas —sociales, morales y burocráticas,— son otras tantas expresiones de esta tendencia de nuestro carácter. El mexicano no sólo no se abre; tampoco se derrama.

A veces las formas nos ahogan. Durante el siglo pasado los liberales vanamente intentaron someter la realidad del país a la camisa de fuerza de la Constitución de 1857. Los resultados fueron la Dictadura de Porfirio Díaz y la Revolución de 1910. En cierto sentido la historia de México, como la de cada mexicano, consiste en una lucha entre las formas y fórmulas en que se pretende encerrar a nuestro ser y las explosiones con que nuestra espontaneidad se venga. Pocas veces la Forma ha sido una creación original, un equilibrio alcanzado no a expensas sino gracias a la expresión de nuestros instintos y quereres. Nuestras formas jurídicas y morales, por el contrario, mutilan con frecuencia a nuestro ser, nos impiden expresarnos y niegan satisfacción a nuestros apetitos vitales.

La preferencia por la Forma, inclusive vacía de contenido, se manifiesta a lo largo de la historia de nuestro arte, desde la época precortesiana hasta nuestros días. Antonio Castro Leal, en su excelente estudio sobre Juan Ruiz de Alarcón, muestra cómo la reserva frente al romanticismo —que es, por definición, expansivo y abierto— se expresa ya en el siglo XVII, esto es, ántes de que siquiera tuviésemos conciencia de nacionalidad. Tenían razón los contemporáneos de Juan Ruiz de Alarcón al acusarlo de entrometido, aunque más bien hablasen de la deformidad de su cuerpo que de la singularidad de su obra. En efecto, la porción más característica de su teatro niega al de sus contemporáneos españoles. Y su negación contiene, en cifra, la que México ha opuesto siempre a España. El teatro de Alarcón es una respuesta a la vitalidad española, afirmativa y deslumbrante en esa época, y que se expresa a través de un gran Sí a la historia y a las pasiones. Lope exalta el amor, lo heroico, lo sobrehumano, lo increíble;

Alarcón opone a estas virtudes desmesuradas° otras más sutiles y burguesas: la dignidad, la cortesía, un estoicismo melancólico, un pudor° sonriente. Los problemas morales interesan poco a Lope, que ama la acción, como todos sus contemporáneos. Más tarde Calderón mostrará el mismo desdén por la psicología; los conflictos morales y las oscilaciones, caídas y cambios del alma humana sólo son metáforas que transparentan un drama teológico cuyos dos personajes son el pecado original y la Gracia divina. En las comedias más representativas de Alarcón, en cambio, el cielo cuenta poco, tan poco como el viento pasional que arrebata° a los personajes lopescos. El hombre, nos dice el mexicano, es un compuesto, y el mal y el bien se mezclan sutilmente en su alma. En lugar de proceder por síntesis, utiliza el análisis: el héroe se vuelve problema. En varias comedias se plantea la cuestión de la mentira: ¿hasta qué punto el mentiroso de veras miente, de veras se propone engañar?; ¿no es él la primera víctima de sus engaños y no es a sí mismo a quien engaña? El mentiroso se miente a sí mismo: tiene miedo de sí. Al plantearse el problema de la autenticidad, Alarcón anticipa uno de los temas constantes de reflexión del mexicano, que más tarde recogerá Rodolfo Usigli en *El gesticulador*.

En el mundo de Alarcón no triunfan la pasión ni la Gracia; todo se subordina a lo razonable; sus arquetipos son los de la moral que sonríe y perdona. Al sustituir los valores vitales y románticos de Lope por los abstractos de una moral universal y razonable, ¿no se evade, no nos escamotea° su propio ser? Su negación, como la de México, no afirma nuestra singularidad frente a la de los españoles. Los valores que postula Alarcón pertenecen a todos los hombres y son una herencia grecorromana tanto como una profecía de la moral que impondrá el mundo burgués. No expresan nuestra espontaneidad, ni resuelven nuestros conflictos; son Formas que no hemos creado ni sufrido, máscaras. Sólo hasta nuestros días hemos sido capaces de enfrentar al Sí español un Sí mexicano y no una afirmación intelectual, vacía de nuestras particularidades. La Revolución mexicana, al descubrir las artes populares, dio origen a la pintura moderna; al descubrir el lenguaje de los mexicanos, creó la nueva poesía.

desmesuradas immoderate

'pudor bashfulness

arrebata carries away

escamotea juggle, rob

Si en la política y el arte el mexicano aspira a crear mundos cerrados, en la esfera de las relaciones cotidianas procura que imperen el pudor, el recato° y la reserva ce-remoniosa. El pudor, que nace de la vergüenza ante la desnudez propia o ajena, es un reflejo casi físico entre nos-otros. Nada más alejado de esta actitud que el miedo al cuerpo, característico de la vida norteamericana. No nos da miedo ni vergüenza nuestro cuerpo; lo afrontamos con naturalidad y lo vivimos con cierta plenitud —a la inversa de lo que ocurre con los puritanos. Para nosotros el cuerpo existe; da gravedad y límites a nuestro ser. Lo sufrimos y gozamos; no es un traje que estamos acostumbrados a habitar, ni algo ajeno a nosotros: somos nuestro cuerpo. Pero las miradas extrañas nos sobresaltan, porque el cuer-po no vela intimidad, sino la descubre. El pudor, así, tiene un carácter defensivo, como la muralla china de la cortesía o las cercas de órganos y cactos que separan en el campo a los jacales de los campesinos. Y por eso la virtud que más estimamos en las mujeres es el recato, como en los hom-bres la reserva. Ellas también deben defender su intimidad.

°**recato**   modesty, secrecy

Sin duda en nuestra concepción del recato femenino interviene la vanidad masculina del señor —que hemos he-redado de indios y españoles—. Como casi todos los pue-blos, los mexicanos consideran a la mujer como un instru-mento, ya de los deseos del hombre, ya de los fines que le asignan la ley, la sociedad o la moral. Fines, hay que decir-lo, sobre los que nunca se le ha pedido su consentimiento y en cuya realización participa sólo pasivamente, en tanto que "depositaria" de ciertos valores. Prostituta, diosa, gran señora, amante, la mujer trasmite o conserva, pero no crea, los valores y energías que le confían la naturaleza o la sociedad. En un mundo hecho a la imagen de los hom-bres, la mujer es sólo un reflejo de la voluntad y querer masculinos. Pasiva, se convierte en diosa, amada, ser que encarna los elementos estables y antiguos del universo: la tierra, madre y virgen; activa, es siempre función, medio, canal. La feminidad nunca es un fin en sí mismo, como lo es la hombría.

En otros países estas funciones se realizan a la luz pú-blica y con brillo. En algunos se reverencia a las prostitu-tas o a las vírgenes; en otros, se premia a las madres; en casi todos, se adula y respeta a la gran señora. Nosotros preferimos ocultar esas gracias y virtudes. El secreto debe acompañar a la mujer. Pero la mujer no sólo debe ocultarse sino que además, debe ofrecer cierta impasibilidad sonriente al mundo exterior. Ante el escarceo° erótico, debe ser "decente"; ante la adversidad, "sufrida." En ambos casos su respuesta no es instintiva ni personal, sino conforme a un modelo genérico. Y ese modelo, como en el caso del "macho," tiende a subrayar los aspectos defensivos y pasivos, en una gama° que va desde el pudor y la "decencia" hasta el estoicismo, la resignación y la impasibilidad.

escarceo turning

gama gamut

La herencia hispanoárabe no explica completamente esta conducta. La actitud de los españoles frente a las mujeres es muy simple y se expresa, con brutalidad y concisión, en dos refranes: "la mujer en casa y con la pata rota" y "entre santa y santo, pared de cal y canto." La mujer es una fiera doméstica, lujuriosa y pecadora de nacimiento, a quien hay que someter con el palo y conducir con el "freno de la religión." De ahí que muchos españoles consideren a las extranjeras —y especialmente a las que pertenecen a países de raza o religión diversa a las suyas— como presa fácil. Para los mexicanos la mujer es un ser oscuro, secreto y pasivo. No se le atribuyen malos instintos: se pretende que ni siquiera los tiene. Mejor dicho, no son suyos sino de la especie; la mujer encarna la voluntad de la vida, que es por esencia impersonal, y en este hecho radica su imposibilidad de tener una vida personal. Ser ella misma, dueña de su deseo, su pasión o su capricho, es ser infiel a sí misma. Bastante más libre y pagano que el español —como heredero de las grandes religiones naturalistas precolombinas— el mexicano no condena al mundo natural. Tampoco el amor sexual está teñido de luto y horror, como en España. La peligrosidad no radica en el instinto sino en asumirlo personalmente. Reaparece así la idea de pasividad: tendida o erguida, vestida o desnuda, la mujer nunca es ella misma. Manifestación indiferenciada de la vida, es el canal del apetito cósmico. En este sentido, no tiene deseos propios.

Me parece que todas estas actitudes, por diversas que sean sus raíces, confirman el carácter "cerrado" de nues-

tras reacciones frente al mundo o frente a nuestros semejantes. Pero no nos bastan los mecanismos de preservación
y defensa. La simulación, que no acude a nuestra pasividad, sino que exige una invención activa y que se recrea a
sí misma a cada instante, es una de nuestras formas de conducta habituales. Mentimos por placer y fantasía, sí, como
todos los pueblos imaginativos, pero también para ocultar-
nos y ponernos al abrigo de intrusos. La mentira posee una
importancia decisiva en nuestra vida cotidiana, en la política, el amor, la amistad. Con ella no pretendemos nada
más engañar a los demás, sino a nosotros mismos. De ahí
su fertilidad y lo que distingue a nuestras mentiras de las
groseras invenciones de otros pueblos. La mentira es un
juego trágico, en el que arriesgamos parte de nuestro ser.
Por eso es estéril su denuncia.

El simulador pretende ser lo que no es. Su actividad re-
clama una constante improvisación, un ir hacia adelante
siempre, entre arenas movedizas. A cada minuto hay que
rehacer, recrear, modificar el personaje que fingimos, hasta
que llega un momento en que realidad y apariencia, mentira
y verdad, se confunden. De tejido de invenciones para des-
lumbrar° al prójimo, la simulación se trueca en una forma   **deslumbrar** dazzle
superior, por artística, de la realidad. Nuestras mentiras
reflejan, simultáneamente, nuestras carencias y nuestros
apetitos, lo que no somos y lo que deseamos ser. Simulan-
do, nos acercamos a nuestro modelo y a veces el gesticu-
lador,° como ha visto con hondura Usigli, se funde con   **gesticulador** gesture
sus gestos, los hace auténticos. La muerte del profesor   maker
Rubio lo convierte en lo que deseaba ser: el general Rubio,
un revolucionario sincero y un hombre capaz de impulsar
y purificar a la Revolución estancada. En la obra de Usigli
el profesor Rubio se inventa a sí mismo y se transforma en
general; su mentira es tan verdadera que Navarro, el co-
rrompido, no tiene más remedio que volver a matar en él
a su antiguo jefe, el general Rubio. Mata en él la verdad
de la Revolución.

Si por el camino de la mentira podemos llegar a la autenticidad, un exceso de sinceridad puede conducirnos a formas refinadas de la mentira. Cuando nos enamoramos nos
"abrimos," mostramos nuestra intimidad, ya que una vieja tradición quiere que el que sufre de amor exhiba sus

heridas ante la que ama. Pero al descubrir sus llagas° de **llagas** affliction
amor, el enamorado transforma su ser en una imagen, en
un objeto que entrega a la contemplación de la mujer
—y de sí mismo—. Al mostrarse, invita a que lo contem-
plen con los mismos ojos piadosos° con que él se contem- **piadosos** merciful
pla. La mirada ajena ya no lo desnuda; lo recubre de pie-
dad. Y al presentarse como espectáculo y pretender que se
le mire con los mismos ojos con que él se ve, se evade del
juego erótico, pone a salvo° su verdadero ser, lo sustituye **a salvo** safe
por una imagen. Sustrae su intimidad, que se refugia en sus
ojos, esos ojos que son nada más contemplación y piedad
de sí mismo. Se vuelve su imagen y la mirada que la con-
templa.

En todos los tiempos y en todos los climas las relaciones
humanas —y especialmente las amorosas— corren el ries-
go de volverse equívocas. Narcisismo y masoquismo no son
tendencias exclusivas del mexicano. Pero es notable la
frecuencia con que canciones populares, refranes y conduc-
tas cotidianas aluden al amor como falsedad y mentira.
Casi siempre eludimos los riesgos de una relación desnuda
a través de una exageración, en su origen sincera, de nuestros sentimientos. Asimismo, es revelador como el carácter
combativo del erotismo se acentúa entre nosotros y se
encona.° El amor es una tentativa de penetrar en otro ser, **se encona** festers
pero sólo puede realizarse a condición de que la entrega sea
mutua. En todas partes es difícil este abandono de sí mismos; pocos coinciden en la entrega y más poco aún logran
trascender esa etapa posesiva y gozar del amor como lo
que realmente es: un perpetuo descubrimiento, una inmer-
sión en las aguas de la realidad y una recreación constante. Nosotros concebimos el amor como conquista y como lucha. No se trata tanto de penetrar la realidad, a
través de un cuerpo, como de violarla. De ahí que la imagen del amante afortunado —herencia, acaso, del Don
Juan español— se confunda con la del hombre que se vale
de sus sentimientos —reales o inventados— para obtener a
la mujer.

La simulación es una actividad parecida a la de los ac-
tores y puede expresarse en tantas formas como personajes fingimos. Pero el actor, si lo es de veras, se entrega a
su personaje y lo encarna plenamente, aunque después,

terminada la representación, lo abandone como su piel la serpiente. El simulador jamás se entrega y se olvida de sí, pues dejaría de simular si se fundiera con su imagen. Al mismo tiempo, esa ficción se convierte en una parte inseparable —y espuria °— de su ser: está condenado a representar toda su vida, porque entre su personaje y él se ha establecido una complicidad que nada puede romper, excepto la muerte o el sacrificio. La mentira se instala en su ser y se convierte en el fondo último de su personalidad.

espuria falseness

Simular es inventar o, mejor, aparentar y así eludir nuestra condición. La disimulación exige mayor sutileza: el que disimula no representa, sino que quiere hacerse invisible, pasar inadvertido —sin renunciar a su ser—. El mexicano excede en el disimulo de sus pasiones y de sí mismo. Temeroso de la mirada ajena, se contrae, se reduce, se vuelve sombra y fantasma, eco. No camina, se desliza; no propone, insinúa; no replica, rezonga; ° no se queja, sonríe; hasta cuando canta —si no estalla y se abre el pecho— lo hace entre dientes y a media voz, disimulando su cantar:

rezonga grumble

> Y es tanta la tiranía
> de esta disimulación,
> que aunque de raros anhelos
> se me hincha el corazón,
> tengo miradas de reto °
> y voz de resignación.

reto threat

Quizá el disimulo nació durante la Colonia. Indios y mestizos tenían, como en el poema de Reyes, que cantar quedo, ° pues "entre dientes mal se oyen palabras de rebelión." El mundo colonial ha desaparecido, pero no el temor, la desconfianza y el recelo. Y ahora no solamente disimulamos nuestra cólera sino nuestra ternura. Cuando pide disculpas, la gente del campo suele decir: "Disimule usted, señor." Y disimulamos. Nos disimulamos con tal ahinco ° que casi no existimos.

quedo lowly, quietly

ahinco earnestness

En sus formas radicales el disimulo llega al mimetismo. El indio se funde con el paisaje, se confunde con la barda blanca en que se apoya por la tarde, con la tierra oscura en que se tiende a mediodía, con el silencio que lo rodea. Se disimula tanto su humana singularidad que acaba por abolirla; y se vuelve piedra, pirú, muro, silencio: es pacio. No quiero decir que comulgue con el todo, a la manera panteísta, ni que en un árbol aprehenda todos los árboles, sino que efectivamente, esto es, de una manera concreta y particular, se confunde con un objeto determinado.

Roger Caillois observa que el mimetismo no implica siempre una tentativa de protección contra las amenazas virtuales que pululan° en el mundo externo. A veces los insectos se "hacen los muertos" o imitan las formas de la materia en descomposición, fascinados por la muerte, por la inercia del espacio. Esta fascinación —fuerza de gravedad, diría yo, de la vida— es común a todos los seres y el hecho de que se exprese como mimetismo confirma que no debemos considerar a éste exclusivamente como un recurso del instinto vital para escapar del peligro y la muerte.

Defensa frente al exterior o fascinación ante la muerte, el mimetismo no consiste tanto en cambiar de naturaleza como de apariencia. Es revelador que la apariencia escogida sea la de la muerte o la del espacio inerte, en reposo. Extenderse, confundirse con el espacio, ser espacio, es una manera de rehusarse° a las apariencias, pero también es una manera de ser sólo Apariencia. El mexicano tiene tanto horror a las apariencias, como amor le profesan sus demagogos y dirigentes. Por eso se disimula su propio existir hasta confundirse con los objetos que lo rodean. Y así, por miedo a las apariencias, se vuelve sólo Apariencia. Aparenta ser otra cosa e incluso prefiere la apariencia de la muerte o del no ser antes que abrir su intimidad y cambiar. La disimulación mimética, en fin, es una de tantas manifestaciones de nuestro hermetismo. Si el gesticulador acude al disfraz,° los demás queremos pasar desapercibidos. En ambos casos ocultamos nuestro ser. Y a veces lo negamos. Recuerdo que una tarde, como oyera un leve ruido en el cuarto vecino al mío, pregunté en voz alta: "¿Quién anda por ahí?" Y la voz de una criada recién llegada de su pueblo contestó: "No es nadie, señor, soy yo."

No sólo nos disimulamos a nosotros mismos y nos hacemos transparentes y fantasmales; también disimulamos la existencia de nuestros semejantes. No quiero decir que los ignoremos o los hagamos menos, actos deliberados y sober-

pululan swarm

rehusarse refuse

disfraz disguise

bios. Los disimulamos de manera más definitiva y radical: los ninguneamos. El ninguneo es una operación que consiste en hacer de Alguien, Ninguno. La nada de pronto se individualiza, se hace cuerpo y ojos, se hace Ninguno. Don Nadie, padre español de Ninguno, posee don, vientre, honra, cuenta en el banco y habla con voz fuerte y segura. Don Nadie llena al mundo con su vacía y vocinglera° presencia. Está en todas partes y en todos los sitios tiene amigos. Es banquero, embajador, hombre de empresa.° Se pasea por todos los salones, lo condecoran en Jamaica, en Estocolmo y en Londres. Don Nadie es funcionario o influyente y tiene una agresiva y engreída° manera de no ser. Ninguno es silencioso y tímido, resignado. Es sensible e inteligente. Sonríe siempre. Espera siempre. Y cada vez que quiere hablar, tropieza con un muro de silencio; si saluda encuentra una espalda glacial; si suplica, llora o grita, sus gestos y gritos se pierden en el vacío que don Nadie crea con su vozarrón. Ninguno no se atreve a no ser; oscila, intenta una vez y otra vez ser Alguien. Al fin, entre vanos gestos, se pierde en el limbo de donde surgió.

Sería un error pensar que los demás le impiden existir. Simplemente disimulan su existencia, obran como si no existiera. Lo nulifican, lo anulan, lo ningunean. Es inutil que Ninguno hable, publique libros, pinte cuadros, se ponga de cabeza. Ninguno es la ausencia de nuestras miradas, la pausa de nuestra conversación la reticencia de nuestro silencio. Es el nombre que olvidamos siempre por una extraña fatalidad, el eterno ausente, el invitado que no invitamos, el hueco que no llenamos. Es una omisión. Y sin embargo, Ninguno está presente siempre. Es nuestro secreto, nuestro crimen y nuestro remordimiento. Por eso el Ninguneador también se ningunea; él es la omisión de Alguien. Y si todos somos Ninguno, no existe ninguno de nosotros. El círculo se cierra y la sombra de Ninguno se extiende sobre México, asfixia al Gesticulador y lo cubre todo. En nuestro territorio, más fuerte que las pirámides y los sacrificios, que las iglesias, los motines y los cantos populares, vuelve a imperar° el silencio, anterior a la Historia.

Octavio Paz

vocinglera vociferous

empresa enterprise

engreída conceited, vain

imperar to rule

I.   Ejercicios

A.   Para discusión

1. ¿Cuál es la impresión de Paz de todos los mexicanos?
2. ¿Cuáles son las armas de defensa de todo mexicano?
3. ¿Qué no puede permitir el mexicano? Explique usted detalladamente.
4. Defina usted el hermetismo a fondo.
5. ¿Por qué deshonra la confidencia?
6. ¿Qué gran preocupación agrava la cólera del mexicano?
7. ¿Cómo considera la vida el mexicano?
8. ¿Qué es el "macho"?
9. De las virtudes guerreras y políticas, ¿cuál es la más alta?
10. ¿Cuál es una de las virtudes populares?
11. Principalmente, ¿en qué se manifiesta la preeminencia de lo cerrado frente a lo abierto?
12. ¿Por qué se esfuerza por ser formal el mexicano en la vida diaria?
13. ¿Cuáles son algunas de las expresiones del carácter cerrado del mexicano?
14. ¿En qué sentido se parece la historia de México a la de cada mexicano?
15. ¿Cuál fue la tesis del teatro de Alarcón?
16. ¿Cómo define Alarcón al "hombre"?
17. ¿Por qué miente el mentiroso?
18. ¿Para quiénes son los valores que postula Alarcón?
19. ¿Qué es el pudor?
20. ¿Cómo afectan las miradas extrañas al cuerpo del mexicano?
21. ¿Cuál es la virtud que más estiman los mexicanos en las mujeres? ¿En los hombres?
22. ¿Cómo considera el mexicano a la mujer?
23. ¿Qué papel desarrolla la mujer?
24. ¿Por qué prefiere el mexicano ocultar, en vez de adular, ciertas gracias y virtudes de la mujer?
25. ¿Cuál es la actitud del español hacia la mujer?
26. ¿Por qué mienten los mexicanos?
27. ¿Qué es la mentira?
28. ¿Adónde se llega por el camino de la mentira?
29. ¿Cuándo muestra su intimidad el mexicano?
30. ¿Cómo concibe el amor el mexicano?
31. ¿Cuál es la diferencia entre el verdadero actor y el simulador?
32. ¿Qué es "simular"?
33. ¿Qué fuerzas o elementos han perdurado desde la época colonial?
34. ¿Con qué se confunde el indio?
35. ¿Qué es el mimetismo?

36. ¿Por qué se disimula el mexicano?
37. ¿Qué es el ninguneo?
38. ¿Qué es el don Nadie?
39. ¿Por qué "Ninguno no se atreve a no ser"?
40. ¿Cuándo no existe ninguno?

B.   Complete usted según el ensayo.

1. El mexicano establece una _____ entre la realidad y su persona.
2. A los hijos desde niños les enseñan a _____.
3. Las formas _____ y _____ impiden que los mexicanos se expresen.
4. Alarcón, al contrario de Lope, exalta las virtudes burguesas como _____.
5. Alarcón plantea la cuestión de _____ en varias de sus comedias.
6. Los valores que exalta Alarcón no resuelven conflictos porque son _____ o _____.
7. El pudor tiene un carácter defensivo como _____.
8. El simulador pretende ser _____.
9. _____ es una tentativa de penetrar en otro ser.
10. El que disimula no representa sino que quiere _____.

C.   Escoja usted.

1. El ideal de la "hombría" consiste en _____.
   a. no "doblarse"
   b. no "humillarse"
   c. no "rajarse"

2. Las relaciones entre los mexicanos están teñidas de _____.
   a. confianza
   b. recelo
   c. seguridad

3. El disimulo nació _____ tal vez.
   a. durante la Revolución de 1857
   b. durante la Colonia
   c. durante la época de Porfirio Díaz.

4. Más que nada, el mimetismo consiste en cambiar de _____.
   a. apariencia
   b. naturaleza
   c. espacio

5. _____ no se entrega o se funde a su personaje.
   a. El actor
   b. El gesticulador
   c. El simulador

II.   Ejercicios creativos

A.   Oral

1. En este ensayo vemos los siguientes refranes:
    "Al buen entendedor pocas palabras,"
    "La mujer en casa y con la pata rota."
    Dé usted otros ejemplos de refranes y explique lo que significan.
2. ¿Está usted de acuerdo con el lugar que tiene, o el papel que desarrolla, la mujer mexicana? ¿Qué cambios cree usted sean necesarios?
3. ¿Conoce usted a alguna persona que siempre aparente o disimule? ¿No cree usted que la mayoría de las personas se den cuenta? ¿Cómo trataría usted a alguna amiga que le gusta aparentar?

B.   Escrito

1. ¿Cree usted que haya personas que nunca mienten? ¿Ha mentido usted? ¿Por qué?
2. Haga usted un estudio del "machismo." ¿Con cuáles aspectos no está usted de acuerdo?

José Vasconcelos

José Vasconcelos (1882-1959) Hombre de mucha cultura, fino de pensamientos y de ideales altos, se le considera a José Vasconcelos una de las primeras figuras intelectuales en Hispanoamérica. Fue un prosista elegante y un expositor claro.

Nació en Oaxaca, México, en 1882. Hizo su primaria en su ciudad natal y cursó Leyes en la Escuela de Jurisprudencia en la Ciudad de México. Muy joven viajó por los Estados Unidos y por toda Hispanoamérica. En 1908 se inició en la política con el apoyo de don Francisco I. Madero. Fue Secretario de Instrucción Pública; luego, en 1920, fue Rector de la Universidad Nacional. En 1922 fue embajador especial en Río de Janeiro y después Ministro de Instrucción Pública por cuatro fecundos años en los cuales organizó e impulsó la cultura de su patria. En 1925 partió para Europa descontento con la política de Calles y Obregón. En París fue invitado por la Universidad de Puerto Rico a dictar una serie de conferencias sobre la educación mexicana. Vasconcelos aprovechó la oportunidad y le añadió su interpretación de toda la cultura hispanoamericana, o sea, su famosísima teoría de la raza cósmica. Murió en 1959.

En el prólogo de *La raza cósmica* José Vasconcelos expone la teoría de la quinta raza, la raza cósmica: "...lo cierto es que se ha producido y se sigue consumando la mezcla de sangres... lo que de allí va a salir es la raza definitiva, la raza síntesis o raza integral, hecha con el genio y con la sangre de todos los pueblos y, por lo mismo, más capaz de verdadera fraternidad y de visión realmente universal." Su teoría con sus aspectos tan favorables, racial y cultural, fue aceptada calurosamente por toda la América Latina. Pensó Vasconcelos que sería el Brasil donde se consumaría primero su teoría en realidad.

Entre sus obras figuran *La intelectualidad mexicana* (1916), *Divagaciones literarias* (1919), *La raza cósmica* (1925) e *Indología* (1926).

LA RAZA COSMICA

Prólogo

Pugna de latinidad contra sajonismo ha llegado a ser, sigue
siendo nuestra época; pugna de instituciones, de propósitos
y de ideales. Crisis de una lucha secular que se inicia con
el desastre de la Armada Invencible y se agrava con la derrota de Trafalgar. Sólo que desde entonces el sitio del
conflicto comienza a desplegarse° y se traslada al conti-   **desplegarse** ɥnfold
nente ńuevo, donde tuvo todavía episodios fatales. Las
derrotas de Santiago de Cuba y de Cavite y Manila son
ecos distantes pero lógicos de las catástrofes de la Invencible y de Trafalgar. Y el conflicto está ahora planteado
totalmente en el Nuevo Mundo. En la historia, los siglos
suelen ser como días; nada tiene de extraño que no acabe-
mos todavía de salir de la impresión de la derrota. Atravesamos épocas de desaliento,° seguimos perdiendo, no sólo   **desaliento**
en soberanía geográfica, sino también en poderío moral.   discouragement
Lejos de sentirnos unidos frente al desastre, la voluntad se
nos dispersa en pequeños y vanos fines. La derrota nos ha
traído la confusión de los valores y los conceptos; la di-

plomacia de los vencedores nos engaña después de vencernos; el comercio nos conquista con sus pequeñas ventajas. Despojados° de la antigua grandeza, nos ufanamos° de un patriotismo exclusivamente nacional, y ni siquiera advertimos los peligros que amenazan a nuestra raza en conjunto. Nos negamos los unos a los otros. La derrota nos ha envilecido a tal punto, que, sin darnos cuenta, servimos los fines de la política enemiga, de batirnos° en detalle, de ofrecer ventajas particulares a cada uno de nuestros hermanos, mientras al otro se le sacrifica en intereses vitales. No sólo nos derrotaron en el combate, ideológicamente también nos siguen venciendo. Se perdió la mayor de las batallas el día en que cada una de las repúblicas ibéricas se lanzó a hacer vida propia, vida desligada° de sus hermanos, concertando tratados y recibiendo beneficios falsos, sin atender a los intereses comunes de la raza. Los creadores de nuestro nacionalismo fueron, sin saberlo, los mejores aliados del sajón, nuestro rival en la posesión del continente. El despliegue de nuestras veinte banderas en la Unión Pan-Americana de Wáshington deberíamos verlo como una burla de enemigos hábiles. Sin embargo, nos ufanamos cada uno de nuestro humilde trapo,° que dice ilusión vana, y ni siquiera nos ruboriza° el hecho de nuestra discordia, delante de la fuerte unión norteamericana. No advertimos el contraste de la unidad sajona frente a la anarquía y soledad de los escudos° iberoamericanos. Nos mantenemos celosamente independientes respecto de nosotros mismos; pero de una o de otra manera nos sometemos o nos aliamos con la Unión Sajona.

En la historia no hay retornos, porque toda ella es transformación y novedad. Ninguna raza vuelve; cada una plantea su misión, la cumple y se va. Esta verdad rige° lo mismo en los tiempos bíblicos que en los nuestros, todos los historiadores antiguos la han formulado. Los días de los blancos puros, los vencedores de hoy, están tan contados como lo estuvieron los de sus antecesores. Al cumplir su destino de mecanizar el mundo, ellos mismos han puesto, sin saberlo, las bases de un período nuevo, el período de la fusión y la mezcla de todos los pueblos. El indio no tiene otra puerta hacia el porvenir que la puerta de la cultura moderna, ni otro camino que el camino ya desbrozado°

despojados despoiled, robbed
nos ufanamos we boast

batirnos clash, pound

desligada loosened

trapo rag
ruboriza embarrass

escudos escutcheons, shields

rige is in force, rules

desbrozado cleared

de la civilización latina. También el blanco tendrá que deponer° su orgullo, y buscará progreso y redención posterior en el alma de sus hermanos de las otras castas, y se confundirá y se perfeccionará en cada una de las variedades superiores de la especie, en cada una de las modalidades que tornan múltiple la revelación y más poderoso el genio.

Reconozcamos que fue una desgracia no haber procedido con la cohesión que demostraron los del Norte: la raza prodigiosa, a la que solemos llenar de improperios, sólo porque nos ha ganado cada partida de la lucha secular. Ella triunfa porque aduna° sus capacidades prácticas con la visión clara de un gran destino. Conserva presente la intuición de una misión histórica definida, en tanto que nosotros nos perdemos en el laberinto de quimeras verbales. Parece que Dios mismo conduce los pasos del sajonismo, en tanto que nosotros nos matamos por el dogma o nos proclamamos ateos. ¡Cómo deben reír de nuestros desplantes° y vanidades latinas estos fuertes constructores de imperios! Ellos no tienen en la mente el lastre ciceroniano de la fraseología, ni en la sangre los instintos contradictorios de la mezcla de razas disímiles;° pero cometieron el pecado de destruir esas razas, en tanto que nosotros las asimilamos, y esto nos da derechos nuevos y esperanza de una misión sin precedente en la historia.

De allí que los tropiezos adversos no nos inclinen a claudicar,° vagamente sentimos que han de servirnos para descubrir nuestra ruta. Precisamente, en las diferencias encontramos el camino; si no más imitamos, perdemos; si descubrimos, si creamos, triunfaremos. La ventaja de nuestra tradición es que posee mayor facilidad de simpatía con los extraños. Esto implica que nuestra civilización, con todos sus defectos, puede ser la elegida para asimilar y convertir a un nuevo tipo a todos los hombres. En ella se prepara de esta suerte la trama, el múltiple y rico plasma de la humanidad futura. Comienza a advertirse este mandato de la historia en esa abundancia de amor que permitió a los españoles crear una raza nueva con el indio y con el negro, prodigando° la estirpe° blanca a través del soldado que engendraba familia indígena y la cultura de Occidente por medio de la doctrina y el ejemplo de los misioneros que pusieron al indio en condiciones de penetrar en la nueva

deponer to remove

aduna unifies

desplantes arrogance

disímiles dissimilar

claudicar to give in, to halt

prodigando spreading
estirpe lineage

etapa, la etapa del mundo Uno. La colonización española creó mestizaje: esto señala su carácter, fija su responsabilidad y define su porvenir. El inglés siguió cruzándose sólo con el blanco, y exterminó al indígena; lo sigue exterminando en la sorda lucha económica, más eficaz que la conquista armada. Esto prueba su limitación y es el indicio de su decadencia. Equivale, en grande, a los matrimonios incestuosos de los Faraones, que minaron la virtud de aquella raza, y contradice el fin ulterior de la historia, que es lograr la fusión de los pueblos y las culturas. Hacer un mundo inglés; exterminar a los rojos, para que en toda la América se renueve el norte de Europa, hecho de blancos puros, no es más que repetir el proceso victorioso de una raza vencedora. Ya esto lo hicieron los rojos; lo han hecho o lo han intentado todas las razas fuertes y homogéneas; pero eso no resuelve el problema humano; para un objetivo tan menguado° no se quedó en reserva cinco mil años la América. El objeto del continente nuevo y antiguo es mucho más importante. Su predestinación obedece al designio de constituir la cuna de una raza quinta en la que se fundirán todos los pueblos, para reemplazar a las cuatro que aisladamente han venido forjando la historia. En el suelo de América hallará término la dispersión, allí se consumará la unidad por el triunfo del amor fecundo y la superación de todas las estirpes.

    Y se engendrará de tal suerte el tipo síntesis que ha de juntar los tesoros de la historia, para dar expresión al anhelo° total del mundo.

    Los pueblos llamados latinos, por haber sido más fieles a la misión divina de América, son los llamados a consumarla. Y tal fidelidad al oculto designio es la garantía de nuestro triunfo.

    En el mismo período caótico de la Independencia, que tantas censuras merece, se advierten, sin embargo, vislumbres° de ese afán de universalidad que ya anuncia el deseo de fundir lo humano en un tipo universal y sintético. Desde luego, Bolívar, en parte, porque se dio cuenta del peligro· en que caíamos, repartidos en nacionalidades aisladas, y también por su don de profecía, formuló aquel plan de federación iberoamericana que ciertos necios° todavía hoy discuten.

menguado foolish

anhelo longing

vislumbres glimpses

necios fools

Y si los demás caudillos° de la independencia latinoame- **caudillos** leaders
ricana, en general, no tuvieron un concepto claro del fu-
turo, si es verdad que, llevados del provincialismo, que hoy
llamamos patriotismo, o de la limitación, que hoy se titula
sobernía nacional, cada uno se preocupó no más que de la
suerte inmediata de su propio pueblo, también es sorprendente observar que casi todos se sintieron animados de un
sentimiento humano universal que coincide con el destino
que hoy asignamos al continente iberoamericano. Hidalgo,
Morelos, Bolívar, Petión° el Haitiano; los argentinos en **Petión** Haitian
Tucumán, Sucre, todos se preocuparon de libertar a los revolutionist who
fought against the
esclavos, de declarar la igualdad de todos los hombres por reestablishment of
slavery
derecho natural; la igualdad social y cívica de los blancos,
negros e indios. En un instante de crisis histórica, formu-
laron la misión trascendental asignada a aquella zona del
globo: misión de fundir étnica y espiritualmente a las gentes.

De tal suerte se hizo en el bando latino lo que nadie ni
pensó hacer en el continente sajón. Allí siguió imperando
la tesis contraria, el propósito confesado o tácito de limpiar la tierra de indios, mongoles y negros, para mayor gloria y ventura del blanco. En realidad, desde aquella época
quedaron bien definidos los sistemas que, perdurando hasta
la fecha, colocan en campos sociológicos opuestos a las
dos civilizaciones: la que quiere el predominio exclusivo
del blanco, y la que está formando una raza nueva, raza
de síntesis que aspira a englobar° y expresar todo lo huma- **englobar** to include
no en maneras de constante superación. Si fuese menester° **menester** necessary
aducir pruebas, bastaría observar la mezcla creciente y
espontánea que en todo el continente latino se opera entre
todos los pueblos, y por la otra parte, la línea inflexible
que separa al negro del blanco en los Estados Unidos, y
las leyes, cada vez más rigurosas, para la exclusión de los
japoneses y chinos de California.

Los llamados latinos, tal vez porque desde un principio
no son propiamente tales latinos, sino un conglomerado de
tipos y razas, persisten en no tomar muy en cuenta el factor étnico para sus relaciones sexuales. Sean cuales fueren
las opiniones que a este respecto se emitan y aun la repug-
nancia que el prejuicio nos causa, lo cierto es que se ha
producido y se sigue consumando la mezcla de sangres. Y

es en esta fusión de estirpes donde debemos buscar el
rasgo fundamental de la idiosincrasia iberoamericana. Ocu-
rrirá algunas veces, y ha ocurrido ya, en efecto, que la
competencia económica nos obligue a cerrar nuestras puertas, tal como lo hace el sajón, a una desmedida irrupción
de orientales. Pero al proceder de esta suerte, nosotros
no obedecemos más que a razones de orden económico;
reconocemos que no es justo que pueblos como el chino,
que bajo el santo consejo de la moral confuciana se multi-
plican como los ratones, vengan a degradar la condición
humana, justamente en los instantes en que comenzamos a
comprender que la inteligencia sirve para refrenar y regular
bajos instintos zoológicos, contrarios a un concepto verdaderamente religioso de la vida. Si los rechazamos es porque
el hombre, a medida que progresa, se multiplica menos y
siente el horror del número por lo mismo que ha llegado a
estimar la calidad. En los Estados Unidos rechazan a los
asiáticos, por el mismo temor del desbordamiento físico
propio de las especies superiores; pero también lo hacen porque no les simpatiza el asiático, porque lo desdeñan y serían incapaces de cruzarse con él. Las señoritas de San
Francisco se han negado a bailar con oficiales de la marina
japonesa, que son hombres tan aseados, inteligentes y, a
su manera, tan bellos, como los de cualquiera otra marina
del mundo. Sin embargo, ellas jamás comprenderán que un
japonés pueda ser bello. Tampoco es fácil convencer al
sajón de que si el amarillo y el negro tienen su tufo,° tam- **tufo** unpleasant odor
bién el blanco lo tiene para el extraño, aunque nosotros no
nos demos cuenta de ello. En la América Latina existe,
pero infinitamente más atenuada, la repulsión de una sangre
que se encuentra con otra sangre extraña. Allí hay mil
puentes para la fusión sincera y cordial de todas las razas.
El amurallamiento étnico de los del Norte frente a la simpatía mucho más fácil de los del Sur, tal es el dato más
importante y a la vez el más favorable para nosotros, si
se reflexiona, aunque sea superficialmente, en el porvenir.
Pues se verá en seguida que somos nosotros de mañana,
en tanto que ellos van siendo de ayer. Acabarán de formar
los yanquis el último gran imperio de una sola raza: el
imperio final del poderío blanco. Entre tanto, nosotros
seguiremos padeciendo en el vasto caos de una estirpe en

formación, contagiados de la levadura de todos los tipos, pero seguros del avatar° de una estirpe mejor. En la América española ya no repetirá la naturaleza uno de sus ensayos parciales, ya no será la raza de un solo color, de rasgos particulares, la que en esta vez salga de la olvidada Atlántida; no será la futura ni una quinta ni una sexta raza, destinada a prevalecer sobre sus antecesoras; lo que de allí va a salir es la raza definitiva, la raza síntesis o raza integral, hecha con el genio y con la sangre de todos los pueblos y, por lo mismo, más capaz de verdadera fraternidad y de visión realmente universal.

avatar   transformation

Para acercarnos a este propósito sublime es preciso ir creando, como si dijéramos, el tejido° celular que ha de servir de carne y sostén° a la nueva aparición biológica. Y a fin de crear ese tejido proteico, maleable, profundo, etéreo y esencial, será menester que la raza iberoamericana se penetre de su misión y la abrace como un misticismo.

tejido   tissue

sostén   support

Quizás no haya nada inútil en los procesos de la historia; nuestro mismo aislamiento material y el error de crear naciones, nos ha servido, junto con la mezcla original de la sangre, para no caer en la limitación sajona de constituir castas de raza pura. La historia demuestra que estas selecciones prolongadas y rigurosas dan tipos de refinamiento físico, curiosos, pero sin vigor; bellos con una extraña belleza como la de la casta brahmánica milenaria, pero a la postre° decadentes. Jamás se ha visto que aventajen a los otros hombres ni en talento, ni en bondad, ni en vigor. El camino que hemos iniciado nosotros es mucho más atrevido, rompe los prejuicios antiguos, y casi no se explicaría, si no se fundase en una suerte de clamor que llega de una lejanía remota, que no es la del pasado, sino la misteriosa lejanía de donde vienen los presagios del porvenir.

a la postre   in the end

Si la América Latina fuese no más otra España, en el mismo grado que los Estados Unidos son otra Inglaterra, entonces la vieja lucha de las dos estirpes no haría otra cosa que repetir sus episodios en la tierra más vasta y uno de los dos rivales acabaría por imponerse y llegaría a prevalecer. Pero no es ésta la ley natural de los choques, ni en la mecánica ni en la vida. La oposición y la lucha, particularmente cuando ellas se trasladan al campo del espíritu, sirven para definir mejor los contrarios, para llevar a cada uno a la cúspide de su destino, y, a la postre, para sumarlos en una común y victoriosa superación.

La misión del sajón se ha cumplido más pronto que la nuestra, porque era más inmediata y ya conocida en la historia; para cumplirla no había más que seguir el ejemplo de otros pueblos victoriosos. Meros° continuadores de Europa, en la región del continente que ellos ocuparon, los valores del blanco llegaron al cenit. He allí por qué la historia de Norte América es como un ininterrumpido y vigoroso *allegro* de marcha triunfal.

¡Cuán distintos los sones° de la formación iberoamericana! Semejan el profundo *scherzo* de una sinfonía infinita y honda: voces que traen acentos de la Atlántida; abismos contenidos en la pupila del hombre rojo que supo tanto, hace tantos miles de años y ahora parece que se ha olvidado de todo. Se parece su alma al viejo cenote° maya, de aguas verdes, profundas, inmóviles, en el centro del bosque, desde hace tantos siglos que ya ni su leyenda perdura. Y se remueve esta quietud de infinito, con la gota que en nuestra sangre pone el negro, ávido de dicha sensual, ebrio de danzas y desenfrenadas lujurias.° Asoma también el mongol con el misterio de su ojo oblicuo que toda cosa la mira conforme a un ángulo extraño que descubre no sé qué pliegues y dimensiones nuevas. Interviene asimismo la mente clara del blanco, parecida a su tez° y a su ensueño. Se revelan estrías° judaicas que se escondieron en la sangre castellana desde los días de la cruel expulsión; melancolías del árabe, que son un dejo de la enfermiza sensualidad musulmana; ¿quién no tiene algo de todo esto o no desea tenerlo todo? He ahí al hindú, que también llegará, que ha llegado ya por el espíritu, y aunque es el último en venir, parece el más próximo pariente. Tantos que han venido y otros más que vendrán, y así se nos ha de ir haciendo un corazón sensible y ancho que todo lo abarca° y contiene, y se conmueve; pero henchido de vigor, impone leyes nuevas al mundo. Y presentimos como otra cabeza, que dispondrá de todos los ángulos, para cumplir el prodigio de superar a la esfera.

José Vasconcelos

Meros Sole

sones musical sound

cenote ritual well

lujurias lewdness

tez complexion

estrías flutings

abarca embraces

I.   Ejercicios

A.   Para discusión

1. ¿Qué pugna existe hoy día?
2. ¿Dónde está planteado el conflicto ahora?
3. ¿Cuál es el efecto del desastre y la derrota en la unidad de una raza?
4. ¿Cuándo se perdió la mayor de las batallas?
5. ¿Por qué no hay retornos en la historia?
6. ¿Qué dará principio al período de la fusión y la mezcla de todos los pueblos?
7. ¿En qué está el porvenir del indio y del blanco?
8. ¿Cómo debía haber procedido la raza latina?
9. ¿Por qué triunfa la raza sajona?
10. ¿Qué pecado cometieron los sajones?
11. ¿Para qué sirven los tropiezos adversos?
12. ¿Cuál es la ventaja de la tradición latina?
13. ¿Qué creó la colonización española?
14. ¿Cuál fue la actitud del inglés hacia el indígena? ¿Del español?
15. ¿Cuál es el fin ulterior de la historia?
16. ¿Cuál era el propósito de los ingleses?
17. ¿Cuál era el objeto del continente nuevo y antiguo?
18. ¿Qué es necesario para el triunfo de la unidad?
19. ¿Cuál era el plan de Bolívar para los países latinos?
20. ¿Por qué se preocuparon los demás caudillos? ¿Cuál fue el sentimiento humano universal de todos?
21. ¿Cuáles eran los campos sociológicos opuestos de las dos civilizaciones?
22. ¿Por qué a veces cierra el sajón sus puertas a los orientales?
23. ¿Por qué rechazaron los latinos a los chinos?
24. ¿Por que rechazan a los asiáticos en los Estados Unidos?
25. ¿Cuál será el último imperio de una sola raza?
26. ¿Cuál es la raza que va a salir de la América española?
27. ¿Qué pasaría si la América Latina fuera simplemente otra España en el mismo grado que los Estados Unidos es otra Inglaterra?
28. ¿Por qué se cumplió más pronto la misión del sajón?

B.   Complete usted según el ensayo.

1. El rival en la posesión del continente fue _____ .
2. Los días de los blancos puros están tan _____ como lo estuvieron los de sus antecesores.
3. La civilización _____ puede ser la elegida para asimilar y convertir a un nuevo tipo a todos los hombres.

4. _____ permitió a los españoles crear una raza nueva con el indio y con el negro.
5. Todas las razas han intentado _____ como ellos.
6. Todos los pueblos se fundirán en _____ para reemplazar a los cuatro que aisladamente han venido forjando la historia.
7. Los pueblos latinos fueron _____ a la misión divina de América.
8. Mientras los pueblos latinos se mezclaban más, las leyes en los Estados Unidos para la exclusión de _____ y _____ en California eran más rigurosas.
9. Debemos buscar el rasgo fundamental de la idiosincrasia iberoamericana en _____.
10. El dato más importante en el porvenir de los pueblos latinos es _____.

II. Ejercicios creativos (Oral)

1. ¿Cree usted que la quinta raza sea la solución al problema racial? ¿Será posible la quinta raza? ¿Cuándo?
2. Haga usted un estudio del indio en los Estados Unidos y del indio de México. Incluya usted su economía, educación, política, población, etc. Reporte usted su investigación a la clase.
3. ¿Cree usted que la "esclavitud" se haya eliminado en su totalidad? Dé usted ejemplos.
4. Sería muy apropiado invitar a alguna persona de algún país latino. (Si no es posible, alguna persona que haya viajado o vivido allí por algún tiempo podría invitarse.) El invitado debe discutir los siguientes aspectos: racial, social, cultural, educacional, económico y político. Al no poder venir a su clase dicha persona, se le puede entrevistar y hacer una grabación que se podría utilizar en su clase.

Author/title index

NTC SPANISH TEXTS AND MATERIAL

Language and Culture
Spain after Franco: Language in Context
Español para el bilingüe
Español para los hispanos

Civilization and Culture
Una mirada a España
Dos aventureros: De Soto y Coronado
Biografía del personaje Series
Lázaro Cárdenas
Hidalgo
Morelos
Porfirio Díaz
Juárez
Francisco Villa
Moctezuma
Zapata
Francisco I. Madero

Contemporary Culture—in English
Discovering Spain Series
Travel in Spain
Buildings in Spain
Education in Spain
Entertainment in Spain
The Basque Country
Andalusia
Old Castile
New Castile
Food and Drink in Spain
How Spain Is Run
Catalonia
Galicia
Spain: Its People and Culture
Life in a Spanish Town
Welcome to Spain

Literature and Drama
Cuentos puertorriqueños
Literatura moderna hispánica
Teatro hispánico
Teatro moderno hispánico

Text and Audiocassette Learning Packages
Just Listen 'n Learn Spanish

Handbooks and Reference Books
Gramática española: Principios y aplicaciones
Tratado de ortografía razonada
Redacte mejor comercialmente
Guía de correspondencia española
Guía de modismos españoles
Complete Handbook of Spanish Verbs

Dictionaries
Vox New College Spanish and English Dictionary
Vox Compact Spanish and English Dictionary
Vox Traveler's Spanish and English Dictionary
Vox Super-Mini Spanish and English Dictionary
Diccionario escolar de la lengua española (Spanish-Spanish)
Diccionario enciclopédico (6 vols.,/atlas (Spanish-Spanish)

For further information or a current catalog, write:
National Textbook Company
4255 West Touhy Avenue
Lincolnwood, Illinois 60646-1975 U.S.A.